Bibliothèque de Philosophie scientifique

Dʳ GUSTAVE LE BON

Psychologie des temps nouveaux

Les forces morales.
Perturbations mentales créées par la guerre.
Psychologie des batailles.
Le maniement des armes psychologiques.
La création des croyances.
Les nouvelles aspirations populaires.
La désorganisation de l'Europe.

PARIS
ERNEST FLAMMARION, ÉDITEUR
26, RUE RACINE, 26

Dixième mille

Bibliothèque de Philosophie scientifique *(suite)*

3° HISTOIRE GÉNÉRALE

ALEXINSKY (Grégoire), ancien député à la Douma. **La Russie moderne** (8° mille).

ALEXINSKY (Grig.). **La Russie et l'Europe** (5° mille).

AVENEL (Vicomte Georges d'). **Découvertes d'Histoire sociale** (7° mille).

BIOTTOT (Colonel). **Les Grands Inspirés devant la Science. Jeanne d'Arc.** (3° a.)

BOUCHE-LECLERCQ (A.), de l'Institut. **L'Intolérance religieuse et la politique** (4°a.).

CAZAMIAN (Louis). **La Grande-Bretagne et la guerre** (5° mille).

CHARRIAUT (Henri) et M.-L. AMICI-GROSSI. **L'Italie en guerre** (5° mille)

COLIN (J.), Général. **Les Transformations de la Guerre** (7° mille).

COLIN (J.), Général. **Les Grandes Batailles de l'Histoire.** *De l'antiquité à 1918.* (7°m.)

DIEHL (Ch.), de l'Institut. **Byzance, grandeur et décadence** (8° mille).

GENNEP. **Formation des Legendes** (6° m.)

HARMAND (J.), ambassadeur. **Domination et Colonisation** (4° mille).

HILL, ancien ambassadeur. **L'Etat moderne** (4° mille).

HOVELAQUE (Émile). Inspect' général de l'Instruction publique. **Les Peuples d'Extrême-Orient. La Chine** (4° mille).

LEGER (Louis), de l'Institut. **Le Panslavisme** (4° mille).

LICHTENBERGER (H.), professeur adjoint à la Sorbonne **L'Allemagne moderne** (14° m.).

LICHTENBERGER (H.) et Paul PETIT. **L'Impérialisme economique allemand** (7° m.).

MEYNIER (Commandant O.). p' à l'École militaire de Saint-Cyr. **L'Afrique noire** (5° mille).

MICHELS (Robert). Professeur à l'Université de Turin. **Les Partis Politiques** (4° m.).

MUZET (A.). **Le Monde balkanique** (5° e.).

NAUDEAU (Ludovic). **Le Japon moderne, son Evolution** (11° mille).

OLLIVIER (E.), de l'Académie française. **Philosophie d'une Guerre** (1870) (6° mille).

OSTWALD (W.), professeur à l'Université de Leipzig. **Les Grands Hommes** (4° mille)

4° HISTOIRE DES DÉMOCRATIES

AURIAC (Jules d'). **La Nationalité française, sa formation.**

BATIFFOL (Louis) **Les Anciennes Republiques alsaciennes** (5° mille).

BLOCH (G.), professeur à la Sorbonne **La République romaine** (4° mille)

BORGHÈSE (Prince G.). **L'Italie moderne** (4° mille).

CAZAMIAN (Louis), m° de Conférences à la Sorbonne. **L'Angleterre moderne** (7° m.)

CHARRIAUT. **La Belgique moderne** (8° m.).

COLSON (C.), de l'Institut. **Organisme economique et Désordre social** (5° mille)

CROISET (A.), de l'Institut. **Les Démocraties antiques** (10° mille).

OREUIL (Charles), de l'Institut. **Une République patricienne. Venise** (6° mille).

GARCIA-CALDERON (F.). **Les Démocraties latines de l'Amérique** (6° mille).

HANOTAUX (Gabriel), de l'Académie française. **La Démocratie et le Travail** (8° mille)

LE BON (D' Gustave). **La Révolution Française et la Psychologie des Révolutions** (15° mille).

LUCHAIRE J.) D' de l'Institut de Florence **Les Démocraties italiennes** (5° mille).

PIRENNE (H.), Prof' à l'Université de Gand. **Les anciennes Démocraties des Pays-Bas** (4° mille).

ROZ (Firmin). **L'Energie américaine** (11° m.).

Psychologie des temps nouveaux

PRINCIPALES PUBLICATIONS DE GUSTAVE LE BON

1° VOYAGES, HISTOIRE ET PSYCHOLOGIE

Voyage aux monts Tatras, avec une carte et un panorama dressés par l'auteur (publié par la *Société géographique de Paris*).

Voyage au Népal, avec nombreuses illustrations, d'après les photographies et dessins exécutés par l'auteur pendant son exploration (publié par le *Tour du Monde*).

L'Homme et les Sociétés. — Leurs origines et leur histoire. Tome Ier : Développement physique et intellectuel de l'homme. — Tome II. Développement des sociétés. (*Épuisé.*)

Les Premières Civilisations de l'Orient (Égypte, Assyrie, Judée, etc.). In-4°, illustré de 430 gravures, 2 cartes et 9 photographies. (*Épuisé.*)

La Civilisation des Arabes. Grand in-4°, illustré de 366 gravures, 4 cartes et 11 planches en couleurs, d'après les documents de l'auteur. (*Épuisé.*)

Les Civilisations de l'Inde. Grand in-4°, illustré de 352 photogravures et 2 cartes, d'après les photographies exécutées par l'auteur. (*Épuisé.*)

Les Monuments de l'Inde. In-folio, illustré de 400 planches d'après les documents photographies, plans et dessins de l'auteur. (Firmin-Didot.) (*Épuisé.*)

Lois psychologiques de l'évolution des peuples. 15° édition.

Psychologie des foules. 25° édition.

Psychologie du Socialisme. 8° édition.

Psychologie de l'Éducation. 27° mille.

Psychologie politique. 16° mille.

Les Opinions et les Croyances. 14° mille.

La Révolution Française et la Psychologie des Révolutions. 15° mille.

Aphorismes du Temps présent. 9° mille.

La Vie des Vérités. 10° mille.

Enseignements Psychologiques de la Guerre Européenne. 36° mille.

Premières Conséquences de la Guerre. 20° mille.

Hier et Demain, Pensées brèves. 10° mille.

2° RECHERCHES SCIENTIFIQUES

La Fumée du Tabac. — Recherches Chimiques (*Épuisé.*)

Recherches anatomiques et mathématiques sur les lois des variations du volume du crâne. In-8°. (*Épuisé.*)

La Méthode graphique et les Appareils Enregistreurs, contenant la description des nouveaux instruments de l'auteur, avec 63 figures. (*Épuisé.*)

Les Levers photographiques. Exposé des nouvelles méthodes de levers de cartes et de plans employées par l'auteur pendant ses voyages. 2 vol. in-18. (Gauthier-Villars.)

L'équitation actuelle et ses principes. — Recherches expérimentales. 4° édition. 1 vol. in-8°, avec 57 figures et un atlas de 178 photographies instantanées. (Flammarion.)

Mémoires de Physique : Lumière noire. Phosphorescence invisible. Ondes hertziennes. Dissociation de la matière, etc. (18 mémoires.)

L'Évolution de la Matière, avec 63 figures. 37° mille.

L'Évolution des Forces, avec 42 figures. 24° mille.

Il existe des traductions en Anglais, Allemand, Espagnol, Italien, Portugais, Danois, Suédois, Russe, Arabe, Polonais, Tchèque, Turc, Hindostani, Japonais, etc., de quelques-uns des précédents ouvrages.

A LA LIBRAIRIE FLAMMARION

L'œuvre de Gustave Le Bon, par le Baron MOTONO, ambassadeur du Japon, in-8 avec portrait.

Bibliothèque de Philosophie scientifique

Dr GUSTAVE LE BON

Psychologie
des temps nouveaux

PARIS

ERNEST FLAMMARION, ÉDITEUR
26, RUE RACINE, 26
1920

A mon éminent ami,

LOUIS BOUDENOOT

Vice-Président du Sénat,
Président de la Commission de l'Armée,

En souvenir reconnaissant
pour son précieux concours
pendant la rédaction
de mes livres sur la guerre.

Gustave Le Bon.

INTRODUCTION

LES HEURES NOUVELLES

L'année 1918 a marqué une date lumineuse dans les fastes de notre histoire. Après une série de succès semblant leur présager un définitif triomphe, nos agresseurs sombraient brusquement dans un cataclysme qui détruisit du même coup les plus vieilles monarchies de l'Europe.

Jamais événements aussi contradictoires et aussi imprévus ne s'étaient succédés en un temps si court. A l'âge des miracles il eut semblé certain que des puissances supérieures mystérieuses étaient intervenues pour changer le cours du destin.

Les puissances capables, malgré toutes les prévisions, de subjuguer le plus formidable empire que le monde ait connu, étaient bien supérieures mais non mystérieuses. Elles appartenaient à ce domaine transcendant des puissances psychologiques qui, tant de fois au cours des siècles, réussirent à dominer les forces matérielles quelle qu'en fût la grandeur.

A toutes les phases du formidable conflit, ces puissances morales manifestèrent leur action. Dans des pays jadis sans matériel militaire et sans soldats elles firent surgir avec d'innombrables légions des navires et des canons.

Jour après jour des agents matériels visibles naquirent sous l'influence des puissances invisibles jusqu'au moment où les premières devinrent capables de surmonter des obstacles tenus pour invincibles.

Les forces psychologiques, dont les actions morales font partie, ne règlent pas seulement le sort des batailles. Elles régissent aussi tous les domaines de la vie des peuples et fixent leur destinée.

Conçu dans le même esprit que nos ouvrages antérieurs sur la guerre, ce nouveau livre étudiera au point de vue psychologique quelques-uns des problèmes que le grand conflit a fait naître. On y verra une fois encore que la plupart des questions politiques, militaires, économiques ou sociales sont du ressort de la psychologie.

Cette science, si incertaine jadis, quand elle se confinait dans le domaine de la théorie pure, est devenue capable d'éclairer les plus difficiles questions. Hommes d'Etat, généraux, industriels même l'invoquent chaque jour.

Si tant de problèmes présents ou passés sont d'ordre psychologique, c'est que la vie des peuples a pour mobiles, en dehors de leurs besoins biologiques, les conceptions qu'ils se font des choses. Or ces conceptions dérivent des sentiments et des passions qui furent toujours les grands moteurs de l'humanité depuis les origines de son histoire.

Des civilisations nouvelles sont nées, les luttes de jadis sur terre et sur mer se poursuivent maintenant sous la terre, sous la mer et dans les airs, mais si l'intelligence a évolué au cours des âges, les sentiments restent identiques à ceux qui animaient nos plus lointains ancêtres.

Bien que la nature des sentiments n'ait pas changé, les agrégats qu'ils peuvent former et dont l'ensemble constitue le caractère, ont varié d'une race à l'autre et c'est pourquoi les destinées des divers pays furent si différentes.

Il fut toujours dangereux d'ignorer ces différences. Les Allemands perdirent la guerre pour les avoir méconnues. Leurs erreurs de la psychologie des peuples armèrent contre eux des nations ne demandant qu'à rester neutres.

Les Alliés commirent aussi des erreurs du même ordre surtout depuis la paix. Elles seront étudiées dans cet ouvrage.

Les forces morales qui régissent l'évolution des peuples sont créées par de longues accumulations héréditaires. L'État présent d'un être résulte de sa vie antérieure comme la plante dérive de la graine.

Il découle de cette essentielle loi que les sociétés ne peuvent, comme le croient tant de rêveurs, se refaire au gré de leurs désirs.

Sans doute les vieilles sociétés comme la nôtre contiennent beaucoup d'éléments usés, non adaptés aux nécessités modernes et qui par conséquent doivent disparaître. Procédés industriels trop anciens, méthodes d'administration d'une complication inutile, marine commerciale inférieure aux besoins actuels, etc.

Mais tous ces changements matériels impliquent d'abord des changements de mentalité. Ce ne sont pas les institutions qui font la valeur des âmes, mais les qualités des âmes qui font celles des institutions.

Les peuples latins sont malheureusement victimes d'une illusion qui pèse de plus en plus sur leur histoire. A peine sortis d'une époque où la volonté des Dieux et des rois constituait les grands régulateurs des choses, ils restent inconsciemment persuadés que leurs gouvernants ont hérité de cette puissance et doivent diriger toute la vie d'un pays.

Avec l'évolution industrielle moderne cette illusion devient chaque jour plus néfaste. Dans la phase actuelle du monde aucune intervention étatiste, si judicieuse qu'on la suppose, ne saurait remplacer l'initiative individuelle, l'amour du travail, le jugement et la compétence.

Mais alors comment modifier un peu la mentalité d'un peuple puisque les plus impératifs décrets seraient impuissants à la transformer.

Les moyens d'agir sur l'âme des hommes sont peu nombreux. En dehors des croyances religieuses qui d'ailleurs n'agissent qu'aux siècles de foi, l'éducation constitue le seul moyen d'action. C'est avec elle que la Prusse unifia complètement en un demi-siècle l'âme de germains divisés par les aspirations, la race et les croyances.

La plus nécessaire des réformes actuelles serait de transformer entièrement notre université. Tâche difficile. Bien peu de personnes en France comprennent que l'éducation du caractère est beaucoup plus importante que celle de l'intelligence et que la récitation de gros manuels ne suffit pas à transformer l'âme d'une génération.

Le rôle capital de l'éducation doit être de créer ces habitudes qui sont les guides de la vie journalière. Elles orientent la conduite et sont aussi les plus sûrs soutiens de la morale.

Les peuples ayant compris comme les Américains que pour créer des habitudes, et notamment celle de savoir vouloir, c'est sur le caractère qu'il faut agir, resteront par ce seul fait très supérieurs à ceux dont l'éducation purement livresque ne s'adresse qu'à l'intelligence.

*
* *

On parle beaucoup aujourd'hui de temps nouveaux, d'esprit nouveau, sans d'ailleurs préciser le sens de ces expressions.

L'esprit nouveau se révèle surtout comme un état de mécontentement général accompagné d'un besoin de changements.

Cet état mental est la naturelle conséquence de l'effroyable bouleversement dont le monde n'est pas encore sorti. Il a ébranlé des conceptions dont les sociétés avaient vécu et qui s'étant montrées inefficaces ont perdu leur prestige. Des idées d'apparence nouvelle sont nées. Elles bouillonnent violemment et prétendent s'imposer par la force.

L'esprit de révolte s'observe aujourd'hui chez tous les peuples, dans toutes les classes.

Esprit de révolte des ouvriers qui après avoir obtenu avec de fabuleux salaires une réduction considérable des heures de travail voudraient s'emparer du pouvoir politique et devenir gouvernants à leur tour.

Esprit de révolte des anciennes classes moyennes dont la situation est devenue si inférieure à celle des ouvriers et des commerçants qu'elles se sentent menacées de disparaître.

Esprit de révolte aussi chez les terribles inadaptés de l'université. Persuadés que des diplômes obtenus en apprenant par cœur des manuels devraient leur faire attribuer les premières places, ils veulent renverser un ordre social méconnaissant leurs mérites. La dictature du prolétariat qu'ils réclament, c'est en réalité leur propre dictature.

Les causes du mécontentement actuel sont donc diverses. Une des plus justifiées résulte de l'impuissance des chefs d'Etat à créer, comme ils l'avaient solennellement promis, une paix durable alors qu'ils détenaient un dictatorial pouvoir.

Réunis en conseil suprême les maîtres du monde avaient fait espérer aux peuples dans leurs discours, avec la disparition du militarisme une paix universelle et des relations internationales fondées sur la Justice et la protection des faibles.

La réalité s'est montrée tout autre. Une fois encore il a fallu constater qu'en politique les principes invoqués restent sans rapport avec la conduite.

Loin de disparaître, le militarisme n'a fait que grandir et il s'impose maintenant à des peuples qui ne l'avaient jamais connu. Des Etats puissants comme l'Angleterre n'hésitent pas à s'annexer les pays trop faibles pour leur résister. La situation des peuples faibles à l'égard des peuples forts est devenue celle d'un gibier sans défense devant un chasseur sans pitié.

Malgré les principes bruyamment proclamés le monde

continue à se laisser guider par le besoin de conquêtes et les appétits qui l'avaient conduit jusqu'ici. Rien n'est changé et les foules doivent supporter la mort des récentes espérances.

C'est sans doute pourquoi nous voyons les conceptions qui inconsciemment dirigent leurs âmes diverger de plus en plus de celles des gouvernants.

Il en est résulté qu'au sein de chaque pays grandissent deux principes opposés : l'Impérialisme et l'Internationalisme. Étant inconciliables, ils sont fatalement destinés à entrer violemment en lutte et de nouveau bouleverser le monde.

L'Impérialisme continue à régir l'histoire. L'Angleterre a profité de la guerre pour agrandir immensément son empire, imposer sa volonté aux peuples faibles et substituer en Europe son hégémonie à celle de l'Allemagne.

A l'autre extrémité du monde, aux Etats-Unis et au Japon, se forment deux autres centres d'impérialisme destinés à se disputer la possession de l'Asie, et qui feront équilibre peut-être à l'hégémonie anglaise.

L'Internationalisme qui s'oppose à l'Impérialisme possède une base économique assez sûre : l'interdépendance des peuples, résultant de l'évolution industrielle moderne, mais il n'est représenté actuellement que par les aspirations incertaines de classes ouvrières rivales. Il est donc fort douteux que son heure soit venue.

* *

Les impérialismes qui se forment ne seront certainement pas très tendres à l'égard des peuples n'ayant pas assez de force pour se défendre. Même avec ses Alliés l'Angleterre depuis la paix n'a cessé d'imposer sa volonté.

Elle s'est emparée de toutes les colonies allemandes et déclaré son protectorat sur l'Egypte, la Palestine, la Perse, la Mésopotamie, etc., sans parler de la domination indirecte de la mer Baltique et de la Méditerranée par les garnisons anglaises installées à Dantzig et à Constantinople. Mais lorsque la France voulut s'annexer quelques kilomètres d'un bassin houiller destiné à remplacer ses mines détruites par les Allemands, l'Angleterre s'y opposa avec énergie. Elle s'opposa d'ailleurs à la plupart de ses demandes.

Si l'hégémonie d'un peuple se caractérise par la possibilité d'imposer sa volonté aux nations moins fortes, il faut bien reconnaitre que l'hégémonie Anglaise est solidement constituée. Les historiens de l'avenir s'étonneront peut-être que la France l'ait si facilement acceptée.

*
* *

L'Impérialisme permettant à une nation de s'attribuer le droit de gouverner les pays conquis et l'Internationalisme prêchant l'égalité et la solidarité entre les nations, représentent, comme je le disais plus haut, des formes d'idéals nettement contraires. Ils appartiennent tous deux au domaine des forces mystiques qui ne peuvent être jugées par la raison mais seulement d'après leur action sur les âmes.

L'Impérialisme qui domine l'heure présente comme il a dominé le cours de l'histoire fut toujours un puissant générateur du sentiment patriotique nécessaire à la prospérité des peuples. Sans sa puissante action l'Allemagne nous eût définitivement asservis.

Le patriotisme dérivé de l'impérialisme fait partie de cés idéals mystiques qui à toutes les époques furent nécessaires pour soutenir l'âme des nations.

Elles peuvent changer d'idéals mais ne pourraient s'en passer. Que cet idéal soit la puissance de Rome, la grandeur d'Allah ou l'hégémonie de l'Angleterre, il agit d'une même façon et donne aux âmes dominées par lui une force qu'aucun argument rationnel ne saurait remplacer.

*
* *

Une des difficultés de l'âge actuel est justement que des idéals mystiques contradictoires et irréductibles se trouvent en présence.

L'âme humaine, quel que soit son niveau, eut toujours

besoin d'illusions mystiques pour soutenir ses aspirations et orienter sa conduite. C'est pourquoi malgré tous les progrès de la science, les influences mystiques qui ont tant de fois bouleversé le monde continuent à l'agiter encore.

De nos jours les croyances politiques ont remplacé les croyances religieuses, mais elles ne sont en réalité que des religions nouvelles. Une foi aveugle est leur vrai guide bien qu'elles invoquent sans cesse la raison.

Le monde est actuellement aussi agité par les croyances politiques qu'il le fut pendant les grands mouvements religieux : Islamisme, Croisades, Réforme, Guerres de religion et bien d'autres encore.

Le rôle des croyances a été si prépondérant dans l'histoire que la naissance d'un idéal mystique nouveau provoqua toujours l'éclosion d'une civilisation nouvelle et l'écroulement de civilisations antérieures. Quand le Christianisme triompha des dieux antiques, la civilisation romaine fut, par ce seul fait, condamnée à disparaître. L'Asie se trouva également transformée par les religions de Bouddha et de Mahomet. Et lorsque de nos jours une croyance politique nouvelle à forme religieuse vint asservir l'âme mobile des Russes, le plus gigantesque empire du monde fut désagrégé en quelques mois.

Si le socialisme exerce aujourd'hui tant d'action sur les multitudes c'est justement parce qu'il constitue une religion avec son évangile, ses prêtres et aussi ses martyrs. L'Évangile de Karl Marx contient autant d'illusions que tous les évangiles antérieurs, mais ses fidèles ne les perçoivent pas. Un des plus merveilleux privilèges de la foi est de ne pouvoir être influencée ni par l'expérience, ni par la raison.

Les adeptes de la foi nouvelle la propagent avec l'ardeur des premiers Chrétiens pour lesquels les dieux qu'ils voulaient renverser n'étaient que d'impurs démons fils maudits de la nuit.

L'histoire montrant à quel point la plupart des croyances nouvelles furent destructives avant de devenir constructives, on peut env: les peuples tels que les Anglo-Américains qui, ayant su adapter leur ancienne foi aux besoins des temps nouveaux, ont réussi à conserver leurs Dieux.

La philosophie pragmatiste développée sur le sol des États-Unis enseigne que c'est à leur degré d'utilité sociale et non de véracité que doivent être appréciées les croyances.

Ce n'est donc pas aux seules lumières de la raison qu'il faut juger les dieux et les forces mystiques dont ils dérivent. Le philosophe doit les considérer comme faisant partie de la série des hypothèses nécessaires et fécondes dont les sciences elles-mêmes ne purent jamais se passer.

Ces considérations sont d'ailleurs sans intérêt puisque la naissance et la mort des Dieux est indépendante de nos volontés. Nous ignorons encore leur genèse et savons seulement que, subissant une commune loi, ils finissent par décliner et périr, mais que l'esprit mystique qui les fit naitre garde à travers les âges une indestructible force.

Plus d'une fois au cours de l'histoire la logique mystique est entrée en conflit avec la logique rationnelle, mais elles appartiennent à des cycles de l'esprit trop différents pour pouvoir s'influencer. Quand les hommes d'une époque renoncent aux Dieux qu'ils adoraient c'est pour en adopter d'autres.

Nous sommes à une de ces heures de transition où les peuples oscillent entre des croyances anciennes et une foi nouvelle. L'heure présente est difficile. L'Europe politique, l'Europe morale aussi, représentent d'immenses édifices à demi détruits qu'il faudra rebâtir.

A cette œuvre gigantesque chacun doit apporter sa part, si modeste qu'elle puisse être. La collaboration des savants et des penseurs ne sera pas la moins importante.

Préoccupé surtout de suivre les caprices de l'opinion sans laquelle il ne peut vivre, l'homme politique se borne aux

cas particuliers de chaque jour et se contente de ces solu-
tions approximatives dont l'histoire a tant de fois montré
les dangers. Son destin, comme l'a justement marqué Clé-
menceau, « est de laisser aux penseurs la gloire des hautes
initiatives de l'esprit, pour se confiner dans l'expression
moyenne des formules moyennes, où les sentiments moyens
des foules moyennes peuvent se rencontrer. »

Jamais la réflexion ne fut aussi nécessaire qu'aujourd'hui.
On nous recommande sans cesse d'agir, mais que vaut l'action sans la pensée pour guide? Réfléchir conduit à prévoir
et prévoir c'est éviter les catastrophes. Ils avaient longuement réfléchi, les trop rares écrivains qui, voyant venir
l'inévitable conflit, conseillaient sans cesse de s'y préparer.
Leur voix ne fut pas entendue. Les foules et leurs maîtres
préférèrent écouter les assurances d'une légion de pacifistes
affirmant, d'après les sûres lumières de leur raison, que les
guerres étant devenues impossibles, il était inutile de s'y
préparer.

C'est à de tels théoriciens ne voyant le monde qu'à travers
leurs rêves, que la France est en partie redevable de ses
ruines. S'ils étaient encore écoutés, on devrait désespérer
de l'avenir et se résigner à une décadence sans espoir.

Un célèbre ministre anglais a dit avec raison devant son
parlement que l'avenir des peuples dépendra surtout du
parti qu'ils sauront tirer des enseignements de la guerre.

Après avoir contribué à dominer les canons, la pensée
doit maintenant orienter la conduite. Si les écrits influencent
peu les générations vieillies ils peuvent au moins agir sur
les générations nouvelles dont les idées ne sont pas cris-
tallisées encore. La pensée représente ce qu'il y a de plus
vivant dans l'histoire d'un peuple. Elle façonne lentement
son âme.

Psychologie des temps nouveaux

LIVRE I

L'ÉVOLUTION MENTALE DES PEUPLES

CHAPITRE I

Rôle de la psychologie des peuples dans leur histoire.

Des éléments divers pouvant déterminer l'avenir des nations, les plus puissants seront toujours les facteurs psychologiques. C'est surtout avec les qualités des âmes que se tisse la destinée des peuples. De grands progrès sociaux se trouveront réalisés le jour où tous les citoyens seront convaincus que le triomphe de tel ou tel parti politique, de telle ou telle croyance ne saurait déclencher magiquement un définitif bonheur.

Bien des siècles ont passé depuis qu'Aristote et Platon dissertaient sur la psychologie. Ils eurent des continuateurs, mais si l'on cherche dans leurs livres les moyens de diagnostiquer le caractère des hommes et d'influencer leur conduite on constate que les progrès réalisés pendant deux mille ans d'études sont en vérité bien faibles. La lecture des plus savants ouvrages ajoute peu de chose aux connaissances sommaires enseignées par les nécessités de la vie.

Les événements modernes donneront forcément une impulsion nouvelle à une science très incertaine encore.

La guerre mondiale constitua, en effet, un vaste laboratoire de psychologie expérimentale. Elle fit comprendre l'importance des méthodes psychologiques et l'insuffisance des indications fournies par l'enseignement classique pour arriver à déterminer le caractère des peuples et par conséquent leur conduite. Que savions-nous de l'âme des Germains et de celle des Russes ? Rien en réalité. Les Allemands ne soupçonnaient également ni l'âme des Français ni celle des Anglais.

Les ignorances psychologiques de nos ennemis furent heureuses pour nous puisqu'elles eurent pour résultat de déjouer leurs prévisions sur l'orientation de plusieurs pays dont la neutralité semblait certaine.

Cette méconnaissance de la mentalité des peuples ne tient pas seulement à la difficulté de les observer autrement qu'à travers nous-mêmes, c'est-à-dire à travers des préjugés et des passions, mais aussi à ce que les caractères nationaux en temps normal ne sont pas exactement ceux manifestés pendant les grands événements.

En étudiant ailleurs les variations de la personnalité j'ai montré que le « moi » de chaque être représentait un équilibre susceptible d'importantes variations. La constance apparente du caractère résulte seulement de la constance du milieu où nous vivons habituellement et avec lequel nous sommes équilibrés.

Si donc une science psychologique beaucoup plus avancée que la nôtre arrivait à déterminer avec la précision d'une analyse chimique le caractère habituel d'un peuple et les moyens d'agir sur lui, cette science serait incomplète encore. Elle n'approcherait de la perfection qu'en montrant comment réagissent les caractères sous la pression des événements nouveaux dont ils sont enveloppés.

*
* *

Les découvertes de la psychologie moderne permettent déjà cependant des diagnostics assez sûrs. Nous savons maintenant que la psychologie individuelle et la psychologie collective sont soumises à des lois fort différentes. C'est ainsi par exemple que si un individu isolé se montre généralement très égoïste, cet égoïsme, par le fait seul que le même individu est incorporé à une foule se transformera en un altruisme assez complet pour l'amener à sacrifier sa vie au service de la cause adoptée par la collectivité dont il fait partie.

Nous savons encore qu'à côté des éléments mobiles du caractère individuel se trouvent des éléments ancestraux très stables fixés par le passé. Assez forts pour limiter les oscillations de la personnalité, ils créent immédiatement l'unité d'un peuple dans les circonstances critiques de son existence.

Ce sont ces caractères spéciaux à chaque peuple qui déterminent sa destinée. Si soixante mille Anglais maintiennent sous le joug trois cents millions d'Hindous qui les égalent par l'intelligence c'est grâce aux qualités de caractère des envahisseurs. Si les Espagnols n'ont pu donner que l'anarchie aux provinces latines de l'Amérique c'est à cause de leurs défauts de caractère.

Nous verrons également dans ce ouvrage que c'est uniquement à certaines insuffisances de notre caractère national que sont dues nos infériorités industrielles avant la guerre.

Les Allemands ont méconnu toutes ces notions fondamentales quand, au début du récent conflit européen ils se crurent certains de la neutralité de l'Angleterre en proie à des luttes politiques et au seuil d'une guerre civile avec l'Irlande. Ils commirent la même erreur en considérant la France alors profondément divisée par des luttes religieuses et sociales, comme une proie facile. Les dirigeants germaniques ne prévoyaient pas que l'âme ancestrale unifierait tous les partis contre l'agresseur.

Nous donnerons au cours de cet ouvrage bien d'autres exemples des applications de la psychologie.

*
* *

Pour agir sur les peuples on peut, comme le firent les Allemands, utiliser les menaces, la violence et la corruption. Ces moyens de forcer la conduite sont parfois efficaces mais ils n'ont qu'une valeur transitoire et incertaine.

La psychologie possède des procédés plus sûrs et n'impliquant aucune violence. Nous les énumérerons dans un de nos chapitres.

Déterminer les caractères de chaque nation, les limites de leur variabilité et les moyens d'agir sur elle devrait être un des plus essentiels fondements de la politique. Cette détermination est évidemment difficile puisque la psychologie des plus grands pays, l'Angleterre, l'Allemagne et l'Amérique, notamment, était, avant la guerre, très ignorée. Nous ne nous connaissions pas davantage nous-mêmes et il ne faut pas trop s'en étonner, car se connaître fut toujours plus malaisé que de connaître les autres. Il est même bien difficile de prévoir avec certitude quelle conduite on tiendra dans une circonstance donnée avant l'apparition de cette circonstance.

Quelques hommes d'Etat, d'ailleurs peu nombreux, ont réussi au cours de l'histoire à déterminer avec justesse la psychologie des divers peuples et ce fut une des principales causes de leurs succès. Du caractère d'une nation, en effet, dépendent les institutions qu'elle peut accepter et les moyens permettant de la diriger.

S'il est peu aisé de connaître la mentalité d'un peuple, c'est que les œuvres littéraires, artistiques et scientifiques qui révèlent son intelligence, ne traduisent nullement son caractère. Or, les hommes se conduisent avec leur caractère, non avec leur intelligence et il n'existe aucun parallélisme entre ces deux régions de la personnalité.

Si cette vérité n'était pas généralement oubliée on se serait moins étonné, au début de la guerre, de voir un peuple possédant une civilisation très haute commettre les actes de basse férocité qui ont indigné le monde. On semblait surpris alors que l'âme d'un savant pût recouvrir les instincts d'un barbare. Les psychologues connaissaient cette possibilité depuis longtemps. Ils savaient aussi que le vrai caractère des hommes se lit seulement dans leurs actes et nullement dans leurs discours.

Les actes à retenir comme éléments de diagnostic du caractère sont ceux des grandes circonstances et non, je le répète, ceux de la vie journalière où l'homme, étroitement encadré par son milieu, montre mal sa personnalité.

Quels sont, en effet, les mobiles quotidiens de notre conduite ? Par quelles influences sommes-nous guidés ? S'il fallait réfléchir et raisonner avant chacun de nos actes l'existence serait tissée d'incertitudes et d'hésitations.

Il n'en est pas ainsi parce que notre activité journalière se trouve orientée d'après des nécessités diverses : éducation, groupe social, profession, etc. Leur ensemble finit par créer une âme subconsciente plus ou moins artificielle mais qui, dans les circonstances habituelles de la vie, constitue notre vrai guide.

Les éléments fondamentaux du caractère ont une autre origine. Ils sont engendrés par des influences ataviques et constituent notre armature morale.

Ces éléments sont fixes mais à côté d'eux figurent les éléments mobiles, modifiables par le milieu, les croyances, l'éducation et qui servent à former ces âmes un peu artificielles de la vie journalière dont nous parlions à l'instant.

*
* *

Cette variabilité mentale enveloppant la stabilité résulte d'une loi biologique très générale. On sait que chez toutes les espèces vivantes, du végétal à l'homme, s'observent des caractères fondamentaux servant à déterminer ces espèces et des éléments variables créés par les artifices de l'éleveur. Les éléments variables se superposant aux caractères invariables les dissimulent quelquefois, mais sans jamais les détruire. C'est de semblables constatations que fut jadis déduite la loi de l'invariabilité des espèces.

Vraie au point de vue anatomique — du moins pour la courte durée de nos observations — cette loi est également exacte dans le domaine psychologique. Les peuples ont acquis au cours de l'histoire, comme les espèces animales et végétales au cours des temps géologiques, des caractères fondamentaux permettant de les classer et à côté de ceux-ci des caractères susceptibles de variations parce que l'hérédité ne les a pas fixés encore.

Les caractères invariables, legs des ancêtres, constituent l'âme collective d'un peuple. Dans les grandes circonstances, celle par exemple où l'existence entière de la race est menacée, cette âme collective prend la direction de nos efforts. Je ne crois pas m'être trop avancé en soutenant jadis que la bataille de la Marne qui, en 1914, sauva la France, fut gagnée par des morts.

****

Le poids de l'hérédité ne nous domine pas toujours. Sous des influences diverses les éléments mobiles de notre personnalité deviennent parfois prépondérants au point de nous transformer, du moins pour quelque temps.

Les éléments susceptibles de prendre ainsi un développement momentané dominant peuvent avoir soit une origine biologique, tels la faim et divers besoins; soit une origine affective, tels les sentiments et les passions; soit une origine mystique, telles les croyances; soit enfin une origine rationnelle. Cette dernière est généralement trop faible pour dominer les autres influences.

L'histoire montre clairement en effet la faiblesse de la raison dans les grands événements, tels que les croisades, les guerres de religion, la fondation de l'islamisme et la dernière guerre.

Ce n'est pas à la raison évidemment qu'il faut attribuer la genèse de tels événements. Le jour où elle guidera les peuples semble encore lointain. Les découvertes scientifiques réalisées depuis un siècle ont un peu illusionné sur son rôle social. Prépondérante dans les laboratoires, la raison exerce une action très restreinte sur la conduite parce que les éléments biologiques, affectifs et mystiques qui nous mènent sont beaucoup plus puissants qu'elle.

L'apparition de la raison dans le monde étant récente, alors que les besoins, les sentiments et les passions remontent à l'origine de la vie, il est naturel que par leur accumulation héréditaire ils aient acquis un poids contre lequel l'intelligence est rarement assez forte pour lutter.

*
* *

Les grands événements historiques rappelés plus haut ne démontrent pas seulement la domination exercée par certains éléments affectifs ou mystiques sur la conduite. Ils justifient aussi la loi psychologique suivante :

Quand sous des influences diverses, un des éléments de la personnalité prend une importance prépondérante, il annihile momentanément l'action des autres et devient le régulateur exclusif de la conduite.

Cette loi se vérifia surtout aux époques de crises, comme celle de la Révolution française. La tourmente passée, ses auteurs n'arrivaient plus à comprendre leurs actes.

L'orientation de toutes les facultés dans un sens unique peut créer une grande force, surtout quand cette orientation est collective. On le vit notamment lorsque d'obscurs nomades de l'Arabie, hypnotisés par une foi nouvelle, envahirent le monde et fondèrent un immense empire. Toutes leurs facultés et leurs efforts étaient dominés par cette nécessité mystique : imposer l'adoration d'Allah.

L'entreprise tentée par les pangermanistes rappelle, sous plus d'un rapport, celle des disciples de Mahomet. Obéissant aux mêmes influences psychologiques, ils prétendaient eux aussi asservir le monde au nom d'une mission divine et d'une supériorité supposée de leur race.

*
* *

Une guerre presque universelle comme celle dont nous avons vu se dérouler le cours laissera nécessairement subsister certains changements dans les éléments du caractère des peuples susceptibles de variations. Quels seront ces changements ?

Ils varieront suivant la mentalité des races. Je ne les prévois pas profonds chez les Anglais, dont l'âme a été très stabilisée par le passé. Si prolongée que fut la lutte et les perturbations qu'elle entraîna, son influence ne pouvait contrebalancer celle de ce passé.

Il est moins facile de se prononcer à l'égard de peuples tels que les Américains dont le caractère national, avant l'entrée dans le conflit, n'était pas très homogénisé encore. La guerre aura été pour eux un puissant agent d'unification.

On ne peut savoir encore cependant si ce pays, jadis fort pacifique, va acquérir des instincts militaires et conquérants.

*
* *

Les nations dont je viens de parler avaient plus ou moins acquis par l'hérédité, le milieu, l'éducation, une armature mentale stable. Elles possèdent ce que j'ai appelé jadis une discipline interne et, sachant se gouverner elles-mêmes, n'ont pas besoin de subir la discipline externe imposée par un maître.

Cette possession d'une discipline interne a toujours constitué une des grandes supériorités du civilisé sur le barbare.

La discipline interne est la base de la morale inconsciente, c'est-à-dire de la seule vraie morale. Les Romains dans les temps anciens, les Anglais dans les temps modernes, sont des exemples de peuples ayant acquis cette forme de discipline.

Ceux qui ne la possèdent pas ne peuvent être guidés dans la vie sociale que par une discipline externe suffisamment énergique pour leur donner l'orientation qu'ils ne trouvent pas en eux-mêmes. Tels furent, dans l'antiquité, ces Asiatiques que la Grèce et Rome qualifiaient justement de barbares. Tels, à l'époque moderne, les Mogols et les Russes. Ces peuples ont connu des heures de prospérité, mais de prospérité éphémère parce qu'elle dépendait uniquement de la valeur d'un chef assez fort pour transformer momentanément en bloc solide une poussière d'âmes incertaines. Le chef disparu, le bloc s'effondrait.

Le sinistre écroulement de la Russie montre clairement ce que deviennent les nations sans passé, sans traditions, sans éducation, et par conséquent sans discipline interne, soustraites brusquement à la tutelle qui maintenait leur agrégation. C'est alors le chaos et l'anarchie avec toutes ses violences. Les passions, qu'aucun frein ne contient plus, se déchaînent. Chacun détruit ce qui le gêne. Les meurtres, les incendies sont commis librement et un peuple qui s'élevait lentement vers la civilisation retombe dans la barbarie.

Pour toutes ces nations sans armature morale, sans caractères bien fixés, il est inutile d'essayer de déterminer les changements que la lutte mondiale engendrera. Amorphes dans le passé, elles resteront amorphes dans l'avenir. Leur sort dépendra des maîtres qui orienteront leurs destinées.

*
* *

La guerre ne se borne pas à développer divers éléments du caractère des peuples. Elle met aussi en lumière leurs défauts et fait comprendre la nécessité de s'en guérir.

S'il est presque impossible de transformer les éléments fondamentaux d'une race, fixés depuis longtemps par l'hérédité, il est au moins possible d'agir sur leur orientation.

Les moyens à employer ne sont pas nombreux. Ils se ramènent à l'influence des croyances, du régime militaire et de l'éducation.

Si je ne fais pas figurer les institutions dans cette énumération c'est qu'elles constituent des effets et non des causes. Les Républiques latines de l'Amérique ont cru remédier à leur anarchie politique et mentale en adoptant des constitutions voisines de celle des États-Unis. Elles n'ont fait qu'accroître cette anarchie.

Nous sommes victimes d'ailleurs de la même illusion psychologique, quand nous prétendons imposer nos institutions et nos codes aux Arabes, Berbères, Malgaches et nègres de nos colonies.

Des trois éléments d'action que j'ai mentionnés les croyances — croyances religieuses ou politiques — sont les plus influentes. Nous avons déjà rappelé que le Coran transforma un peuple de nomades en armées assez fortes pour subjuguer une partie de l'Europe et de l'Asie.

La puissance expansive de la Révolution française tint également à ce qu'elle constituait pour ses propagateurs une croyance nouvelle dominant leurs âmes.

La création de ces croyances étant inaccessible à l'action des gouvernements il ne reste que deux moyens d'agir sur les caractères et d'unifier les âmes : le régime militaire et l'éducation.

Ce furent justement les moyens employés par la Prusse, surtout après avoir absorbé l'Allemagne. Le fouet à l'école, le bâton à la caserne, représentent deux grands éléments de la formation mentale de l'Allemagne moderne.

Elle y perdit son indépendance mais y gagna des qualités d'ordre, de vigilante attention, de patience, de minutie, de discipline qui, par suite de l'évolution industrielle du monde, constituent précisément les qualités actuellement nécessaires à la prospérité des peuples.

Si les rudes moyens employés par la Prusse étaient indispensables pour acquérir certaines qualités, la plupart des peuples renonceraient à les acquérir, mais l'Amérique qui n'a jamais connu ni le bâton à la caserne, ni le fouet à l'école, montre qu'il est possible d'atteindre un haut degré de développement et de perfectionnement technique, simplement par une éducation appropriée aux nécessités de l'âge moderne.

Il n'est pas exagéré de dire que la guerre nous a fait découvrir une Amérique mentale à peine soupçonnée.

Je ne parle pas seulement des qualités héroïques d'armées improvisées, tenant tête aux troupes les plus aguerries de l'univers, mais des connaissances scientifiques et industrielles dont ces armées firent preuve. Nous les vîmes écartant nos routinières méthodes et les entraves d'une lourde bureaucratie, créer sur notre sol des villes, des chemins de fer, des ports de mer, des usines, sans se laisser jamais arrêter par les difficultés.

L'Amérique a ainsi montré ce que valait son éducation. C'est à elle désormais qu'il faudra souvent demander les professeurs et les modèles cherchés jadis en Allemagne [1].

---

1. Le rapide exposé qui précède montre le rôle capital des connaissances psychologiques dans le gouvernement des peuples. Si la psychologie classique est justement dédaignée, c'est qu'elle ne se compose guère que de spéculations théoriques sans application aux réalités de la vie. Les rares ouvrages de psychologie appliquée publiés jusqu'ici comptent au contraire beaucoup de lecteurs et, malgré leurs occupations, des hommes d'État éminents se chargent eux-mêmes de les traduire. Ma *Psychologie des foules* a été traduite en arabe par Fathy-Pacha, ministre de la justice au Caire, et en japonais par M. Motono alors ambassadeur du Japon et plus tard ministre des affaires étrangères. Ma *Psychologie de l'éducation* a été traduite en russe sous la direction du Grand Duc Constantin alors président de l'Académie des Sciences de Saint-Pétersbourg. M. Roosevelt, ancien président des États-Unis, a bien voulu me dire que pendant sa présidence et durant ses voyages, mon petit volume, *Les lois psychologiques de l'évolution des peuples*, ne l'avait jamais quitté. Je cite ces faits pour engager nos jeunes professeurs dans une voie fort peu parcourue et où les découvertes sont faciles.

CHAPITRE II

Les forces morales dans la vie des peuples.

La guerre a montré une fois de plus le rôle des forces morales dans la vie des peuples. Elle fit voir aussi à diverses reprises comment ces forces peuvent se désagréger.

La défaillance russe a révélé une des formes de cette désagrégation. Le mécontentement universel, résultant d'insuccès répétés dus à l'incapacité et aux trahisons de chefs à l'âme vénale, constituait un terrain de culture sur lequel germèrent aisément les doctrines révolutionnaires propagées par les innombrables agents de l'Allemagne. Le mouvement ainsi provoqué fut favorisé par les promesses de terres aux paysans et d'usines aux ouvriers.

La révolution s'étendit rapidement par contagion mentale et les forces morales de la Russie se trouvèrent dissociées au point de permettre à l'Allemagne la facile conquête des provinces qu'elle convoitait.

Un empire de 170 millions d'âmes, ayant mis des siècles à se former, se trouva anéanti en quelques mois par l'action, sur des âmes primitives, de ces formules simplistes parfois plus destructives que les canons.

Cette prodigieuse aventure est pleine d'enseignements psychologiques et politiques.

Les Allemands, qui avaient si bien réussi à désagréger la Russie par leur propagande, supposèrent pouvoir obtenir les mêmes résultats en France grâce aux menées de socialistes aveugles inaccessibles aux leçons de l'expérience. Adoptant d'abord leur langage, ils parlèrent de pacifisme, de désarmement, de fraternité universelle, etc.

L'Allemagne se crut bien près d'atteindre au but rêvé puisqu'un député des plus influents n'hésita pas à dire devant le Reichstag « que le bolchevisme était aussi répandu en France qu'en Russie ». On aurait pu le penser quand on vit certains socialistes français proposer de fêter le centième anniversaire de Karl Marx, le plus haineux de nos ennemis.

Les Allemands s'étaient cependant trompés, une fois encore, en prenant pour une agitation générale des mouvements superficiels. La France est un pays tellement stabilisé par son passé que l'âme ancestrale s'y maintient très forte. La nation fut souvent divisée et agitée, mais ses divisions sont comparables aux vagues surgissant parfois à la surface de l'Océan sans troubler la tranquillité de ses eaux profondes.

Devant l'insuccès de leur propagande, les diplomates allemands finirent par renoncer à tout verbiage humanitaire et revinrent à leurs anciens procédés d'intimidation. Nous n'eûmes pas à regretter cette maladresse psychologique. Les plus endurcis des socialistes connurent alors les véritables intentions de nos ennemis. L'exemple de la Russie leur avait déjà montré ce qu'aurait été notre sort si leur influence avait réussi à faire abandonner la lutte : misère, humiliation et servitude.

Quand un peuple est menacé d'une pareille destinée, il ne lui reste qu'à lutter jusqu'à son dernier homme. Nous y étions résolus.

Si nous avons triomphé dans cette guerre, c'est que les forces morales qui soutenaient nos armées n'ont jamais fléchi.

Leurs oscillations furent partielles et transitoires. L'endurance seule, et non la défaillance, s'est montrée contagieuse.

Il ne fut jamais nécessaire d'ailleurs d'enseigner le courage à une race aussi vaillante que la nôtre. Il suffisait de maintenir la continuité de son effort en luttant contre les facteurs de dissociation entretenus par les Allemands. Affaiblir notre énergie fut leur but inlassable.

*
* *

L'incapacité des Germains à manier les forces morales, malgré leur incontestable intelligence, représente une des raisons principales de leur chute.

Ils ont cependant fini par soupçonner l'importance de ces forces puisque Ludendorff et Hindenburg font appel à des causes morales pour expliquer leur défaite. « Ce n'est pas, écrit Hindenburg dans ses mémoires, l'intervention de l'Amérique qui détermina la victoire des alliés, la victoire devait appartenir à celui qui, moralement, tiendrait le plus longtemps. »

A la vérité les causes morales n'agirent pas seules dans la défaite allemande. Intervinrent également des causes stratégiques : insuffisance des réserves et manœuvres imprudentes ; puis des causes biologiques : lassitude causée par les pertes et les privations ; enfin des causes affectives : sentiment d'impuissance contre un ennemi dont les forces grandissaient sans cesse, etc.

Le choc mental créé par la capitulation fut formidable. Toutes les dynasties princières des Etats confédérés et leur chef, l'empereur, s'écroulèrent le même jour et furent remplacés par des pouvoirs révolutionnaires composés de conseils d'ouvriers et de soldats, à l'image des Soviets russes. Plusieurs Etats se séparèrent de la Prusse et l'Empire sembla devoir se disloquer en une série de petites républiques indépendantes.

Mais ce premier mouvement passé, intervinrent d'autres forces morales qui sauvèrent l'Allemagne d'une dissolution comparable à celle de la Russie. Chez les peuples dont l'âme a été stabilisée par une longue discipline et une forte éducation, les révolutions ne sont jamais durables.

La suite des événements a bien montré la divergence de formes que peuvent revêtir les mêmes principes révolutionnaires chez des nations de mentalités différentes.

Dans la révolution russe, tout le pouvoir passa entre les mains de conseils d'ouvriers et soldats, dirigés par un dictateur. Dans la révolution allemande, les socialistes eux-mêmes, à l'exception de quelques fanatiques, ne pouvaient avoir la foi mystique des apôtres russes dans la capacité des conseils d'ouvriers, croyance qui constitue le vrai fondement du bolchevisme. Ils se gardèrent donc bien de toucher à l'ancienne armature administrative. Gouverneurs de provinces, directeurs d'administration, fonctionnaires de tous grades furent conservés. Les conseils d'ouvriers et de soldats n'eurent bientôt qu'un pouvoir insignifiant.

Il est à remarquer, d'ailleurs, qu'alors que les révolutionnaires russes favorisaient la séparation de la Russie en provinces distinctes, plusieurs conseils d'ouvriers allemands envoyèrent spontanément un manifeste à l'Assemblée nationale pour demander que l'ancien empire redevînt une nation fortement centralisée.

*
* *

L'Allemagne n'a pas encore repris son équilibre moral. Il est intéressant de rechercher quelles perturbations sa mentalité a subies depuis la défaite.

Son état psychologique au lendemain de cette défaite est bien marqué dans les lignes suivantes de la *Deutsche Allgemeine Zeitung* :

« L'ennemi sur le Rhin, l'armée démobilisée, la flotte allemande et la meilleure part de notre armement aux mains de l'ennemi, la faim, le chômage, le renchérissement de la vie, la guerre civile dans notre pays : telle est l'Allemagne après la révolution... Ce que les ennemis de l'Allemagne n'osaient pas espérer dans leurs rêves les plus audacieux est maintenant atteint. »

Les aveux des dirigeants allemands furent d'abord pleins d'humilité et de résignation.

A l'Assemblée de Weimar, un ministre reconnut que la folie des grandeurs et l'incapacité d'une diplomatie dirigée par des militaires avaient perdu l'Allemagne. Un député ajoutait :

« Ce qui ruina le peuple allemand, ce fut le démon de l'orgueil. »

Habitués à diviniser la force, les Allemands s'inclinaient alors devant ses décrets, et se tenaient prêts à tout supporter.

Les Alliés ne surent pas, malheureusement, profiter de cet affaissement mental au moment où l'armistice fut accepté. En une heure de discussion, on eût fait signer aux plénipotentiaires les points fondamentaux de la paix et obtenu aisément ce qui ne fut obtenu partiellement ensuite qu'avec les plus grandes difficultés. A cet instant décisif, notre perspicacité se montra bien faible. Nous voyons actuellement que les erreurs psychologiques alors commises seront fort coûteuses.

*
* *

Les indécisions et les faiblesses de leurs adversaires, l'espoir d'une future alliance avec la Russie, ont ranimé les forces morales des Allemands. L'idée de revanche s'est éveillée dans leur âme et ils utilisent contre nous les armes psychologiques dont cet ouvrage montrera plus d'une fois la force.

L'Allemagne compte à la fois sur le concours des socialistes chez les nations ennemies et sur les divergences d'intérêts qui divisent les Alliés. L'Angleterre s'étant emparée de la flotte allemande et n'ayant aucune invasion à craindre, s'est opposée à la plupart de nos revendications. Préoccupée de légiférer pour l'avenir, le président des Etats-Unis s'occupa peu des nécessités de l'heure présente.

« Les joutes oratoires du Congrès ont presque anéanti l'œuvre des armées », écrivait un grand journal américain.

Un nuage épais d'idéalisme et d'illusions a isolé ce Congrès des réalités qui menacent le monde.

Elles sont pourtant fort redoutables. Pendant que des orateurs subtils échangeaient des objections, les hostilités reprenaient en Orient, de la Baltique à la mer Noire. Sur le front esthonien, sur le front polonais, sur le front ukranien, sur le front roumain, la lutte reste ardente. Si les armées rouges arrivaient à imposer définitivement à un pays l'évangile socialiste avec ses destructions, ce serait le triomphe des forces morales inférieures sur les forces morales supérieures, un retour fatal à cet état de barbarie où l'empire romain tomba après les invasions germaniques et où la Russie se trouve aujourd'hui.

CHAPITRE III

Perturbations intellectuelles et morales engendrées par la guerre.

La guerre a exercé une grande influence sur le caractère, la moralité et l'intelligence. Elle a ressuscité les instincts de sauvagerie ancestrale et fait dévier la justesse des jugements.

L'importance de ces transformations n'a pas échappé à quelques-uns des hommes d'Etat chargés de la destinée des peuples. Dans un de ses discours M. Lloyd Georges disait :

« La guerre a troublé et désorganisé toutes choses d'une façon sans précédent dans aucune guerre antérieure, et le retour aux conditions normales sera une nouvelle source de perturbations. Il y aura de grands troubles sociaux et économiques. Mais ce qui nous intéresse surtout, c'est l'étendue des troubles moraux et spirituels causés par la guerre. Il y a là un facteur dont dépend tout l'avenir de la Grande-Bretagne. »

De la Grande-Bretagne et aussi des autres pays, car tous ont été plus ou moins exposés aux mêmes facteurs de désagrégation.

*
* *

Les altérations de l'intelligence sont la conséquence des illusions engendrées par l'hypertrophie de certains sentiments. Il en est résulté ces perversions profondes du jugement dont les publications allemandes, le fameux manifeste des intellectuels notamment, fournissent d'indiscutables preuves.

Tous les peuples et aussi leurs maîtres manquèrent souvent de jugement pendant la guerre. Si les Allemands en manquèrent plus qué tous les autres, c'est que leur conception mystique d'hégémonie développa la vanité populaire au point de provoquer des accès de mégalomanie collective.

On se rend facilement compte de l'intensité des perturbations ainsi créées, en parcourant le livre *Also sprach germania*, composé par le professeur Ruplinger avec des extraits d'articles ou de livres émanant d'écrivains célèbres de l'Allemagne.

Je vais en reproduire quelques fragments, renvoyant pour l'indication des sources à l'ouvrage où ils ont été publiés.

A chaque page on y apprend que l'Allemand est désigné par Dieu pour régénérer le monde. Les textes émanent, répétons-le, d'intellectuels fort connus. Le premier est dû à un professeur réputé de l'Université de Tubingue.

« Nous sommes le peuple le plus élevé, nous avons à conduire l'humanité plus loin et tous les ménagements à l'égard de peuples inférieurs sont un péché contre notre tâche. »

« L'Allemand doit se faire l'exécuteur de la volonté divine sur les autres peuples. »

« Le peuple de Luther, le peuple de génies, de chefs et de héros incomparables a une haute mission mondiale. »

« Nous Allemands, nous devons passer à travers le monde avec l'assurance d'être le peuple de Dieu. L'Allemand doit se sentir élevé au-dessus de tout le ramassis de peuples qui l'entoure et qu'il aperçoit à des profondeurs insondables au-dessous de lui. »

« Notre Empereur se sait dans sa conscience lié à Dieu par une piété évangélique. »

« Dieu juge notre peuple, capable de devenir le guide de l'humanité. »

De telles croyances conduisirent à des jugements comme le suivant :

« La France sans l'ombre de raison a envahi notre pays. Nous ne pouvions pas agir autrement que de nous opposer à ce crime par tous les moyens imaginables, fussent-ils de la nature la plus affreuse, la plus épouvantable... Ainsi comme représailles, il est licite de fusiller des prisonniers de guerre tout à fait innocents. »

Un peuple si supérieur aux autres ne pouvait naturellement pas consentir à rester en contact avec eux et c'est pourquoi plusieurs écrivains réclamaient avec insistance l'expulsion de tous les habitants des provinces conquises, l'Alsace notamment, afin de les remplacer par des Allemands. D'autres allaient plus loin encore. Suivant eux :

« il n'y aura de paix que quand les Français auront disparu du sol de l'Europe. »

Certains auteurs germaniques réclamaient un nouvel accroissement d'armements après la paix, afin que :

« dès le temps de paix, nos ennemis restent atterrés devant la puissance armée que nous sommes décidés à développer sur terre, sur mer et dans les airs, de telle sorte qu'en peu de jours nous nous trouvions en pays ennemi avec beaucoup plus de forces que dans la guerre actuelle. »

Toutes les nations en guerre se trouvèrent ainsi fixées sur le sort qui les attendait si elles avaient accepté une paix douteuse avec un peuple dont la mentalité était à ce point pervertie.

*
* *

Arrivons maintenant aux altérations de moralité que créa la guerre. Elles sont faciles à mettre en évidence.

Aucune société n'a jamais vécu sans règles maintenues par des traditions, des institutions et des lois. Ces règles obligent tous les citoyens à refréner les instincts nuisibles à la communauté, à consentir certains sacrifices, etc.

De telles contraintes se supportent aisément quand elles ont été stabilisées par un long passé. Leur ensemble constitue l'armature morale d'un peuple. Plus cette armature est solide, plus le peuple est fort. Chaque citoyen possède alors, en effet, sur le droit, le devoir et l'honneur des notions fondamentales guidant inconsciemment sa conduite. De sévères répressions atteignent le petit nombre de citoyens cherchant à éluder leurs devoirs.

Or, que fait la guerre, surtout une guerre prolongée à laquelle se trouve mêlée l'immense majorité des habitants d'un pays? Sans doute, elle développe certaines qualités inutilisées pendant la paix : courage, résistance au danger, dévouement total à l'intérêt collectif, etc. Mais il est visible aussi qu'elle renverse absolument l'ancienne échelle des valeurs. Tout ce qui était respecté cesse de l'être. Tuer et détruire deviennent d'impérieuses nécessités et le soldat est d'autant plus considéré qu'il tue et détruit davantage.

De telles nécessités ont pour résultat de faire revivre les instincts de férocité des âges primitifs que les civilisations avaient eu tant de peine à refréner. La vie d'autrui, respectée jadis, semble bientôt peu de chose à l'homme obligé de tuer tous les jours pour ne pas l'être lui-même.

Les guerres anciennes avaient des effets moins pernicieux que celles d'aujourd'hui. Elles ne comprenaient en effet qu'un nombre restreint de combattants et en raison de la difficulté des communications, localisaient leurs ravages sur une partie minime des pays envahis. Le reste de la nation n'en souffrait pas et souvent même les ignorait.

Ces guerres étaient, en outre, beaucoup moins meurtrières que nos luttes modernes. Il arrivait assurément aux habitants d'une ville conquise d'être passés au fil de l'épée, mais les enfants, les femmes, et aussi les monuments, échappaient généralement depuis la fin de la barbarie, à la destruction.

Dans les conflits actuels rien n'est épargné, ni l'enfant au berceau, ni le vieillard au seuil de la tombe, ni d'antiques cathédrales que mille années de luttes guerrières avaient respectées.

D'après les théories de leurs philosophes, les Germains se croyaient le droit de tout détruire. Un de leurs plus célèbres savants, Hœckel, déclara nettement que nos principes de fraternité, de liberté et d'égalité devaient être remplacés par la loi qui régit le monde animal, c'est-à-dire par une lutte sans pitié ne laissant la faculté de vivre qu'aux plus forts.

Avec de telles doctrines, tout ce qui constituait jadis le bagage moral de la civilisation : humanité, protection des faibles, respect de la parole et des traités perd son prestige.

L'observation des lois de l'honneur devient évidemment une cause de faiblesse en présence de peuples refusant systématiquement de tenir leurs engagements dès qu'il est possible de s'y soustraire. Quelles relations internationales peuvent subsister quand toute confiance dans les traités a disparu ?

*
* *

Ce n'est pas seulement la moralité dans les relations entre peuples qui a fléchi, mais aussi, comme je le disais plus haut, celle des citoyens de chaque peuple. L'armature morale a été plus ou moins ébranlée partout. Nous assistons, aujourd'hui, à une véritable régression de la moralité.

C'est surtout en Allemagne que ce phénomène est frappant. Voici comment s'exprimait, à cet égard, le correspondant d'un grand journal :

« C'est d'abord la négligence, le laisser aller dans les services publics. Dans ce pays, où tout marchait jadis avec la précision d'une machine bien montée : trains, postes, téléphones, tout paraît, maintenant, détraqué jusque dans les rouages les moins compliqués. Partout, il y a comme une maladie de la volonté empêchant le travail sérieux. Le peuple le plus laborieux de la terre est devenu le plus fainéant.

« L'immoralité a crû dans des proportions fantastiques ; dans la nation entière, le vol, par exemple, entre en habitude. Dans les rues, dans les trains, personne n'est plus sûr de son porte-feuille ou de ses bagages : dans chaque restaurant, des affiches avertissent les clients de surveiller leurs pardessus ; à l'hôtel, placer ses souliers derrière la porte équivaut à leur disparition immédiate : en voyage, les moindres provisions que vous transportez s'évanouissent comme par enchantement. La poste allemande elle-même, qui passait jadis pour la plus intègre de la terre, vole également, et c'est tout dire. Avec cet affaissement lamentable des sentiments moraux, les crimes abondent ; l'instinct brutal, exacerbé par la disette et mis en éveil par les dernières tueries, se donne libre cours, avec une tendance au sadisme nettement marquée. Car dans ce cataclysme toutes les perversités de la nature humaine s'étalent froidement, autorisées par l'incohérence de la légalité. »

Des faits du même ordre, quoique moins graves, sont également constatés en France, et ils s'observent dans des classes sociales réputées autrefois pour leur probité.

D'après les chiffres publiés par le ministère des Travaux publics, le nombre des arrestations pour vols par les employés de chemins de fer, dans les trois derniers mois de l'année 1919, s'élevait à 2.231. Pendant la même année, la Compagnie d'Orléans a déboursé 14 millions d'indemnités pour vols ; le P.-L.-M., 29 millions. Les détournements dans les

Postes sont également importants, mais le chiffre n'en est pas connu.

Un administrateur du P.-L.-M., M. Noblemaire, fit observer, à la Chambre des députés, que, « dans les chemins de fer, une augmentation de plus du tiers des effectifs aboutit à une baisse totale du rendement moyen, qui dépasse 40 p. cent. »

Dans le même discours, l'orateur parla également « des mauvais citoyens qui organisent la sous-production systématique, parce qu'ils y voient le prologue de la révolution ».

L'abaissement général de la moralité est aussi frappant dans le monde commercial. Il a fallu établir un tribunal spécial pour la répression de mercantis prétendant réaliser des gains invraisemblables. Un journal a publié le chiffre total des fraudeurs et des spéculateurs poursuivis et punis pendant l'année 1919. Il s'élève à 3.336 pour la seule ville de Paris.

Cet affaissement de la moralité suit généralement je le répète, les grands bouleversements sociaux, les guerres, notamment, qui impliquent un renversement des valeurs morales.

Mais d'autres causes de la démoralisation actuelle méritent d'être signalées.

Parmi les plus actives, il faut citer surtout l'extravagante augmentation des salaires à une époque où, le prix des choses étant peu élevé en raison des taxations, rien ne la justifiait.

On sait qu'elle fut alors due à l'intervention d'un ministre socialiste chargé de la direction des usines. Pour se rendre populaire, il doubla, tripla puis quadrupla les salaires d'ouvriers dont la plupart ne réclamaient rien, trop heureux d'être à l'abri alors que leurs camarades se faisaient tuer sur le front.

Les répercussions de cette désastreuse mesure furent nombreuses et durent encore.

Elles entraînèrent, tout d'abord, pour les usines, la nécessité de vendre à l'Etat leurs produits beaucoup plus chers qu'auparavant et, par suite, l'accroissement de notre déficit.

Grâce à ces énormes élévations de salaires, toutes les possibilités d'achat se trouvèrent brusquement placées dans les mains de la classe ouvrière. La quantité des marchandises étant limitée, il en résulta une hausse considérable de leur prix, et, par voie de conséquence, une diminution rapide du pouvoir d'achat de l'argent. Les autres classes se trouvant, de ce fait, appauvries, assaillirent le gouvernement de réclamations et il fallut augmenter tous les salaires et traitements. D'après les chiffres publiés récemment par les Compagnies de chemins de fer, le salaire des manœuvres, qui était de 1.300 francs avant la guerre, fut porté à 6.000 francs, c'est-à-dire quadruplé. Les dépenses pour le personnel passèrent ainsi de 750 millions à 3 milliards. Ce fut, naturellement, la ruine des Compagnies, et par conséquent des actionnaires, ruine d'autant plus difficilement réparable que la journée de huit heures nécessita l'accroissement du personnel sans possibilité de hausser indéfiniment le prix des transports sous peine d'augmenter encore celui des choses nécessaires à la vie.

Pour faire face à de telles charges, l'État se trouva successivement conduit à imprimer sept à huit fois plus de billets de banque qu'il n'en existait auparavant. Cette inflation fiduciaire devait engendrer les conséquences que nous voyons se dérouler aujourd'hui et dont la plus grave est la diminution de valeur de notre billet de banque à l'étranger qui nous oblige à payer les objets importés le triple de leur prix réel.

*
* *

Mais ce ne sont là que des résultats purement matériels. Leurs répercussions sur l'abaissement de la moralité apparaissent beaucoup plus graves.

En même temps que s'accroissaient les salaires, le goût du luxe et le dégoût du travail grandissaient dans d'immenses proportions.

Le nombre des consommateurs munis d'un excès d'argent augmentant constamment alors que la quantité d'objets à consommer ne s'élevait pas, le prix de ces derniers s'accrut chaque jour. Les marchands, voyant autour d'eux des clients assez riches pour payer sans compter exigèrent des gains toujours plus considérables. Les grands magasins, qui se contentaient jadis d'un bénéfice de 25 %, réclamèrent successivement 50, 100, 150 et 200 %.

Ce fut partout, des plus petits commerçants aux plus grands, une course folle à la richesse, course d'autant plus dangereuse qu'à mesure que le prix des choses s'élevait, les ouvriers exigeaient de nouvelles augmentations de salaire, qui ne firent qu'accroître encore le prix des marchandises et les bénéfices des intermédiaires.

A mesure que s'étendait le goût du luxe, le goût du travail se ralentissait chaque jour. Il fallut réduire à huit heures le temps du labeur et, durant ces huit heures le rendement devint beaucoup moindre qu'auparavant. J'ai rappelé plus haut que, dans les ateliers de chemins de fer, le travail diminua de 40 %, en même temps que les vols commis par les agents se multipliaient considérablement.

Il est intéressant de constater qu'un abaissement analogue de la moralité, sous l'influence d'un excès momentané de richesse, fut observé lorsque, sous l'ancienne monarchie, le système de Law inonda Paris d'un déluge de billets de banque. Comme le fait observer Duclos, historiographe de cette époque, les particuliers qui, jadis, n'espéraient baser leur fortune que sur le labeur et l'économie, ne rêvèrent plus que spéculation et ne mirent plus de bornes à leurs désirs. Le résultat fut une baisse générale de la moralité, et le désir intense de faire fortune sans travail. Alors comme aujourd'hui, à chaque nouvelle émission de billets de banque correspondait une nouvelle diminution de travail et de nouveaux besoins de jouissance. Ce n'est pas sans raison qu'un ingénieux moraliste écrivait récemment : « l'établissement le plus immoral de Paris, c'est l'imprimerie d'où sortent sans arrêt des billets de banque ».

Les mêmes causes engendrèrent les mêmes faits sous la Révolution française. Un journal a extrait des publications de Saint-Just les passages suivants, tous applicables à l'heure présente :

« Chacun possédant beaucoup de papier travailla d'autant moins, et les mœurs s'énervèrent par l'oisiveté. La main-d'œuvre augmenta avec la perte de travail. Il y eut en circulation d'autant plus de besoins et d'autant moins de choses, qu'on était riche et qu'on travaillait peu.

« L'état où nous sommes est précaire; nous dépensons comme le prodigue insensé. Trois cents millions émis chaque mois par le Trésor public n'y entrent plus et vont détruire l'amour du travail et du désintéressement sacré qui constitue la République. »

On sait comment se termina l'histoire des assignats. Leur valeur finit par tomber à zéro, et ce fut une ruine générale. Elle n'empêcha pas, non plus qu'aujourd'hui, la formation d'une classe de nouveaux riches, dont le luxe et l'insolence contribuèrent beaucoup à la fâcheuse réputation du Directoire et à la chute du régime.

De la paresse générale et des goûts de dépense actuels créés par l'exagération des salaires résulte encore une insuffisance de production, qui nous conduit à importer non seulement les matières alimentaires dont nous manquons, mais encore une foule de produits de luxe entièrement inutiles, tels que la parfumerie.

Cette situation a beaucoup choqué les Américains, qui finirent par nous déclarer officiellement, en termes un peu secs, qu'ils ne nous feraient plus aucune avance, aucun crédit.

L'Angleterre ne s'est pas servie du même langage, mais elle nous montra par ses actes qu'il faut, désormais, compter uniquement sur nous. Elle n'hésita pas d'ailleurs à nous faire payer le charbon trois fois plus cher qu'à ses nationaux.

*
* *

Les faits relatifs à l'abaissement trop visible de la moralité jettent une vive lueur sur la genèse de la morale, sujet qui a tant exercé la sagacité des philosophes.

Ces faits montrent à quel point la morale est fille non de la logique rationnelle, mais d'habitudes lentement accumulées par l'hérédité et l'éducation. La morale — les éducateurs livresques l'oublient toujours — ne se trouve constituée qu'après être devenue inconsciente.

Nous voyons, aujourd'hui, comment l'agrégat qui la constitue se dissocie quand sont brisées ces habitudes. Les plus simples règles de la vie sociale, telles que le paiement de ses dettes, le respect de la propriété d'autrui, l'honnêteté commerciale, etc., semblaient, en temps normal, si naturelles qu'on les observait sans discussion.

Les divers moratoriums permettant de ne plus payer ses dettes, les bénéfices exagérés et rapides, les salaires excessifs obtenus par un travail de plus en plus restreint, les goûts de luxe, etc., ont désagrégé l'antique armature sociale.

Les vieilles habitudes morales ayant perdu leur autorité sur l'âme des foules la simple honnêteté est devenue une exceptionnelle vertu.

L'Etat seul conserve quelque prestige, parce qu'il a pour lui le pouvoir ; mais ce pouvoir est chaque jour plus ébranlé. Les forces matérielles ne possédant pas d'éléments moraux pour soutiens ne durent jamais bien longtemps.

Si le relâchement actuel de la morale continue à s'accentuer, on découvrira vite ce que devient une société privée de ce support, régie seulement par des appétits et ne tolérant plus de contraintes.

*
* *

En dehors des perturbations mentales et morales qu'elle a provoquées, la lutte mondiale a eu aussi pour résultat de rendre plus visibles ces éléments psychologiques caractéristiques de chaque peuple, qu'on retrouve dans toutes les manifestations de sa vie industrielle et sociale.

A côté des qualités incontestables qui nous ont permis de résister à une formidable invasion, il n'est pas douteux que nous sommes affligés de certains défauts : nervosité, crainte du risque, peur des responsabilités, absence d'initiative, routine, défaut de coordination et d'autres encore dont nous aurons plus d'une fois, dans cet ouvrage, occasion d'indiquer les effets.

La guerre a montré la possibilité d'en corriger quelques-uns.

« Le peuple français, écrivait avant la fin de la lutte un grand journal neutre, avait été souvent considéré jadis comme nerveux et impatient entre tous. La guerre aura détruit une légende. Elle aura peut-être aussi mûri les âmes. Celles-ci apparaissent décidément comme assez trempées par les événements de ces quatre années, pour demeurer jusqu'au bout à la hauteur des circonstances. Du moral, de la capacité de conserver un équilibre parfait et d'attendre avec patience, dépendra pour beaucoup le résultat définitif de cette grande lutte. La patience est désormais à toute épreuve. »

Cette absence de nervosité était assez imprévue, car une guerre atteignant tous les citoyens aurait pu, au contraire, exagérer l'émotivité avec toutes ses manifestations : énervement, impressionnabilité, obsessions, états anxieux, etc.

Observée quelquefois au début, surtout chez les civils de l'arrière, l'hyperémotivité fut peu connue sur le front. La répétition des mêmes chocs affectifs y créa chez l'homme de guerre une véritable immunité émotive. Il fut bientôt vacciné contre toutes les émotions et par conséquent contre toutes les faiblesses.

Cette immunité ne s'est pas produite avec la même rapidité chez tous les peuples. Elle se trouva formée presque instantanément chez les Américains considérés jadis comme très pacifiques, mais auxquels l'habitude atavique de l'effort avait donné une grande force de volonté. Pour eux le vaccin produisant l'immunité émotive ne provient pas de la répétition des mêmes dangers, mais simplement de la volonté et du goût de l'effort. Tout est possible avec de la volonté. Dans ses récents mémoires le maréchal Hindenburg assure que cette qualité est la plus précieuse que puisse posséder l'homme. Je l'ai trop souvent répété dans mes livres pour y revenir encore.

A mesure que nous avançons dans l'étude des problèmes créés par la guerre, le rôle des influences psychologiques apparait de plus en plus important. Il faut s'y reporter toujours pour éclairer un peu l'immense chaos d'incertitudes dont l'univers est enveloppé. Les forces matérielles nous frappent par leur grandeur. Elles ne sont cependant que les manifestations extérieures des puissances morales qui dirigent notre destinée.

CHAPITRE IV

Causes psychologiques de l'infériorité industrielle de certains peuples.

Nous avons précédemment montré le rôle de la mentalité des peuples dans leur évolution, mais il ne faut jamais oublier que les facultés ayant déterminé la prospérité aux phases diverses de la civilisation ne sont pas constamment les mêmes. Certaines, dont l'utilité est médiocre à une époque, deviennent prépondérantes à une autre. Les nations pourvues des qualités nécessaires à un stade nouveau de civilisation progressent alors, pendant que déclinent celles qui ne les possèdent pas.

Bien des exemples justifient ces propositions fondamentales. Un des plus frappants se trouve fourni par l'étude des causes de la stagnation et trop souvent de la décadence, de notre industrie avant la guerre. Variées en apparence, ces causes dérivent en réalité d'un petit nombre de défauts de caractère identiques dans toutes les entreprises.

Sur un sujet aussi capital, puisque l'avenir de notre pays en dépend, les jugements personnels sont insuffisants. Une enquête longue et minutieuse, faite par des spécialistes différents, était indispensable.

Cette enquête sur l'état de notre industrie d'avant guerre a été entreprise par les soins de l'*Association nationale d'expansion économique* qui compte parmi ses membres plusieurs sommités industrielles. Elle a chargé des spécialistes d'étudier à fond nos grandes industries et de consigner les résultats dans des rapports.

Leur ensemble forme déjà soixante volumes et met en lumière deux points fondamentaux. 1° Démonstration de la décadence de nos industries avant la guerre. 2° Preuve manifeste qu'une telle décadence était surtout due à des causes psychologiques.

Ces causes psychologiques ne sont pas d'ordre intellectuel et portent presque exclusivement sur des défauts de caractère. Il s'en déduit immédiatement que ce n'est pas avec des lois et des règlements, mais seulement par la transformation de certaines habitudes mentales que la situation d'avant-guerre pourrait changer.

L'état de notre industrie, mis en évidence par les divers rapporteurs de la commission, n'était pas entièrement ignoré. Je l'avais moi-même signalé depuis longtemps dans un de mes livres. Il m'avait surtout frappé à la suite d'une enquête que je fis jadis sur certaines branches de notre industrie, comme membre du jury d'admission pour les instruments de physique à l'exposition de 1900.

Dès cette époque, nos industriels renonçaient à fabriquer beaucoup d'articles et se bornaient à revendre avec bénéfice des appareils fabriqués en Allemagne. La construction des thermomètres médicaux, par exemple, et la préparation d'une foule de produits chimiques et pharmaceutiques disparaissaient de France.

Toutes ces observations restèrent sans influence. La guerre seule révéla l'étendue de l'invasion économique allemande. Sans la lutte militaire, interrompant le commerce avec l'Allemagne, nous aurions bientôt assisté à la ruine définitive de beaucoup de nos industries.

Ne pouvant résumer ici tous les rapports de l'enquête, je me bornerai à examiner quelques-uns des résultats constatés dans de grandes fabrications où jadis nous étions les maîtres.

*
* *

Industrie du coton et des filatures. — L'industrie des filatures est fort importante puisque, nous dit l'auteur du rapport, M. Guillet, elle produisait du fil pour 520 millions de francs. L'argent ne lui manquait pas, ni le matériel. Et cependant sa prospérité déclinait rapidement, à cause surtout d'un défaut de solidarité des fabricants qui ne savaient pas s'entendre pour associer leurs efforts.

Par suite de leur particularisme étroit, les filatures ne s'occupaient que des intérêts individuels, sans souci des intérêts généraux. « Elles se faisaient concurrence à l'intérieur, pratiquant parfois le *dumping* en dehors de leur zone sur le marché national. Entre filateurs ne règne aucune entente véritable; ils ignorent l'utilité du groupement corporatif pour la défense de leurs intérêts. »

En ce qui concerne les tissus, le rapporteur fait remarquer que « la plupart des pays qui s'approvisionnaient autrefois chez nous tendent maintenant à se suffire à eux-mêmes ».

Or, ce commerce ne peut vivre sans exportation, en raison de l'insuffisance du marché intérieur, et cependant, dit l'enquêteur, « cette exportation est considérée comme un pis-aller. Nous expédions un peu au hasard des produits chers, concurrencés par ceux des Allemands mieux renseignés que nous des exigences de la clientèle ».

De même que la plupart des rapporteurs, M. Guillet insiste sur le rôle des banques allemandes qui, par leurs avances, facilitent beaucoup le commerce à leurs compatriotes alors que les nôtres ne prêtent à nos commerçants aucun concours.

Le même observateur note également l'incapacité de nos consuls, à fournir des renseignements. Leur nullité à ce point de vue était prodigieuse. Je n'en ai jamais rencontré aucun, dans mes nombreux voyages, apte à me procurer un renseignement quelconque sur quoi que ce fût. C'était toujours aux consuls anglais, admirablement documentés, que je devais m'adresser.

Industrie lainière. — Cette industrie occupe une part énorme dans notre commerce extérieur puisque, en 1913, la France exportait pour 600 millions de francs de laine en masse ou en tissus.

Malheureusement, comme le fait remarquer M. Romier, auteur du rapport, cette industrie avait, depuis quinze ans, diminué de près d'un tiers, alors que les exportations de draperie anglaise et allemande ne cessaient de progresser.

Les causes de cette décadence résident, dit l'enquêteur, dans la défaillance des instruments et des organes généraux de notre commerce extérieur et aussi dans l'impuissance des producteurs à s'associer.

Comme confirmation de ce dernier point, je citerai l'exemple d'un des plus grands industriels de Lille me racontant les constants et vains efforts qu'il fit pendant de nombreuses années pour amener quelques fabricants à s'associer.

M. Romier dit encore : « l'exportation française est caractérisée par ce fait que chaque maison livrée à elle-même, mal servie par l'Etat, plus mal soutenue par les banques et jalousée par ses concurrents doit se défendre exclusivement au moyen de ses propres ressources ».

L'auteur fait remarquer aussi que dans toutes les industries, nos exportateurs se heurtent à des concurrents pouvant, grâce à l'aide de leurs banques, accorder de longs crédits. Il en résulte que « depuis de nombreuses années les commissionnaires étaient à peu près les maîtres de l'exportation française des tissus de laine. Or, c'est un fait bien connu qu'une industrie qui se trouve à la merci des intermédiaires est une industrie vouée à la décadence. On sait, du reste, que des liens étroits existaient entre la commission parisienne d'une part, le commerce et les banques allemandes d'autre part. Presque toutes nos affaires avec l'Amérique du Sud se traitaient par l'Allemagne ou par l'Angleterre, et à la longue, les fabricants français seraient devenus de simples façonniers soumis au bon plaisir de l'étranger. »

Confection. — L'importance de cette industrie est également considérable puisque la production annuelle des vêtements confectionnés pour hommes, femmes et enfants atteignait 400 millions, somme à laquelle viennent s'ajouter environ 200 millions que représente la lingerie confectionnée.

L'auteur du rapport montre comment les confectionneurs « restent obstinément divisés ». Il insiste sur « l'organisation dispersée et individualiste des industries françaises de transformation ». Les confectionneurs n'ont pas pu encore arriver à une collaboration méthodique avec les fabricants de tissus. D'où le ralentissement de leur commerce.

Industries de luxe. Modes et Fleurs. — L'industrie de luxe parisienne, fait remarquer M. Coquet dans son rapport, conservait son prestige, mais elle aussi était très menacée par la concurrence étrangère. Là encore, comme pour la plupart de nos entreprises commerciales, manque complet de solidarité et de coordination dans l'effort.

« Pour se défendre utilement, l'industrie de la mode reconnaît qu'elle devrait être mieux organisée en vue d'une action collective. Or, il est très difficile de grouper les maisons de mode en syndicat ou plutôt, une fois groupées, ces maisons n'agissent pas avec la méthode et l'unité d'efforts nécessaires. »

Quant à l'industrie de la fleur, restée si longtemps française, elle avait cessé de l'être et disparaissait rapidement devant la concurrence germanique.

« Là encore, les Allemands ont essayé de nous vaincre sur le marché mondial et sur notre propre marché en créant de puissantes usines qui fabriquent en masse avec un nombreux personnel, alors que l'industrie française de la fleur, à part un petit nombre de maisons, est restée familiale, comme celle du jouet. »

Les Allemands, l'auteur le montre, ont poussé si loin la fabrication en série qu'il existe de grandes usines germaniques ne fabriquant qu'une seule espèce de fleurs artificielles, la violette ou le myosotis, par exemple.

Matériel électrique. — Pour toutes les fournitures électriques, les Allemands nous avaient rapidement dépassé. « En 1907, écrit M. Schuller dans son rapport, l'Allemagne nous envoyait 21.000 quintaux métriques de matériel électrique et 502.000 en 1913. » L'auteur attribue en partie notre infériorité à la timidité de nos fabricants et à la lenteur de leurs livraisons. Les Allemands livraient, en effet, en moins de deux mois les fournitures pour lesquelles les constructeurs français demandaient une année.

Les Allemands possédaient d'immenses usines de

matériel électrique munies de laboratoires de recherches où ils fabriquaient les produits en série par grandes quantités. Ces entreprises rapportaient plus de 10 p. 100 à leurs actionnaires.

Bijouterie et Horlogerie. — La bijouterie, qui représenta longtemps un de nos articles de luxe les plus réputés s'est laissé dépasser par l'Allemagne aussi bien pour les qualités ordinaires que pour la riche joaillerie. En peu d'années, les Allemands avaient quadruplé leur exportation et nous envahissaient sur nos marchés mêmes. « En 1893, écrit M. Berthoud, l'Allemagne nous envoyait 76 kilos de bijouterie et 4.000 en 1913. »

Les exportations allemandes à l'étranger étaient devenues dix fois plus élevées que les nôtres.

L'auteur montre très bien les causes de nos insuccès. Une des premières est l'idée, généralisée chez nous, qu'on peut, pour l'exportation, livrer des produits inférieurs, alors que les Allemands accordent les plus grands soins aux articles destinés à leur clientèle étrangère.

L'enquêteur signale ensuite le manque d'initiative de nos fabricants qui ne savent pas renouveler les anciens modèles, et leur impuissance à s'entendre. N'ayant jamais de représentants directs au dehors, ils se trouvent forcés de recourir à des commissionnaires exportateurs qui, en absorbant une partie des bénéfices, obligent à élever les prix.

Le rapporteur mentionne clairement les qualités psychologiques qui firent le succès des Allemands : « énergie, ténacité, audace raisonnée, bonne éducation pratique ».

Horlogerie. — Les constatations faites pour l'horlogerie ne sont pas meilleures. L'enquête en déduit que la concurrence allemande tendait à « annihiler notre fabrication nationale ». C'est ainsi, par exemple, qu'un centre important, Morez, qui fabriquait autrefois 120.000 mouvements par an n'en produisait plus que 80.000 au moment de la guerre.

A la routine des fabricants, à leur refus de modifier les vieilles méthodes de travail et à leur absence d'initiative sont dus ces résultats.

Les Allemands ont inondé le monde d'instruments d'horlogerie, tels que les pendules à carillons, inventées en France mais à la fabrication desquelles nos industriels avaient fini par renoncer entièrement.

L'auteur du rapport recommande avec raison à nos fabricants de s'associer pour créer des usines mieux outillées mais donne en même temps des exemples montrant l'insuccès des associations déjà tentées.

Il fait remarquer encore que la qualité de notre production laissait souvent à désirer.

La conquête du marché français de l'horlogerie par les Allemands fut rapide. C'est seulement en 1902, en effet, qu'ils commencèrent à concurrencer nos fabricants. « Appliquant toujours le même système de grandes usines pourvues d'un outillage mécanique perfectionné, ils produisirent par grandes séries toutes sortes de mouvements. »

*
* *

Inutile de pousser plus loin le résumé de ces enquêtes. Les résultats constatés sont semblables dans presque toutes les industries et leurs causes psychologiques identiques. Même pour des produits dont nous semblions avoir le monopole tels que le vin, l'Allemagne, quoique pays peu viticole, devenait un grand centre d'exportation. Hambourg, par exemple, était en train de rivaliser avec Bordeaux.

A cette décadence générale, entraînant une réduction progressive de leurs bénéfices, nos fabricants semblaient résignés.

Ils s'illusionneraient fort en supposant qu'avec la paix les choses vont reprendre leurs cours d'avant guerre et que les industriels pourront se contenter des gains chaque jour réduits qui, cependant, leur permettaient encore de maigrement subsister. M. David-Mennet les en prévient nettement dans la préface du grand rapport précédant l'enquête que j'ai résumée.

Après avoir constaté la faiblesse de nos efforts et notre crainte des risques l'auteur ajoute :

« Il ne faut pas croire que cette prospérité un peu restreinte dont nous nous contentions se serait maintenue indéfiniment. Sans que l'on s'en aperçut, elle se réduisait lentement, graduellement, devant l'empire chaque jour croissant de nos concurrents allemands. Des industriels français renonçaient à leur fabrication et devenaient les simples dépositaires de leurs rivaux d'Allemagne, des représentants étrangers ou même français introduisaient dans notre consommation les produits venus du dehors. Un pays ne peut pas résister longtemps à cette pénétration continue, devenant de plus en plus rapide. C'était la pieuvre qui nous enserrait dans ses tentacules et aurait fini par nous étouffer. »

*
* *

Plusieurs des défauts psychologiques dont j'ai signalé les effets au cours de ce chapitre ont été reconnus dans un discours prononcé devant la Société de chimie industrielle, par un ministre.

Parlant d'une routine contre laquelle l'Etat ne peut rien, l'orateur remarquait que nos industriels ne voulaient pas bouleverser « les habitudes de travail léguées de père en fils et assurant un rendement dont on se contentait, fût-il très au-dessous des possibilités qu'un effort méthodique aurait pu atteindre ».

De ces routines, ajoutait le ministre, « est née a pratique du moindre effort qui, peu à peu, nous a imposé l'utilité des produits allemands ».

Après avoir montré que les causes de la prospérité industrielle allemande résident principalement dans l'union intime de la science et de l'industrie, l'auteur du discours ajoutait : « La victoire des armées serait vaine si nous ne nous assurions pas dès aujourd'hui les moyens de vaincre sur le terrain économique ».

*
* *

Les analyses qui précèdent prouvent que les causes générales de notre insuffisance industrielle sont bien d'ordre psychologique, puisque cette insuffisance résulte, comme l'enquête l'a prouvé, de certains défauts de caractère identiques dans toutes nos industries.

Parmi les plus funestes, remarquons surtout : l'absence de solidarité rendant incapable d'efforts collectifs coordonnés et disciplinés; la routine empêchant de rien changer aux méthodes une fois établies; la peur du risque, la timidité et le défaut d'initiative qui font redouter les grandes entreprises.

Notre manque de solidarité est fort ancien. Colbert le signalait déjà. Dans un de ses mémoires, le célèbre ministre déplore amèrement « que les Français, le peuple du monde le plus poli, aient tant de peine à se souffrir les uns les autres, que leur union soit si difficile, leurs sociétés si inconstantes, et que les meilleures affaires périssent entre leurs mains par je ne sais quelle fatalité ».

Dans l'industrie allemande, banques, fabriques, exportation, se trouvaient associées pour un but commun. La peur des risques n'existait pas, l'association permettant d'en diviser le poids. Toutes les initiatives individuelles étaient encouragées parce que les collectivités appelées à les exploiter en savaient la valeur.

*
**

Il résulte de tout ce qui précède que la plus nécessaire des réformes serait un changement de mentalité. Elle ne pourra être tentée qu'avec une éducation nouvelle, fort différente de notre pauvre enseignement universitaire. Cette éducation devra développer surtout la volonté, la solidarité, la capacité d'attention, le goût du travail et la continuité de l'effort.

Ces qualités, modestes en apparence, ne furent jamais l'objet d'aucun des illusoires diplômes dont nous sommes si fiers. Dans la phase actuelle de l'évolution du monde elles joueront cependant un rôle prépondérant.

J'ai rappelé ailleurs le passage suivant de l'auteur anglais, B. Kidd, qui après avoir montré que la France était « en tête des nations intellectuelles de l'Occident », faisait voir que dans la lutte coloniale entre la France et l'Angleterre qui remplit la seconde moitié du xviiie siècle, la France dut reculer toujours alors que l'Angleterre grandissait constamment. Examinant ensuite les qualités qui permirent à l'Angleterre de fonder son immense empire, B. Kidd ajoutat :

« Ce sont des qualités ni brillantes ni intellectuelles qui ont rendu ces résultats possibles... Ces qualités ne sont pas de celles qui frappent l'imagination. Ce sont surtout la force et l'énergie du caractère, la probité et l'intégrité, le dévouement simple et l'idée du devoir. Ceux qui attribuent l'énorme influence qu'ont prise dans le monde les peuples parlant anglais aux combinaisons machiavéliques de leurs chefs, sont souvent bien loin de la vérité. Cette influence est en grande partie l'œuvre de qualités peu brillantes. »

La lutte économique où les peuples sont entrés depuis notre victoire militaire pourrait devenir plus ruineuse encore pour certains d'entre eux que ne le fut la guerre elle-même.

Il ne faut pas se lasser de le dire, mais ce qu'il faut surtout répéter, c'est que la ruine sera certaine pour les pays où se développeront les idées d'interventionisme étatiste, que fortifie chaque jour la poussée des théories socialistes.

Si, grâce à une éducation technique et morale appropriée aux besoins nouveaux, nous réussissons à transformer la mentalité de la génération qui va naître, nous transformerons du même coup l'avenir de notre pays. Mais pour y arriver, il faudra abandonner aussi la funeste illusion que, grâce à un pouvoir mystérieux, l'Etat est capable des efforts dont se montrent incapables les citoyens.

CHAPITRE V

Le problème de l'adaptation.

Les découvertes de la science ont permis de reconstituer les êtres antérieurs à l'apparition de l'homme, qui, pendant des entassements de siècles, se succédèrent sur notre planète.

A chaque période géologique nouvelle apparurent des espèces si différentes de celles qui les avaient précédées que leurs transformations ne semblaient d'abord explicables qu'en admettant une série de créations successives.

Une science plus avancée révéla la parenté de toutes ces formes si disparates, mais le mécanisme de leur transformation reste incertain encore.

On crut l'expliquer par les nécessités de la lutte pour l'existence amenant la sélection des plus aptes. De récentes découvertes conduisirent à d'autres hypothèses.

Quel que soit le mécanisme des transformations observées, elles apparaissent finalement comme la conséquence d'une adaptation aux changements de milieu que l'évolution du monde faisait surgir. La nature imposa toujours aux êtres cet impérieux dilemme : s'adapter ou disparaître.

****

La loi de l'adaptation qui régit l'évolution du règne

animal régit aussi celle des sociétés humaines. L'archéologie a découvert les débris de vastes capitales enfouies sous les sables et depuis longtemps oubliées. Pendant leur splendeur, elles semblaient bâties pour l'éternité, mais après avoir rempli le monde du bruit de leur renommée, elles déclinèrent, puis disparurent au point que leur emplacement resta pendant des siècles ignoré. Il fallut toutes les curiosités de la science moderne pour retrouver les vestiges des gigantesques cités où s'édifièrent les assises de l'histoire, telles que Ninive et Babylone.

Ce n'est pas seulement dans une antiquité aussi lointaine que s'élevèrent puis s'évanouirent ces gloires éphémères. Après une phase d'absolue puissance, Rome cessa de dominer l'univers. De grands empires asiatiques et européens, jadis célèbres, ne sont plus connus que des historiens. Les royaumes de Gengiskhan et de Tamerlan ne submergèrent l'Asie qu'un instant. Le monde n'admira pas longtemps les empires de Charlemagne et de Charles-Quint. Ce dernier était cependant si vaste qu'au dire de ses chroniqueurs le soleil ne s'y couchait jamais.

Des causes diverses qui déterminèrent l'évanouissement de toutes ces éphémères puissances, une des plus constantes fut leur incapacité à s'adapter aux conditions nouvelles d'existence que l'évolution faisait naître. Subissant une des lois suprêmes de l'univers, elles périrent faute d'avoir su s'adapter.

*
* *

Des exemples empruntés à l'âge moderne montrent comment peut se manifester le défaut d'adaptation, qui condamna tant de nations à disparaître.

En examinant les motifs de la grandeur des peuples aux divers âges de l'histoire, on constate qu'ils varient beaucoup avec les époques. Les qualités nécessaires à un baron féodal illettré différaient fort de celles indispensables quelques siècles plus tard, lorsque les qualités littéraires et artistiques constituèrent les principaux éléments de grandeur. Certaines aptitudes qui devaient jouer un rôle prépondérant de nos jours étaient alors tenues pour médiocres.

Avec l'évolution du monde, de nouvelles capacités sont devenues nécessaires. L'âge moderne a créé une civilisation à type industriel, dominée par une technique compliquée qui exige justement des qualités de patience, de discipline, de vigilante attention jadis considérées comme secondaires.

En matière industrielle — et tout jusqu'à la guerre est industrialisé maintenant — la patience, l'attention, la discipline collective constituent des facultés indispensables.

Et c'est pourquoi des peuples tels que les Allemands n'ayant jamais brillé dans le passé par leur goût et leur intelligence, mais possédant, grâce à leurs aptitudes héréditaires et aussi à leur éducation militaire et technique, les qualités que je viens de dire, se sont trouvés tellement bien adaptés à l'évolution indust. .e moderne qu'en peu de temps ils ont émergé d'un niveau assez inférieur jusqu'aux premiers rangs de la civilisation.

*
* *

Un des grands problèmes de notre destinée est celui-ci : comment des peuples individualistes, à intelligence vive mais peu susceptibles d'efforts collectifs soutenus, de solidarité et de discipline, arriveront-ils à s'adapter aux nécessités de l'évolution industrielle du monde qui, non seulement se continue depuis la fin de la guerre, mais ne fera sans doute que s'accentuer.

Pour juger de la possibilité d'une telle adaptation, il faut rechercher à quel degré ces mêmes peuples ont obtenu pendant la guerre une adaptation rigoureuse à des conditions d'existence très imprévues.

La façon rapide dont ils se sont pliés aux nécessités nouvelles qui surgissaient permet d'espérer une future transformation industrielle comparable à notre transformation militaire.

Quelques pages suffiront pour montrer l'importance de l'adaptation réalisée par les grandes nations en lutte contre l'envahissement germanique.

*
* *

Le cas de la France est un des plus frappants. Victime la première de l'agression allemande, elle dut accomplir des efforts d'adaptation gigantesques et fort malaisés, car ils étaient contraires à ses institutions et à son tempérament.

La guerre — on ne le sait que trop — nous ayant surpris à peu près désarmés, il fallut créer, de toutes pièces, le formidable matériel dont nous étions dépourvus.

On pourra se rendre compte des difficultés, non seulement d'ordre technique, mais aussi d'ordre bureaucratique que la France eut à surmonter, par les extraits suivants du remarquable rapport lu le 29 décembre 1916 à la Chambre des Députés, par M. Viollette :

« En février 1915, lorsque par ses commissions, le Parlement prit connaissance de la vérité, il a constaté ceci :

1º Les usines encore fermées pour la plupart et tous les spécialistes mobilisés ;

2º La fabrication des fusils, néant. Pas un seul n'avait été construit depuis la déclaration de guerre et les matrices destinées à les confectionner, on ne voulait pas les retrouver. »

Le même rapporteur reproduit dans son travail

une lettre adressée au Ministre de la Guerre par le général Pédoya, en date du 15 mars 1915, et dont voici un fragment :

« C'est une véritable stupeur qu'éprouverait le pays, s'il apprenait que, depuis le début de la guerre jusqu'en mars, il n'a pas été fabriqué plus de 250 fusils neufs en tout et pour tout. »

C'est seulement lorsque l'administration décida de s'adresser à l'industrie que la situation changea. Le passage suivant du rapport de M. Viollette montre avec quelle peine des bureaucrates trop bornés pour croire à la durée de la guerre se résolurent à recourir aux industriels.

« Oui, l'avenir dira ce qu'il nous a fallu de patience, d'efforts, de menaces et même d'intimidations, pour contraindre à faire fabriquer fusils, canons, munitions et explosifs.

« La bataille a été de tous les jours, ardente, souvent violente, et il a fallu que les commissions arrachent par morceau la vérité qu'une bureaucratie routinière lui dissimulait par des artifices d'écriture véritablement étonnants.

« Où en serait la France à l'heure actuelle, si elle n'avait pas eu son parlement ? »

L'adaptation des gouvernants, bien que très lente, finit donc par s'effectuer. Sitôt le concours des industriels accepté, l'évolution devint rapide. On peut vraiment dire que notre industrie sauva le pays. Elle fit preuve, grâce à la collaboration d'individualités supérieures, de qualités d'initiative, d'ingéniosité et de persévérance insoupçonnées.

L'art militaire lui-même, bien que stabilisé dans de vieilles routines, finit également par s'adapter à une tactique n'impliquant d'ailleurs aucun mystère, mais que nous n'avions pas su étudier pendant la paix.

La population civile sut, elle aussi, s'adapter aux nécessités qu'entraînait la mobilisation de la presque totalité des ouvriers et des cultivateurs. Il fallut les remplacer par des femmes, des vieillards et des enfants. Tous manifestèrent un pouvoir d'adaptation remarquable.

*
* *

L'exemple d'adaptation fourni par l'Angleterre est aussi frappant que celui de la France. Non seulement, elle ne possédait ni armes, ni matériel, mais le service militaire était en horreur à ses citoyens. Très fiers de leur indépendance ils n'avaient jamais accepté que des armées de mercenaires.

Transformer la mentalité anglaise demanda un formidable effort. L'Angleterre mit bien près de deux ans pour arriver à organiser une importante armée.

Cet effort ne fut rendu possible que par les qualités psychologiques de la race : ténacité indomptable, sentiment du devoir et de l'honneur. Ajoutons-y le stoïcisme devant la destinée lorsqu'elle semble inévitable.

On a signalé, en les raillant un peu, la méticuleuse habitude de soins personnels et le besoin de confort des Anglais, mais, comme le fait justement remarquer un officier interprète qui vécut beaucoup avec eux, M. J. Pozzi, « les Anglais considèrent que la distinction de la tenue et des manières se trouve généralement associée à la distinction des sentiments. Ils soutiennent aussi qu'il faut jouir du moment présent sans se laisser troubler longtemps d'avance par la perspective d'éventualités qui peut-être ne se réaliseront jamais. »

La psychologie des Anglais, leur ténacité surtout, ne furent jamais comprises des Allemands. On le vit, notamment, quand ils s'imaginèrent que la Grande-Bretagne épuisée par ses pertes accepterait la paix à tout prix. Le passé leur enseignait pourtant que, lente parfois à s'engager dans une entreprise, l'Angleterre ne recule ensuite jamais. Elle l'a montré pendant sa difficile conquête de l'Inde. Elle le prouva encore en luttant vingt années contre le plus grand capitaine de l'histoire.

Notre formule pendant la guerre : *Tenir* fut également celle de l'Angleterre.

*
* *

Tout autant que l'Angleterre, l'Amérique constitue un exemple d'adaptation rapide à des conditions d'existence entièrement imprévues. Elle n'y réussit également que grâce à ses qualités ataviques de caractère.

Jamais peut-être, au cours des âges, un peuple ne subit en quelques mois des transformations mentales aussi profondes que l'Amérique.

Avant la guerre, la force militaire des Etats-Unis était si nulle qu'ils se sentaient incapables de réprimer les insolences des chefs de bandes gouvernant le Mexique. L'idée seule d'une conscription militaire aurait soulevé des protestations unanimes.

Pendant les premières années du conflit européen, l'unique but de l'Amérique fut de maintenir soigneusement sa neutralité et de s'enrichir en fournissant des marchandises aux combattants. Grâce à une propagande très active et à l'achat d'un grand nombre de journaux influents, l'Allemagne avait su se créer dans le pays beaucoup de sympathies.

Désireux, lui aussi, de maintenir cette précieuse neutralité, le président Wilson ménageait l'empereur d'Allemagne au point de lui envoyer une dépêche de félicitations pour son anniversaire. Il se montrait en outre opposé à tout projet d'organisation d'une armée.

Il fallut la prodigieuse incompréhension psychologique de l'Allemagne et son immense infatuation pour conduire à la guerre un peuple si désireux de paix. Le président s'étant borné à protester timidement par des notes anodines contre le torpillage de ses navires, l'Allemagne se croyait assurée de n'avoir rien à craindre.

Le moment arriva cependant où, contrairement à toutes ses prévisions, l'opinion américaine, d'abord indifférente, puis irritée, finit par se retourner entièrement. Le peuple comprit de quelle tyrannie le succès de l'Allemagne menacerait le monde.

Le président des Etats-Unis, dont l'opinion avait également évolué, n'hésita plus alors à engager son pays dans la plus redoutable des crises qu'une grande nation eût jamais traversées.

Déclarer la guerre ne suffisait pas. Il fallait la faire. Grâce à la vigueur de son caractère, le peuple américain si avide pourtant de confort et d'indépendance sut s'adapter en quelques mois à toutes les nécessités qu'une telle lutte entraînait.

Son dévouement fut complet. Acceptant des conditions d'existence entièrement nouvelles, il renonça à toutes les libertés qui le rendaient si fier, se soumit au despotisme forcé de l'Etat, aux privations rigoureuses et surtout à ce régime militaire obligatoire dont l'idée seule lui semblait jadis intolérable.

Toutes les gènes furent subies sans murmure. Aucun impôt ne parut trop lourd et dans les tranchées de l'Europe les soldats improvisés de l'Amérique se conduisirent comme les plus vaillants.

*
* *

L'adaptation aux nécessités militaires dont nous venons d'indiquer des exemples ne saurait suffire. Avec la fin de la guerre sont nées des nécessités d'adaptations économiques et commerciales, plus difficiles encore peut-être à réaliser que l'adaptation militaire.

Les faits constatés au cours de la lutte mondiale autorisent beaucoup d'espérance. Il ne faudrait pas croire cependant que la faculté d'adaptation réalisée sur un sujet doive se manifester forcément pour tous les autres. Nous avons déjà fait observer que les peuples présentaient au point de vue des diverses formes d'adaptation des aptitudes fort différentes.

L'Allemagne en fournit un remarquable exemple. Son adaptation aux nécessités matérielles de l'évolution industrielle du monde moderne fut évidemment parfaite, mais non moins évidemment, son adaptation à l'évolution morale de la civilisation était loin d'être accomplie.

Elle présentait — et cela sans doute pour la première fois dans le cours des âges — le type d'une civilisation scientifique et industrielle élevée, superposée à des conceptions morales inférieures dépassées depuis longtemps.

Il faut remonter, en effet, aux phases les plus lointaines de l'histoire pour trouver chez un peuple une férocité aussi grande associée à un dédain aussi complet des engagements. Même aux époques tenues pour demi-barbares, les femmes, les vieillards, les monuments étaient épargnés, la parole d'honneur considérée comme sacrée.

Le stoïcisme du consul Régulus reste un typique exemple du respect antique pour la foi jurée. Si les Carthaginois furent tant méprisés jadis, ce fut justement à cause de leur mauvaise foi. Le souvenir de la « foi punique » survécut à la destruction de Carthage comme survivra toujours dans l'histoire le renom de la mauvaise foi germanique.

C'est seulement chez les primitifs que le droit

absolu de la force, professé de nos jours encore par les Germains, s'exerce librement. Il régit le règne animal et les peuples inférieurs, mais tendait à être de plus en plus éliminé par les progrès mêmes d'une civilisation, à laquelle les Allemands eux-mêmes devront finir par s'adapter. Les nécessités de l'adaptation ont toujours dominé le monde et elles le domineront sans doute de plus en plus.

LIVRE II

LES LUTTES DE PRINCIPES DANS LES GUERRES MODERNES

———

CHAPITRE I

L'action des idées dans les conflits des peuples.

———

La psychologie classique resta pendant longtemps une science théorique sans applications pratiques. Des questions fondamentales telles que celles-ci : comment naissent puis évoluent les opinions et les croyances, quels sont les sentiments des foules et leurs mobiles d'actions, et bien d'autres encore, aussi importantes, demeuraient sans réponse.

Sans doute les hommes politiques ne dédaignèrent jamais la psychologie. Ils se vantaient même volontiers de la connaître, mais elle constituait à leurs yeux un art n'ayant que l'intuition pour guide. On réussissait si les intuitions étaient heureuses, on échouait si elles ne l'étaient pas.

Les souverains faisaient également de la psychologie. Un peu sommaire en réalité, car elle se ramenait à cette simple notion que, pour conduire les peuples, l'intérêt et la peur suffisent.

J'ai essayé jadis de montrer dans ma *Psychologie politique*[1] que les moyens d'agir sur les hommes sont beaucoup plus variés, que l'intérêt et la peur ne représentent pas les plus puissants, que les facteurs psychologiques constituent l'âme des canons et que, de toutes les erreurs politiques, les plus redoutables sont les erreurs de psychologie.

La guerre a pleinement justifié cette dernière assertion. C'est, on ne saurait trop le redire, en accumulant des erreurs psychologiques que les Allemands dressèrent tant de peuples contre eux.

L'expérience finit cependant par les instruire. Ils apprirent à manier des forces psychologiques dont l'importance leur avait d'abord échappé et parvinrent alors à désagréger entièrement une armée russe de plusieurs millions d'hommes.

Devant étudier dans cet ouvrage les méthodes qui permettent d'agir sur l'âme des individus et sur celle des multitudes, je me bornerai maintenant à montrer le rôle des idées au cours de la guerre qui vient de finir et leur évolution.

* * *

L'âge moderne, malgré son positivisme apparent, est peut-être celui où les idées — les idées mystiques surtout — exercèrent le plus d'action. Ce n'est pas pour des intérêts matériels mais pour des principes qu'ont lutté de grands pays, l'Amérique notamment.

L'acharnement du conflit mondial et sa durée ne s'expliquent qu'en considérant les idées qui sont à sa base et les sentiments d'où ces idées dérivent.

Cette guerre, je l'ai souvent répété, fut à la fois religieuse, philosophique et économique.

Elle fut religieuse par la conviction du peuple alle-

---

1. La 16e édition de cet ouvrage vient de paraître chez l'éditeur Flammarion.

mand qu'il était désigné par Dieu pour dominer le monde. Elle fut philosophique parce qu'elle se réclamait du principe de la prédominance de la force sur le droit, défendu par tous les philosophes et les historiens germaniques.

Elle fut économique enfin parce qu'elle résulta en partie du besoin qu'avait l'Allemagne de se créer des débouchés nouveaux, à la suite de sa surproduction industrielle. Ce facteur économique vint à l'appui des autres mais il ne fut pas le plus fort.

*
* *

Les partisans de la théorie matérialiste de l'Histoire ignorent les influences mystiques et affirment que les peuples sont uniquement conduits par des besoins.

Le rôle des besoins, et des intérêts que ces besoins font naitre, n'est pas contestable. Nul doute, par exemple, que les grandes invasions destructives de la Gaule romaine furent dues à la faim, qui chassa les tribus germaniques des marécages et des forêts où elles avaient trop pullulé pour y trouver des moyens suffisants de subsistance.

Mais si l'on suit attentivement le cours de l'histoire, on voit que les hommes se font beaucoup plus facilement tuer pour des idées que pour des besoins. Les événements culminants du passé : croisades, naissance de l'islamisme, guerres de religion, révolution française et bien d'autres ont été engendrés par des idées. Ce sont elles en fait qui mènent le monde, créent ou détruisent les civilisations et les empires.

*
* *

Deux grandes idées furent en conflit pendant la dernière guerre. Idée d'hégémonie et d'absolutisme d'un côté, idée d'indépendance de l'autre.

Ainsi présentée, la formule est exacte mais incomplète.

L'idée pure, telle que la concevait Platon, n'a en elle-même aucune vertu. Elle reste un impuissant fantôme tant qu'elle ne s'est pas enveloppée d'éléments affectifs et mystiques capables de la transformer en croyance.

Si donc l'énoncé d'une idée peut se formuler brièvement, l'énumération des éléments d'où sa puissance dérive est parfois assez longue. L'idée d'hégémonie énoncée en un seul mot possède un contenu fort complexe : sentiments d'orgueil et d'ambition, besoin de s'enrichir par des conquêtes, désir d'exécuter une mission divine, etc.

Les idées fondamentales guidant les hommes, les idées religieuses surtout, finissent par dominer tous les éléments d'une civilisation.

Mais à côté des idées générales qui orientent la vie des nations et auxquelles l'atavisme finit par donner une grande force, il en est d'autres, d'une durée éphémère, que l'éducation, le milieu, la contagion mentale font facilement naître, grandir et disparaître.

Elles sont éphémères mais peuvent cependant jouer un rôle considérable, engendrer des révolutions et bouleverser tous les facteurs de la vie sociale. C'est ainsi que notre socialisme latin et la décadence industrielle qui représente une de ses principales conséquences se trouve régi par un petit nombre d'idées très fausses mais très fortes : égalisation générale, lutte des classes, dictature du prolétariat, etc.

*
* *

Les grandes idées fondamentales, phares directeurs des peuples, changent quelquefois dans le cours des âges, mais elles ne changent pas sans que la vie sociale soit transformée. Dès qu'un peuple renouvelle ses idées, il doit, par ce seul fait, changer ses institutions, sa philosophie, sa littérature et ses arts.

On ne peut dire encore ce que seront les idées directrices surgies de la guerre. Il est douteux que l'optimisme les domine. Nous sommes loin de l'époque où les philosophes de la Révolution française enseignaient la bonté primitive de l'homme et, dans l'espérance de faire renaître les anciennes sociétés proposées pour modèle, détruisaient les antiques armatures du monde où ils vivaient.

Les idées que l'avenir verra éclore dériveront probablement des aspirations universelles vers des constructions sociales supposées capables de protéger les peuples des catastrophes contre lesquelles leurs institutions se montrèrent si impuissantes. Un pessimiste besoin de changement les a envahis depuis que, la lutte étant terminée, ils énumèrent les ruines et comptent les tombeaux.

Quelles que soient les idées nouvelles, on peut pressentir qu'il sera difficile de les refréner.

*
* *

Les gouvernants allemands eux-mêmes finirent par comprendre, vers la fin de la guerre, que grandissaient devant eux des idées dont ils ne seraient bientôt plus maîtres. Ils durent aussi constater que la théorie philosophique représentant la force comme seule créatrice du droit avait dressé contre l'Allemagne les principaux peuples de l'univers.

Ils entrevirent enfin que les guerres de conquête ne sauraient constituer des idéals en rapport avec la phase actuelle du monde et que les peuples en exigeaient d'autres.

Si aveuglées par leur mystique croyance d'hégémonie qu'aient été les castes dirigeantes de la Germanie, elles se rendirent enfin compte que le régime féodal et militaire de l'Allemagne superposé à une évolution industrielle intensive la mettait sur un plan différent de celui des autres peuples, et par conséquent la menaçait de conflits perpétuels avec eux.

Assurément les traditions de ces classes ne sont pas encore assez ébranlées pour qu'elles acceptent un régime démocratique impliquant la liberté et l'égalité. Cependant, nous les voyons réduites à emprunter de plus en plus le vocabulaire des pays démocratiques, dans leurs déclarations, et obligées de paraître accepter toutes les aspirations des multitudes.

Ces aspirations finirent vers la fin de la guerre par soulever les masses germaniques. Quand, pour satisfaire aux ambitions d'un souverain et d'une caste militaire, des peuples entiers voient périr la fleur de leur jeunesse et subissent les plus affreuses privations, ils arrivent à se demander s'ils n'auraient pas intérêt à sortir de l'enfer où leurs maîtres les ont plongés.

C'est alors qu'apparaissent des divergences, grandissant chaque jour, entre les idées des gouvernants croyant tout gagner à des guerres prolongées et celles des gouvernés ayant tout à y perdre.

*
* *

Ce très intéressant conflit a été observé dans divers pays.

La Russie composée de populations hétérogènes dont l'âme n'était pas stabilisée encore se retira la première de la lutte, dès que disparut la discipline qui faisait de ces masses amorphes un agrégat un peu solide. L'armature sociale s'écroula alors d'un seul coup et ce fut le chaos.

Composée également de races hétérogènes, mais d'un niveau mental supérieur, l'Autriche résista plus longtemps avant de fléchir.

L'Allemagne où l'hérédité, la caserne et l'école avaient étroitement asservi les âmes fut de tous nos ennemis celui dont la résistance morale se prolongea le plus. Et cependant, malgré cinquante ans de militarisation, malgré la puissance du parti militaire et féodal, malgré la secte très influente encore des pangermanistes, on vit naitre en son sein une scission complète entre les partisans d'une paix de conciliation et ceux des annexions et des indemnités.

Ces derniers, convaincus de la mission divine de l'Allemagne, exercèrent toujours une action très grande. Les réalités, cependant, l'annihilèrent finalement.

Dans cette population allemande, énervée par les deuils, les privations, la misère et plus consciente chaque jour de n'être pour ses maitres que « du matériel humain », de la « simple chair à canon », les idées démocratiques finirent par germer avec leurs conséquences, et la paix s'imposa bientôt.

On peut se convaincre du progrès des théories nouvelles en comparant les écrits allemands publiés au commencement de la guerre et ceux qui parurent vers sa fin. En 1914 les idées de fraternité, de société des nations, de désarmement, étaient considérées chez nos ennemis comme de méprisables bavardages indignes d'être discutés. On en vint cependant à les discuter puis enfin à s'appuyer sur elles.

*
* *

Dès que les idées commencent à s'incruster dans l'âme des peuples, leur pouvoir grandit rapidement et elles finissent par acquérir une force assez irréductible pour renverser tous les obstacles.

Une des caractéristiques de la guerre actuelle, caractéristique presque unique dans l'histoire, fut l'établissement dans plusieurs pays, de la paix par les peuples, à l'encontre de leurs gouvernants.

On l'a vu clairement pour la Russie qui, voulant la paix à tout prix, se rangea immédiatement derrière le parti politique qui la promettait.

L'Autriche fut également conduite à faire la paix malgré ses maîtres. L'Allemagne y arriva aussi mais seulement quand tout espoir de vaincre se trouva perdu.

Resté longtemps assez fort pour se défendre contre les canons, le militarisme germanique finit par devenir impuissant contre les pensées. Une fois de plus dans l'histoire du monde, les idées triomphèrent des forces matérielles qui prétendaient les asservir.

CHAPITRE II

Bases philosophiques du pangermanisme.

Les diplomates allemands se sont montrés évidemment habiles en adoptant le langage de leurs adversaires, insistant avec eux sur des projets de fraternité universelle, de création de tribunaux internationaux, etc. On peut juger de la solidité de ce pacifisme par l'exposé des principes formulés non seulement dans les écrits germaniques antérieurs à la guerre, mais encore dans ceux de l'heure présente.

Ce serait une illusion dangereuse d'imaginer les pangermanistes comme un groupe limité, opposé au reste de la nation restée plus ou moins pacifiste. L'exposé des enseignements philosophiques propagés par les universités et qui orientèrent l'âme allemande moderne détruisent vite une telle erreur.

C'est dans les œuvres des philosophes allemands, notamment celles d'Hegel, que fut élaborée la théorie du droit absolu de la force, d'où sortit la religion pangermaniste avec ses aspirations d'hégémonie universelle.

Que le pangermanisme soit une religion douée de la puissance donnée par une foi mystique, on n'en peut douter. Il faut le répéter, cependant, pour ne pas se laisser illusionner sur la possibilité d'anéantir le militarisme, soutien fondamental de cette foi.

Les historiens allemands ne firent qu'appliquer à la politique les doctrines des philosophes. Les deux plus célèbres, Treitschke et Lamprecht, enseignaient, au nom du droit de la force, que l'Allemagne devait conquérir de nombreux pays.

Les vulgarisateurs, tels que Bernhardi, Lasson et beaucoup d'autres n'ont fait que répandre ces principes. On ne saurait les accuser de cynisme puisqu'ils parlent au nom de doctrines philosophiques professées par les maîtres les plus autorisés des universités.

« Dans ses entreprises, écrit le général Bernhardi, un Etat doit tenir compte seulement du facteur force et mépriser les lois qui ne sont pas à son avantage. C'est la force et non le droit qui peut régler les différends entre les grands Etats. Les traités d'arbitrage sont particulièrement pernicieux pour une nation puissante. Toute cour d'arbitrage empêcherait nos progrès territoriaux. »

Le professeur Lasson est aussi précis.

« Un Etat, dit-il, ne saurait admettre au-dessus de lui sans disparaître aucun tribunal dont il doive accepter les décisions. D'Etat à Etat il n'y a pas de lois. Une loi n'étant qu'une force supérieure, un Etat qui en reconnaîtrait avouerait sa faiblesse. La guerre de conquête est aussi légitime que la guerre de défense. Le faible se place volontiers sous l'inviolabilité des traités qui assurent sa misérable existence. Il n'a qu'une garantie, une force militaire suffisante. »

Ces théories sont très bien résumées dans cette pensée d'un autre écrivain populaire, Tannenberg : « Puisque nous avons la force, nous n'avons pas d'autre raison à chercher. »

Le même Tannenberg ne se bornait pas, d'ailleurs, à proposer la conquête des nations rivales de l'Allemagne. L'Autriche faisait partie, pour lui, des pays à conquérir. Après avoir déclaré que « les Allemands n'ont rien de bon à attendre de la maison d'Autriche », il arrivait à cette conclusion, longuement développée avec cartes à l'appui, qu'il est urgent de « transformer l'Autriche entière en provinces prussiennes ».

*
* *

On pourrait supposer que la prolongation du carnage pendant plusieurs années modifia ces idées. Des écrits germaniques récents montrent au contraire que la mentalité allemande a bien peu changé.

Sans doute les diplomates allemands ont adopté les formules de notre idéologie : arbitrage, fraternité des peuples, etc., mais leurs écrivains ont soin de montrer le cas minime qu'ils font de tels discours. Le général Freitag Larighaven explique, dans son livre sur les conséquences de la guerre mondiale, que le désarmement, l'arbitrage, l'amour de la paix ne sont que de simples articles d'exportation à l'usage des Alliés. Le pacifisme, pour lui, est une folie et, dès le lendemain de la paix, l'Allemagne doit se préparer une puissante armée.

Peu d'Allemands ont renoncé à la mission divine de dominer le monde. Le professeur Harneck écrivait vers la fin de la guerre :

« Avons-nous une civilisation différente de celle des autres peuples ? Dieu merci oui. Nos ennemis n'ont qu'une civilisation qui ne va qu'à la surface des choses. La nôtre va au fond des choses. Le germanisme n'est pas seulement un don du ciel. Il nous impose une grande et lourde tâche. C'est à nous qu'il appartient de tracer les lignes directrices qui doivent conduire l'humanité à une unité réelle et profonde.. »

*
* *

Cette prétention de diriger le monde n'eût été défendable que si les peuples gouvernés par les Allemands en avaient retiré les avantages que procurait jadis la civilisation romaine. Mais alors que cette dernière était très douce pour les nations conquises, respectait leurs institutions, leurs langues et leurs coutumes, la domination allemande s'est montrée partout brutale et intolérante. L'Alsace, les duchés danois et la Pologne, sans parler des populations de l'Afrique, en ont fait l'expérience. On sait qu'en Pologne la Prusse avait commencé avant le grand conflit l'expulsion méthodique des propriétaires du sol. C'est la même mesure que ses écrivains proposaient, pendant la guerre, d'appliquer à l'Alsace dont les habitants éliminés auraient été remplacés par des colons allemands.

Nous venons de voir quelles sont les idées réelles de l'Allemagne, dissimulées derrière un pacifisme de surface. Nous ne devons pas regretter cependant sa conversion apparente à des principes si contraires à toutes ses conceptions antérieures, car en paraissant les accepter elle les a revêtus d'un grand prestige aux yeux du peuple. Ce dernier est ainsi arrivé, grâce à sa docilité mentale, à s'incorporer les idées nouvelles énoncées par ses maîtres. Après avoir lentement germé dans l'âme des foules, ces idées finiront par devenir de puissants mobiles d'action.

***

Quelles idées l'Entente opposa-t-elle aux doctrines germaniques? Pendant toute la lutte les Alliés ont réclamé la destruction du militarisme allemand. « Notre guerre est dirigée contre le militarisme prussien », répétaient les ministres alliés.

La réalisation de cet idéal semble assez difficile. Le militarisme prussien n'est pas une opinion, mais une croyance. Les Allemands n'y renonceront pas plus que les musulmans ne pourraient renoncer à l'islamisme. Je ne connais pas dans l'histoire du monde de croyances détruites par les armes et moins encore par des raisonnements.

Les Allemands attribuent d'ailleurs au militarisme une grande part de leur essor économique.

« Quiconque, écrivait M. Helfferich, ancien vice-chancelier de l'empire, a eu l'occasion d'observer les différentes nations et d'étudier leur travail économique, n'aura pas manqué de constater l'influence énorme que le service militaire exerce chez nous sur le travail commun dans les grands établissements : la presque totalité de notre main-d'œuvre et de nos intellectuels ayant servi sous les drapeaux, notre peuple est accoutumé à l'ordre, à l'exactitude et à la discipline. »

Plusieurs de ces affirmations ne sont que partiellement justes. On peut, en effet, leur objecter que les Etats-Unis, jadis sans armée ni rien d'analogue au militarisme, possédaient cependant une industrie au moins égale à celle de l'Allemagne.

Quoi qu'il en soit, l'opinion allemande sur la valeur du militarisme sera bien difficilement transformée et longtemps encore il faudra se protéger contre lui.

*
.

Leibniz assurait que l'éducation peut transformer la mentalité d'un peuple en moins d'un siècle. Cette assertion n'est pas exacte pour les peuples stabilisés par un long passé. L'âme d'une race représente, en effet, quelque chose de très stable. L'éducation peut l'orienter dans un sens déterminé mais ne saurait la transformer.

Appliquée à un peuple comme la Prusse composé de races hétérogènes : Germains, Slaves, Mogols, etc., et dont, par conséquent, les caractères ancestraux se trouvaient dissociés par les croisements, l'assertion de Leibniz est justifiée.

L'âme prussienne a été artificiellement créée par quatre facteurs fondamentaux : la caserne, l'école, l'action des philosophes et celle des historiens. Ces divers éléments ayant agi dans le même sens pendant plusieurs générations, leur action est devenue profonde.

Par contagion mentale, les conceptions prussiennes se sont étendues à toute l'Allemagne quand, pour constituer son unité, elle s'agrégea à la Prusse après 1870.

Mais cette unification n'a porté que sur certains éléments accessoires du caractère. Si l'Allemagne s'est entièrement soumise à la Prusse en raison des avantages économiques et politiques qu'elle retirait de cette soumission, on ne doit pas oublier cependant que les races distinctes dont elle se compose, restent séparées par les sentiments et les croyances, et professent pour la Prusse arrogante et dominatrice une profonde antipathie.

Malgré cette antipathie et leurs dissemblances ethniques les États germains confédérés étaient solidement attachés à la Prusse, parce qu'ils y trouvaient un grand intérêt. Cet intérêt disparaissant, l'union se relâchera forcément. Nous avons pu le constater par les nombreux symptômes de désagrégation qui se sont manifestés à la fin de la guerre.

Il eût été sage de les utiliser et de provoquer la dissociation du bloc allemand. Les alliés y seraient arrivés en profitant de leurs victoires pour refuser de traiter avec l'empire allemand, mais seulement avec les divers royaumes : Bavière, Wurtemberg, etc., qui le composent. Il eût été également d'une adroite politique d'accorder à chacun d'eux des traitements différents et meilleurs que celui accordé à la Prusse. Elle se fût trouvée ainsi bientôt isolée. Nous n'avons fait malheureusement que consolider l'union de ces peuples avec la Prusse, union que notre intérêt visible était de dissocier pour longtemps.

Etant donné les conceptions philosophiques de l'Allemagne, résumées dans ce chapitre, on voit combien eût été impossible la paix de conciliation rêvée par nos socialistes. Elle n'eût constitué qu'une paix d'un jour. Comme l'a dit très justement l'Empereur d'Allemagne lui-même, il s'agissait d'un duel sans merci entre deux conceptions du monde dont l'une devait disparaître.

Lord Milner, dans un discours prononcé à Plymouth, s'était exprimé d'une façon analogue.

« La question est de savoir si le militarisme prussien ne nous annihilera pas et ne balayera pas tout ce que les nations éprises de liberté se sont, pendant des siècles, efforcées d'acquérir et s'efforcent d'acquérir encore. »

Tous les dirigeants des nations ont posé le problème dans les mêmes termes.

« Le passé et le présent, disait le président Wilson, sont engagés dans un corps à corps mortel. A cette lutte, il ne peut y avoir qu'une issue, et le règlement doit être définitif, il ne peut comporter aucun compromis. Aucune solution indécise ne serait supportable ni concevable. »

La guerre devait donc continuer jusqu'au jour où l'Allemagne vaincue se résignerait à l'acceptation des conditions exigées d'elle.

Dans les propositions de paix qui précédèrent l'armistice, les diplomates allemands revinrent sur l'idée d'une société des nations. Ils avaient même déjà proposé de se mettre à sa tête. Elle fût devenue ainsi pour eux une forme nouvelle de leur prétention à l'hégémonie.

Ces déclarations étaient visiblement dépourvues de sincérité. La lecture des publications allemandes, sans même parler de celles des militaristes purs, montre comme je l'ai dit plus haut, que l'idée de société des nations et de tribunaux internationaux d'arbitrage est absolument contraire aux principes enseignés par l'unanimité des professeurs germaniques. Tous considèrent comme hérésie ridicule qu'un État puisse se soumettre à une juridiction étrangère.

***

Nous ignorons quand et comment se modifiera la mentalité allemande. Parmi les facteurs pouvant contribuer à sa transformation figurera sans doute la haine que leurs procédés barbares ont inspirée à tout l'univers et dont ils ont maintenant conscience. Nous en pouvons juger par quelques-unes de leurs publications. Dans la revue *Friedenswarte* d'août 1918, le professeur H. Fernau écrivait :

« Ce qui m'attriste plus que jamais, c'est la certitude que le peuple allemand est le plus détesté de l'univers. Cette haine n'est pas passagère et elle n'a pas de précédent dans l'histoire des peuples. Au point de vue politique et commercial, et, au point de vue moral, notre prestige sera ruiné pour des années. Qui nous rendra notre flotte commerciale, notre clientèle d'outre-mer, notre renommée intellectuelle, tous les milliers d'avantages qui nous permettaient d'entrer en concurrence avec les autres peuples, de gagner de l'argent, de vivre en un mot ? Qui paiera les dettes causées par la guerre ? Les listes civiles, les biens de la couronne et des hobereaux ne seraient qu'une goutte d'eau dans un océan de dettes. »

Jamais dans la suite des âges les conquérants ne reçurent une leçon aussi rude que celle infligée par la défaite aux Allemands. Une telle leçon mérite d'être méditée par les peuples qui rêveraient encore d'impérialisme et d'hégémonie.

CHAPITRE III

Buts de guerre atteints par divers peuples et buts qu'ils poursuivaient.

Lorsque les érudits de l'avenir compulseront les documents relatifs au conflit qui ravagea le monde, ils seront surpris de l'amoncellement des discours concernant les buts de guerre, ainsi que de leur imprécision et de leur instabilité.

Les buts formulés devaient naturellement varier suivant les diverses phases de la lutte. Mais on a pu constater au cours d'une même période et sur un même sujet, des incertitudes et des flottements considérables.

Quand les Alliés, au début du conflit, déclaraient vouloir anéantir le militarisme allemand, ils énonçaient un but à la fois imprécis et chimérique, aucune victoire ne pouvant détruire, en effet, une croyance partagée par soixante-dix millions d'hommes, et considérée par eux comme la source même, non seulement de leur puissance, mais encore de leur prospérité économique.

Les Allemands se montraient aussi imprécis et, de plus, peu sincères quand ils prétendaient ne poursuivre dans cette lutte que la défense de leur indépendance et s'assurer les garanties de cette indépendance. Ils ont successivement déclaré être partis en guerre contre la barbarie moscovite, puis contre la domination maritime de l'Angleterre, puis contre l'encerclement économique de l'Allemagne. Toutes ces assertions étaient si peu admissibles que neutres et alliés purent accuser justement l'Allemagne de n'avoir jamais fait connaître ses buts de guerre.

Mais les événements continuaient à marcher. Les idées évoluèrent, les réalités s'appesantirent sur l'âme des peuples, et tous les gouvernements, peu à peu, arrivèrent à mieux préciser les buts qu'ils poursuivaient.

*
* *

Examinons d'abord ceux de l'Allemagne.

Au début, ses prétentions étaient grandes. En Europe, il lui fallait la Belgique, les bassins miniers de la France, plusieurs de nos provinces et toutes nos colonies. En Orient, elle aspirait à conquérir l'Egypte, le golfe Persique, la Perse et rêvait même la domination de l'Inde. Une centaine de milliards au moins devaient être exigés des ennemis.

Les plans de conquête à l'occident, aux premiers jours de la guerre, ayant échoué devant notre résistance, ces ambitions se restreignirent et varièrent avec les diverses phases de la lutte.

Elles varièrent également, d'ailleurs, suivant les aspirations des divers partis politiques dont l'influence prédominait.

Tous ces partis poursuivaient un but identique : l'hégémonie allemande, mais chacun le poursuivait d'une façon différente. Les pangermanistes, parmi lesquels figure la caste militaire et féodale, prétendaient l'obtenir au moyen d'indemnités et d'annexions. Les industriels et la bourgeoisie moyenne rêvaient surtout d'une paix économique leur assurant la domination des marchés du monde.

Les pangermanistes furent les plus influents parce qu'ils avaient pour eux les grands industriels vivant de la guerre, les professeurs des universités, et surtout des chefs féodaux assez peu soucieux de la situation économique.

Voici quelques extraits publiés par M. Sauerwein montrant bien les idées que professaient les Allemands à l'égard de divers peuples.

« Le général Brossart von Schellendorf, ancien ministre de la guerre en Prusse, écrivait quelques années avant le conflit :

« Entre la France et l'Allemagne il ne peut s'agir que d'un duel à mort. La question ne se résoudra que par la ruine de l'un de ces deux antagonistes. Nous annexerons le Danemark, la Hollande, la Belgique, la Suisse, la Livonie, Trieste et Venise et le nord de la France, de la Somme à la Loire. »

Le géographe Otto Tannenberg écrivait en 1911 :

« La Hollande, la Belgique et la Suisse vivent grassement aux dépens de l'Allemagne. Une fois le grand compte réglé avec la France et l'Angleterre, ces trois petits pays doivent être incorporés à l'Allemagne aux conditions édictées par celle-ci. »

M. Ballin, directeur général de la Hamburg-Amerika, déclarait en 1915 :

« Nous devons avoir dans l'avenir une base pour notre flotte qui commande la mer du Nord. »

M. Bassermann, leader du parti national libéral, disait en 1916 :

« Une Hollande enfermée entre des territoires allemands et une Belgique se trouvant sous l'influence allemande doivent venir et viendront tout naturellement à l'Allemagne. »

Le fameux pangermaniste Treitschke, déclarait :

« C'est un devoir de la politique allemande de reconquérir les bouches du roi des fleuves, le Rhin. »

Quant au général von Bernhardi, son émule, dans son livre *l'Allemagne et la prochaine guerre*, il faisait remarquer en 1913 :

« Les Hollandais ne vivent plus que pour le profit et la jouissance, sans but et sans combat, et avec cela l'Allemagne se voit privée de ses sources naturelles de richesse, et de l'embouchure du Rhin. Notre influence politique ne peut augmenter que quand nous aurons démontré ouvertement à nos petits voisins qu'une réunion à l'Allemagne est leur intérêt. »

L'Autriche, qui avait peu d'annexions à espérer et souffrait beaucoup plus de la guerre que l'Allemagne, souhaitait une paix de conciliation, mais elle se trouva obligée de poursuivre la même politique que son arrogante alliée. ·

Sans la trahison de la Russie, l'Allemagne n'aurait certainement pu continuer longtemps la lutte. Cette trahison lui ouvrit des perspectives inespérées. Ainsi s'explique son empressement à traiter avec la bande de révolutionnaires russes qui s'étaient emparés du pouvoir et à admettre sans difficulté leur formule de paix : ni annexion ni indemnité. Possédant d'ailleurs à peu près la Pologne, la Lithuanie, la Courlande, l'Esthonie et la Livonie, réduites à l'état de protectorat, — sans parler du vasselage économique de la Russie, — les Allemands ne pouvaient souhaiter davantage. Le vaste empire Russe fût devenu pour eux un grenier d'abondance.

Les buts de guerre énoncés par les États-Unis se présentèrent généralement sous une forme un peu idéaliste. Voici comment son président les formulait :

« Le but de cette guerre est d'affranchir les peuples libres de la menace d'un militarisme formidable mis au service d'un gouvernement irresponsable qui, après avoir secrètement projeté de dominer le monde, n'a pas reculé, pour réaliser son plan, devant le respect dû aux traités non plus que devant les principes depuis si longtemps vénérés par les nations civilisées du droit international et de l'honneur. »

La France est peut-être le pays qui a le mieux précisé ses buts de guerre. Elle finit par laisser de côté les dissertations métaphysiques sur le droit, la justice et la nécessité de détruire le militarisme allemand. Dans un discours prononcé au Parlement, le

27 décembre 1917, notre ministre des Affaires étrangères résuma ainsi nos buts de guerre : restitution des territoires envahis, réintégration de l'Alsace-Lorraine et réparation des dommages causés.

La question de l'Alsace-Lorraine était considérée par ce ministre non seulement comme un problème territorial français, mais aussi comme un problème moral, une alternative du droit ou de la force. « Selon qu'il serait résolu dans le sens français ou dans le sens allemand, il y aurait ou il n'y aurait pas une Europe nouvelle constituée conformément aux principes et aux forces qui créent et qui mènent les nations contemporaines. »

En réalité, l'Alsace-Lorraine était devenue le drapeau d'une doctrine. C'est ce que certains écrivains des pays alliés n'ont pas très nettement compris.

Assurément, il importait peu à un habitant de Chicago que l'Alsace appartînt ou non à la France, mais il importait fort au même habitant de Chicago que l'Allemagne n'exerçât pas une hégémonie qui eût paralysé le commerce américain.

L'Alsace constituait donc bien le drapeau de la liberté mondiale. Restée dans les mains de l'Allemagne, l'absolutisme et le militarisme triomphaient dans le monde. C'eût été la défaite définitive des peuples en lutte contre la domination de la Prusse.

Sur la question d'Alsace, les Alliés étaient, pour cette raison, décidés à ne jamais céder. Or, comme les Allemands s'y montraient aussi résolus, la guerre devait durer jusqu'à l'épuisement de l'un des combattants. Quand des principes se trouvent en conflit, la lutte est forcément très longue. Telles les guerres de religion en France et la guerre de Trente ans en Allemagne. Telle encore la guerre de Sécession en Amérique, prolongée jusqu'à la ruine totale de l'un des deux adversaires.

*
* *

Il était intéressant de connaître l'opinion sur les buts de guerre des grands partis ouvriers de France et d'Angleterre.

Le programme rédigé par le comité des Trade-Union et du Labour Party en Angleterre, portait que le gouvernement allemand devrait réparer tous les dommages causés à la Belgique, à laquelle sa complète souveraineté serait restituée. La question de l'Alsace-Lorraine serait résolue par un plébiscite.

Au congrès de Clermont-Ferrand les représentants français de la Confédération générale du travail furent muets sur la question de l'Alsace-Lorraine.

*
* *

Dans ce qui précède, nous avons examiné seulement les buts de guerre poursuivis par les divers peuples aux prises, sans nous préoccuper de ceux qui furent atteints. Pour certains pays, l'Amérique par exemple, ces derniers se montrent fort différents de ceux qui les avaient engagés dans la lutte.

Quand les Etats-Unis se décidèrent à la guerre, après le torpillage répété de leurs bateaux, ils avaient, comme je le rappelais plus haut, une armée si faible que le Mexique pouvait impunément devenir arrogant et le Japon leur tenir tête. L'Amérique possède aujourd'hui une armée importante et son président acquit, momentanément, par le simple déroulement des événements, et sans l'avoir rêvée, une place que l'empereur d'Allemagne rêva sans pouvoir l'obtenir.

L'Allemagne, de son côté, réalisera peut-être, grâce à l'attitude de la Russie, des buts que jadis elle osait à peine espérer. Le vasselage de la Russie qu'entraînera la trahison socialiste sera très profitable aux Allemands; mais pendant longtemps l'essor économique de ces derniers restera entravé par la haine et la méfiance de tous les peuples à leur égard. En outre, alors que la Germanie n'avait comme rivale que l'Angleterre, elle en a vu naître deux nouvelles : l'Amérique et le Japon. Pour l'heure prochaine c'est l'hégémonie britannique qui va dominer l'Europe. La guerre n'aura fait, en réalité, que remplacer l'hégémonie allemande par l'hégémonie anglaise.

* *

La France devait atteindre, elle aussi, des buts qu'elle ne cherchait pas. Sans parler de la possession de l'Alsace, sa résistance inébranlable et prolongée devant un envahisseur formidablement armé, a grandi dans le monde un prestige que ses luttes politiques et religieuses commençaient à ternir.

Cette élévation de sa réputation morale n'est pas le seul résultat retiré par la France de la terrible conflagration. Les nécessités de la guerre l'amenèrent à renouveler des méthodes scientifiques et industrielles très vieillies. La nécessité fit surgir en quelques mois des transformations qu'aucun enseignement n'avait su obtenir en temps de paix. L'aviation, la fabrication de produits chimiques, d'explosifs, de matières colorantes, etc., ont réalisé des progrès insoupçonnables avant la guerre. La nécessité s'est installée dans les laboratoires où sommeillait une routine sourde jadis à toutes les objurgations.

S'il nous était donné de ressusciter les morts et de relever nos ruines, on serait amené à se demander si la guerre ne nous fut pas utile. L'homme peut généralement plus qu'il ne le croit, mais il ne sait pas toujours ce qu'il peut. La lutte européenne aura été un de ces grands cataclysmes capables de révéler aux êtres leur vraie valeur.

CHAPITRE IV

Comment se dissipèrent les illusions germaniques sur les avantages des conquêtes militaires.

———

J'ai eu occasion, dans un autre ouvrage, de montrer que les procédés de conquête et de colonisation se ramenaient à trois formes principales.

La première, pratiquée par tous les peuples antiques, consistait à envahir un pays avec une armée, piller ses trésors et s'emparer des plus vigoureux de ses habitants pour les faire travailler comme esclaves.

On finit cependant par découvrir que ce procédé coûtait cher et rapportait peu. A l'époque de l'Empire, les Romains se bornaient à commercer avec les populations conquises et, en échange d'assez faibles redevances, ils les protégaient contre les agressions de leurs voisins.

Cette seconde méthode, encore pratiquée de nos jours, est souvent fructueuse ; mais elle entraîne de nombreuses complications, puisqu'il faut d'abord être prêt à soustraire le pays protégé aux agressions possibles de rivaux jaloux, puis l'administrer avec intelligence.

La ruineuse administration de nos colonies prouve aisément que cette dernière opération n'est pas facile.

La troisième méthode de conquête, ébauchée jadis par les Phéniciens, et très développée de nos jours par les Allemands avant la guerre, consiste à laisser aux possesseurs du pays envahi industriellement et commercialement, les dépenses de protection militaire et d'administration. Les envahisseurs récoltent ainsi les bénéfices alors que les anciens occupants gardent pour eux tous les frais de gouvernement. Ces mêmes envahisseurs possèdent d'ailleurs bientôt, dans chacun des pays fructueusement exploités par eux, l'influence politique que donne toujours la richesse.

Il a fallu les révélations de la guerre pour montrer le degré de l'invasion économique réalisée par l'Allemagne et l'immensité des bénéfices retirés par elle de cette méthode d'exploitation.

Les écrivains ne voyant dans l'histoire que des phénomènes rationnels et négligeant l'action des forces mystiques qui la mènent, se demandent encore comment les Allemands ont pu renoncer à des méthodes qui les conduisaient à l'hégémonie économique du monde, pour se lancer dans une guerre ruineuse. L'absurdité de cette entreprise, — toujours en se plaçant au point de vue rationnel — apparaît plus grande encore quand on sait que le principal commerce de l'Allemagne se faisait avec la France et l'Angleterre.

L'explication d'une telle conduite ne s'éclaire qu'en se souvenant de l'influence prodigieuse exercée en Allemagne par la mystique propagande d'hégémonie. On doit se souvenir aussi que ce pays se trouvait dirigé par des principes appartenant chacun à des phases d'évolution fort différentes. Il représentait, en effet, un peuple industriel gouverné par une caste militaire étrangère aux nécessités économiques de l'âge moderne.

Encore imbue des conceptions d'un baron féodal du xiie siècle, cette caste restait persuadée que la conquête militaire des pays étrangers est aujourd'hui une aussi lucrative opération qu'elle pouvait l'être il y a plusieurs siècles.

L'erreur était évidente pour tous les économistes que n'illusionnaient ni l'ambition des conquêtes, ni les idées mystiques d'hégémonie. Ils savaient fort bien qu'alors même que les armées allemandes seraient arrivées à s'emparer de toutes les capitales du monde, le produit du commerce avec des peuples asservis, dont il aurait fallu sans cesse réprimer les révoltes, eût été bien moins profitable qu'avant la guerre.

Quelques écrivains allemands, dont les premières années de guerre avaient calmé les mystiques fureurs, finirent eux-mêmes par reconnaître la justesse de ces vérités. Ils se demandèrent avec inquiétude si l'administration ou le protectorat des provinces conquises en Belgique et en Russie ne constituerait pas, en dehors de révoltes inévitables, une opération extrêmement onéreuse et de toute façon moins productive que la simple invasion économique, si avancée avant la guerre.

Ces idées se répandaient de plus en plus en Allemagne. Alors qu'elle était encore victorieuse un député au Reichstag se demandait dans un article du *Berliner Tageblatt* si vraiment l'intérêt de l'Allemagne était de s'annexer définitivement la Belgique, puisqu'au point de vue économique elle l'avait complètement conquise avant la guerre. « Anvers était déjà un port allemand. » Il concluait en disant que l'annexion de la Belgique serait plutôt une charge qu'un profit.

Tous les Allemands éclairés sont bien convaincus aujourd'hui que la guerre aurait constitué pour eux, même s'ils avaient été vainqueurs, une très ruineuse opération.

Avant la guerre, sur les dix milliards de marchandises qu'elle exportait, l'Allemagne en écoulait 58 p. 100 dans les pays de l'Entente, et 67 p. 100 de ses importations venaient des mêmes pays. Chez ses alliés et dans ses colonies elle n'exportait pas 13 p. 100 de ses produits. Aucun d'eux n'aurait donc pu remplacer les nations contre lesquelles elle entreprit une guerre dont le côté désastreux lui apparut bientôt.

*
* *

C'est seulement quand ces idées seront assez fixées dans les âmes pour devenir des mobiles d'action que le monde pourra compter sur une paix durable. Il ne faut la demander ni à la destruction du militarisme qui n'est détruisible que par lui-même, ni à une société des nations, bien impuissante encore, ni à des alliances trop souvent incertaines, comme l'exemple de la Russie l'a montré, ni enfin à des luttes militaires nouvelles, toujours ruineuses quand des millions d'hommes de valeur égale sont en présence.

Ce que ni les armes, ni la diplomatie, ni les théories n'ont pu créer, sera engendré, peut-être, par ces nécessités impérieuses qui de tout temps ont dominé les volontés des hommes. Un peuple ne change pas facilement les concepts qui dirigent sa conduite, mais il n'est plus très sûr de leur valeur quand elles ont accumulé trop de désastres sur lui. L'Allemagne fut progressivement amenée à cette phase critique où, après avoir de plus en plus douté des croyances qui orientaient sa vie, un peuple se voit obligé de les transformer.

CHAPITRE V

Les conceptions diverses du droit
et le problème d'un Gouvernement international.

Les nombreuses dissertations des hommes d'Etat et des journalistes, depuis les débuts de la guerre, ont fini par faire du droit une sorte d'entité mystique possédant une existence indépendante de celle des sociétés.

Cet'e vision ne côtoie pas la réalité. Le droit n'est qu'une abstraction dépourvue de fixité. Créé par les nécessités sociales de chaque époque il varie avec elles. Le droit d'aujourd'hui n'est pas le droit d'hier et ne saurait être celui de demain.

Il est peu aisé de donner une définition précise du droit. Des livres récents l'ont vainement tenté. Leur insuccès tient à ce qu'une seule formule ne saurait contenir des choses mobiles et dissemblables.

D'une façon générale, on peut dire que la meilleure définition du droit est encore celle du vieux Digeste de Justinien : « Ce qui dans chaque pays est utile à tous ou au plus grand nombre. »

Cette définition ne peut s'appliquer évidemment qu'à une société déterminée pour un temps donné et nullement aux relations entre peuples différents n'ayant pas d'intérêts communs.

Et c'est pourquoi Pascal, qui n'ignorait sans doute pas Justinien, affirmait que le droit a ses époques, qu'il dépend de la latitude, et que ce qui est vrai en deçà des Pyrénées devient erreur au delà.

Pour arriver à projeter un peu de lumière sur ce difficile sujet, il faut, comme je l'ai déjà fait ailleurs, établir trois divisions fondamentales dans l'étude du droit :

1° *Le droit biologique ou droit naturel*. Il régit les rapports des animaux entre eux et de l'homme avec les animaux;

2° *Le droit à l'intérieur des sociétés*. Sous les noms de code civil, code criminel, etc., il fixe les devoirs des hommes d'une même société;

3° *Le droit à l'extérieur des sociétés ou droit international*. Il est supposé régir les rapports des peuples entre eux, mais ne les régit pas, le manque de sanctions l'ayant toujours empêché d'être respecté. C'est précisément parce qu'une fois encore il cessa de l'être que tant de peuples furent récemment en guerre.

Les philosophes allemands et les pangermanistes qui les suivent prétendaient substituer au droit international le droit biologique, c'est-à-dire le droit réglant les rapports de l'homme avec les espèces animales.

Antérieur à toutes les civilisations, ce droit biologique est uniquement basé sur la force. La nature n'en connaît pas d'autre.

C'est par l'application du droit biologique que le loup mange l'agneau, que la cuisinière écorche vif ses lapins ou saigne d'un cœur tranquille les diverses variétés de gallinacés soumises à sa loi.

C'est en invoquant le même droit biologique que les Germains prétendaient justifier leurs ravages.

« Les Allemands seuls sont des hommes », suivant quelques-uns de leurs philosophes. L'empereur Guillaume acceptait cette doctrine quand il assurait que l'humanité ne commençait qu'aux Vosges.

Par suite de leur supériorité supposée, les Allemands s'attribuaient sur les autres hommes des droits identiques à ceux du loup sur l'agneau ou du chasseur sur le gibier.

Il importe d'avoir présente à l'esprit cette conception germanique pour comprendre la dernière guerre avec son développement de sauvage férocité.

*
* *

Nous restons aujourd'hui en présence d'un peuple qui, avec sa supériorité ethnique supposée, confirmée suivant lui par une mission divine, n'admettra jamais pouvoir être lié par des traités. Ses professeurs n'hésitent pas, en effet, à déclarer dans leurs livres que, « quand une grande puissance a intérêt à violer des engagements écrits, elle en a le droit ».

Cette conception s'est reflétée dans tous les discours des hommes d'Etat allemands : « Nécessité n'a pas de loi », « les traités sont des chiffons de papier ». On peut torpiller les vaisseaux neutres, à la simple condition de « ne pas laisser de traces », c'est-à-dire en ayant soin de noyer la totalité de leurs équipages, etc.

Il serait aussi inutile de protester contre une mentalité semblable que de s'indigner contre celle du loup ou du chacal. Il importe seulement de la bien connaître pour apprendre à s'en préserver.

L'usage méthodique des représailles a constitué jusqu'ici l'unique moyen de protection efficace. L'antique loi du talion, des époques barbares, dut forcément revivre avec la renaissance de la barbarie.

Dans les premiers temps de la guerre, les bourgeois de Mannheim, Cologne, Francfort, Stuttgart, et autres lieux, trouvaient fort délectable la vision de l'Allemagne s'enrichissant par le pillage des pays envahis et ils applaudissaient joyeusement aux massacres d'inoffensives populations par leurs zeppelins.

Mais, lorsqu'à la suite des progrès de notre aviation, les mêmes bourgeois de Cologne, Stuttgart et divers lieux entendirent siffler nos bombes et virent leurs maisons incendiées, leurs femmes et leurs enfants déchiquetés en fragments, ils saisirent immédiatement l'utilité d'un droit international empêchant sans doute les peuples forts de massacrer les peuples faibles, mais donnant aussi la certitude de n'être pas à son tour victime de tels massacres. De nombreuses pétitions furent signées en Allemagne pour tâcher d'obtenir la cessation des luttes aériennes.

Grâce à nos représailles l'utilité d'un droit des gens fut expérimentalement démontrée aux Germains.

D'autres exemples, bien tangibles, s'accumulèrent pour leur prouver que la force brutale n'est pas l'unique reine du monde et que les violations trop choquantes des antiques lois de l'humanité et de l'honneur peuvent devenir génératrices de puissances capables de châtier cruellement ceux qui ne les respectent pas.

Si, en effet, l'Allemagne n'avait pas violé ses engagements de respecter l'intégrité de la Belgique, l'Angleterre ne se serait pas dressée contre elle. Sans des torpillages tels que celui du *Lusitania* qui indignèrent l'univers, la pacifique Amérique ne fût jamais entrée en guerre.

Ainsi donc, la justice et l'honneur, qui semblaient aux philosophes d'outre-Rhin de méprisables illusions, se révélèrent au contraire assez fortes pour mettre à nos côtés des armées suffisamment nombreuses pour changer le sort des combats.

Nous arrivons ainsi à ce résultat, dont la connaissance contribuera forcément à la création d'une moralité internationale, base nécessaire du futur droit international : que les Allemands auraient eu intérêt, non seulement pendant la guerre, mais aussi pour l'époque où renaîtront des relations commerciales, à respecter les lois morales créées par la civilisation. Qu'a gagné l'Allemagne à tous ses actes de mauvaise foi et de barbarie? Coaliser l'univers contre elle et inspirer à tous les peuples une si grande méfiance de sa parole qu'un traité de paix avec elle a été une fort laborieuse opération.

*
* *

L'édification d'une Société des Nations, rêvée par tant de personnes aujourd'hui, et à laquelle nous consacrerons un chapitre, impliquera d'abord l'établissement d'un droit international défendu par des sanctions.

Mais dans l'état actuel du monde, les sanctions possibles du droit international ne peuvent s'imposer qu'avec l'assistance d'une puissante armée. Dans le but de démilitariser l'Allemagne, il faudrait donc militariser une partie de l'univers. Ce serait précisément le contraire du but poursuivi.

En raison de la mentalité allemande, une Ligue des Nations restera donc forcément à ses débuts une Ligue défensive solidement armée.

Mais les nécessités dont j'aurai plus d'une fois occasion de parler et qui rendront de nouvelles guerres difficiles, finiront peut-être par ôter à cette Ligue son caractère d'armée permanente.

Sous l'influence des mêmes nécessités pourra s'établir un droit international nouveau, respecté simplement parce que chaque peuple, hanté par la crainte de représailles ruineuses, aura intérêt à le faire respecter. Alors seulement la fraternité pourra se manifester un peu dans le monde. Des murs où s'inscrivait vainement ce vocable sans prestige, il descendra dans les âmes, dès que les faits ayant démontré sa nécessité, l'opinion sera pour lui.

Elle est devenue très puissante aujourd'hui, l'opinion, et déjà nous pouvons entrevoir l'heure où la force du droit résidera beaucoup plus dans la protection que lui donnera l'assentiment public que dans celle des canons.

Cette heure n'a pas sonné encore mais les linéaments du futur droit international apparaissent déjà. Fils de besoins nouveaux, et non de ces conceptions théoriques dont l'impuissance du tribunal de La Haye a si bien montré la fragilité, il ne pourra vivre qu'après avoir été imposé par la nécessité et stabilisé par l'opinion.

Ce droit nouveau impliquera la création d'une sorte de gouvernement international, c'est-à-dire d'un gouvernement auquel les peuples associés abandonneront une fraction de leur pouvoir souverain.

Cette conception est visiblement contraire aux principes politiques universellement admis aujourd'hui sur le droit absolu des Etats. Comment pourraient-ils tolérer au-dessus d'eux une autorité investie de pouvoirs propres, capables de limiter leur liberté?

Un tel pouvoir permanent indépendant constituerait, suivant la remarque du Professeur Liszt, « une atteinte à la souveraineté des Etats et un déplacement des bases fondamentales du droit des gens ».

Sans doute on pourrait faire observer que les gouvernements sont déjà liés par certains engagements internationaux. Ils ne peuvent, par exemple, frapper qu'une quantité déterminée de monnaie d'argent. Des règlements conditionnent leurs relations postales et télégraphiques internationales, etc. Mais de tels engagements étaient de simples traités transitoires n'affectant guère que des intérêts commerciaux et dépourvus de sanctions.

Il existe cependant un exemple peu connu, mais bien net, prouvant que des Etats peuvent déléguer une partie de leurs pouvoirs à un tribunal collectif dont ils sont obligés ensuite d'accepter les arrêts. Je veux parler du tribunal créé avant la guerre par les délégués d'une dizaine de gouvernements pour appliquer la convention des sucres, dite de Bruxelles.

Ce tribunal, qui fonctionna dix ans, possédait un pouvoir souverain allant jusqu'à contraindre une des puissances contractantes à renoncer à l'application de lois nouvelles votées par son Parlement. C'est ainsi, par exemple, que le tribunal ayant jugé dans sa séance du 16 juin 1903 une loi autrichienne du 31 janvier précédent, sur le contingentement du sucre, contraire à ses prescriptions, le gouvernement impérial se vit obligé dès le 1er août de l'annuler.

Cette délégation internationale constituait donc bien, comme l'a écrit un de ses membres, M. A. Delatour, « un véritable tribunal d'arbitrage dans sa forme la plus puissante et la plus efficace ». Il fut d'ailleurs le premier exemple de juridiction internationale jouissant de pouvoirs souverains.

Grâce à ses arrêts sans appel auxquels tous les gouvernements devaient se soumettre, il réussit à égaliser les conditions de la concurrence, limiter les surtaxes douanières, empêcher que les cartels continuassent à troubler au moyen du Dumping la concurrence internationale, etc.

Il suffirait d'étendre les pouvoirs d'un tribunal analogue pour avoir les éléments d'un gouvernement collectif, créateur d'un droit international réglant toutes les questions économiques militaires et financières d'intérêt général.

Ce futur gouvernement international s'ébaucha d'ailleurs spontanément sous nos yeux, pendant la guerre, par le simple jeu de la fusion, constamment grandissante, des intérêts économiques communs aux alliés.

A mesure que la guerre se prolongea, les ressources militaires, agricoles et financières des peuples associés tendirent de plus en plus à être mises en commun. Leurs intérêts étaient tellement enchevêtrés et solidaires que la ruine financière de l'un d'eux eût entraîné celle des autres. Ils ne se sont malheureusement pas décidés à continuer pendant la paix leur association.

La fusion des intérêts économiques de plusieurs grands pays, eût engendré forcément une sorte de super-gouvernement international chargé de gérer certains intérêts collectifs des alliés et de résoudre souverainement les difficultés que la combinaison de ces intérêts aurait fait naître.

Ce futur gouvernement international naîtra probablement plus tard. Il n'aura sans doute aucune analogie avec une Société des Nations analogue à celle dont l'histoire du tribunal de La Haye a suffisamment démontré la complète inefficacité. Il ne ressemblera pas davantage à ce qu'on a nommé les Etats-Unis d'Europe. Sa forme finale ne saurait être pressentie encore, car elle naîtra, je le répète, de nécessités qui mènent de plus en plus le monde et dont la puissance est fort supérieure à nos volontés.

LIVRE III

ROLE DES FACTEURS PSYCHOLOGIQUES DANS LES BATAILLES

CHAPITRE I

Eléments psychologiques des batailles.

L'histoire des peuples est sillonnée d'événements tenus souvent pour miraculeux parce que leur explication demeure au-dessus des ressources de notre intelligence. Bien des volumes furent écrits sur Jeanne d'Arc et cependant son plus récent historien, M. Hanotaux, est obligé de reconnaître que l'aventure de l'illustre héroïne reste pleine de mystère.

Les nations modernes ont assisté à un des événements les plus surprenants de tous les âges. Pendant les premiers mois de l'année 1918, les Allemands, après une série de victoires, étaient arrivés si près de Paris que le gouvernement envoyait en province ses services et songeait à faire évacuer entièrement la capitale.

Quelques mois plus tard, la situation se trouvait complètement transformée. Repoussés de ville en ville et reculant toujours, les Allemands en étaient réduits à solliciter la paix.

Des événements d'une telle importance sont toujours dus à des causes multiples. Parmi ces causes concomitantes certaines dominent les autres et servent à les orienter. Au premier rang de ces dernières apparaissent les facteurs psychologiques.

*
* *

J'ai déjà rappelé que la psychologie ne figure pas dans l'enseignement des sciences dites politiques. Elle est un peu considérée comme une de ces connaissances encore vagues que chacun s'imagine posséder sans étude [1].

La guerre actuelle aura définitivement montré sa capitale importance.

Le champ de la psychologie pratique a été trop peu exploré jusqu'ici pour qu'on y ait vu surgir d'aussi importantes découvertes qu'en chimie et en physique. Certaines, cependant, eurent une influence pratique considérable. Celle que réalisa le Français Dupleix et qui permit aux Anglais la conquête d'un grand empire en est un remarquable exemple. Ils la jugèrent assez importante pour élever une statue à son auteur.

Des historiens anglais éminents comme Macaulay, des philosophes non moins éminents tels que Stuart Mill, sont unanimes à reconnaitre que c'est bien à la découverte psychologique de Dupleix que la Grande-Bretagne dut son importante conquête.

Cette découverte semble assez simple aujourd'hui. Elle était géniale à une époque où le phénomène de la contagion mentale restait ignoré et où la valeur

___

1. Je serais injuste, cependant, en oubliant que les principes de psychologie pratique auxquels j'ai déjà consacré plusieurs livres ont été enseignés à l'*École de guerre*, depuis bien des années, par d'éminents professeurs, les généraux Bonnal et de Maud'huy, notamment. Un des plus brillants chefs actuels, le général Mangin, veut bien se dire mon élève.

d'une armée résidait uniquement, croyait-on, dans le nombre des soldats et les combinaisons stratégiques des généraux.

Dupleix ne possédait, en dehors de quelques centaines d'Européens, que des troupes indigènes médiocres. Or, il avait à combattre dans l'Inde des armées à effectifs vingt fois supérieurs. Comment remplacer le facteur nombre qui lui manquait?

Il y réussit en découvrant que des troupes médiocres amalgamées avec des soldats européens exercés acquéraient, par contagion, toutes les qualités de ces derniers et devenaient aptes, par conséquent, à battre des contingents beaucoup plus nombreux, mais ne possédant pas les mêmes qualités.

Quand Dupleix fut obligé de quitter l'Inde les Anglais utilisèrent immédiatement sa découverte et leur succès fut complet.

Devant, plus d'une fois, montrer dans cet ouvrage le rôle des facteurs psychologiques au cours de la dernière guerre, je me bornerai à examiner ici quelques-unes des influences psychologiques capables de faire varier la valeur des combattants.

*
* *

Une armée est une foule, foule homogène sans doute, mais conservant malgré son organisation certains caractères généraux des foules : émotivité intense, suggestibilité, obéissance aux meneurs, etc.

Dans une armée, les meneurs, ce sont les chefs. L'observation prouve que le soldat vaut exactement ce que vaut son chef. A chef médiocre, troupe médiocre.

C'est au chef qu'il appartient de créer ce puissant élément de succès : la confiance. Elle est le meilleur des stimulants. Mais si le chef peut créer la confiance, il ne la maintient qu'autant que le succès vient la justifier.

Puissant dans l'action, le chef l'est beaucoup moins dans l'inaction et par conséquent dans la simple défensive. Ce fut durant les périodes d'inaction, comme celle qui suivit l'offensive infructueuse d'avril 1917, que se manifesta dans certains régiments une véritable crise d'indiscipline et de rébellion. Elle résultait de la perte de la confiance du soldat dans le succès. De retentissants procès ont révélé comment cette crise fut développée par la propagande de journaux à la solde de l'Allemagne.

La valeur du soldat dépend évidemment aussi de son courage, mais ce courage est susceptible, dans une même troupe, de grandes variations.

Un des plus sûrs éléments de la bravoure, ou si l'on préfère de l'indifférence au danger, est cette usure de la sensibilité qualifiée d'accoutumance. On a fait remarquer avec raison qu'au début de la campagne aucun soldat n'aurait résisté aux bombardements infernaux, aux gaz asphyxiants et aux jets de liquides enflammés qui n'arrêtèrent plus nos troupes ensuite.

C'est justement parce que la surprise détruit l'accoutumance qu'elle est si redoutable. Un danger mal défini, si faible soit-il, semble plus menaçant qu'un danger connu, si grand qu'on le suppose. La surprise, c'est l'inconnu, or le courage se montre généralement faible devant l'inconnu.

La surprise, déprimant l'organisme, réduit la résistance. Nos troupes en ont fait plusieurs fois l'expérience. C'est à la suite de surprises en mars et en mai 1917 qu'elles durent reculer et abandonner d'importantes cités.

Nos chefs militaires comprirent vite, alors, la puissance de la surprise et l'employèrent à leur tour. Il en résulta la transformation de toute l'ancienne tactique consistant à préparer une opération par de longues canonnades. Informant l'ennemi des

projets de l'adversaire, elles lui laissaient le temps
d'amener des renforts capables de paralyser l'attaque.
L'insuccès, terminaison habituelle de cette manœuvre,
avait engendré la doctrine de l'impénétrabilité des
fronts. L'expérience finale prouva combien cette doctrine était très erronée.

Toute arme nouvelle : gaz, jets de flammes, tanks,
etc., est, comme je le disais plus haut, créatrice de
surprise. Si grands qu'en soient les effets matériels,
ses effets moraux sont plus importants encore. Mais
ils s'usent bientôt par le mécanisme de l'accoutumance et l'adversaire doit alors en chercher d'autres.

Attaquer une position supposée imprenable et, pour
cette raison, mal défendue constitue encore un élément de surprise.

Dupleix, déjà cité, avait également découvert qu'une
forteresse dont un côté est réputé inattaquable et
par suite peu défendu, doit être attaquée précisément
de ce côté. C'est en s'appuyant sur ce principe qu'il
s'empara d'une des plus grandes forteresses de
l'Inde.

En mai 1918, les Allemands appliquèrent la même
théorie à l'attaque du Chemin des Dames. Cette position passant pour inviolable se trouvait si mal gardée
qu'ils s'en emparèrent facilement et firent une grande
armée prisonnière avec un immense matériel.

De telles leçons apprirent à notre état-major qu'il
existait des procédés permettant de percer les fronts
dits imperçables. La leçon fut utilisée puisque notre
offensive heureuse ne s'arrêta plus malgré beaucoup
d'obstacles tenus jadis pour irréductibles.

*
* *

Dès qu'une guerre se prolonge, il devient naturellement difficile de maintenir l'énergie du soldat à un

degré de tension suffisant pour le faire résister à tous les hasards de la lutte. Une armée n'est pas un bloc inerte, mais un être vivant très mobile et, par conséquent, susceptible de bien des fluctuations. C'est alors qu'apparaît l'utilisation des divers facteurs que nous étudierons dans un autre chapitre : la suggestion et la contagion mentale, notamment.

Aux chefs appartient leur maniement. Une troupe, on ne saurait trop le redire, vaut ce que valent ses entraîneurs. Ils doivent sans cesse s'occuper des besoins du soldat et absorber son esprit par des exercices entrecoupés de distractions, de façon à ne pas le laisser trop isolé en face de déprimantes pensées. La reine de Belgique fit preuve d'une très judicieuse psychologie en créant sur le front belge quatre grands théâtres où dix mille soldats pouvaient voir journellement des pièces, entendre de la musique ou assister à des représentations cinématographiques.

La valeur d'une armée dépend, non seulement de la tension de l'énergie entretenue par ses chefs, mais aussi de la durée de cette énergie. Elle s'est généralement maintenue parmi nos troupes. Bien qu'étant de tous les citoyens celui qui souffrit le plus, le soldat fut celui qui se plaignit le moins. L'héroïque maxime « ne pas s'en faire » traduit fidèlement cet état d'âme.

*
* *

La fortune récompense souvent les audacieux, mais la ligne de démarcation entre la hardiesse et la témérité étant difficile à tracer, les audacieux sont rares.

Les exemples de batailles gagnées par l'audace ou perdues par défaut d'audace abondent dans l'histoire. Je me bornerai à en citer deux : l'un ancien, l'autre moderne.

Le premier figure dans un livre récent de l'amiral

Fischer. Il y raconte comment la hardiesse de Nelson lui fit remporter la victoire d'Aboukir. Nelson se promenait au coucher du soleil sur le pont de son navire quand on lui signala la flotte française à l'ancre dans la baie d'Aboukir. Immédiatement il donna l'ordre à toute sa flotte de mettre à la voile et d'attaquer les navires ennemis. Ses officiers lui firent remarquer qu'attaquer de nuit, sans cartes et par un passage plein de récifs, pourrait être très dangereux. Nelson maintint son ordre, déclarant que les bateaux qui échoueraient serviraient de direction aux autres.

L'amiral français se promenait également sur son navire quand on lui signala la venue de l'adversaire. Il répondit que la flotte anglaise n'ayant pas de cartes ne pourrait pas voyager longtemps dans la nuit et jugea inutile de faire revenir à bord ses marins qui étaient à terre. Le résultat final fut la destruction complète des vaisseaux français.

Si au début de la dernière guerre notre flotte eût été commandée par un amiral assez hardi pour franchir les Dardanelles, à la suite des deux navires allemands qui entrèrent à Constantinople, la grande lutte, ainsi que l'a reconnu M. Lloyd Georges devant le Parlement anglais, eût été abrégée de trois années. Nelson n'eut pas hésité, mais des hommes aussi hardis sont rares à toutes les époques.

La hardiesse n'est profitable qu'étayée par un jugement sûr. Or le jugement implique l'art d'observer. Cet art manqua souvent pendant la guerre, à nos diplomates surtout. Ils ne virent pas ce qui se passait autour d'eux et furent surpris par les événements. La veille du conflit ils ignoraient à ce point les dispositions de la Turquie que nous lui consentîmes un prêt de 500 millions qui lui servirent uniquement à s'armer contre les Alliés. A l'heure où la Bulgarie allait entrer en guerre à côté de l'Allemagne, nos diplomates restaient persuadés qu'elle combattrait avec l'Entente.

*
* *

Les facteurs moraux n'ont d'action, naturellement, qu'à la condition de ne pas se heurter comme cela se produisit fréquemment au début de la campagne à des éléments matériels trop forts.

Ces facteurs moraux agissent principalement sur des troupes fatiguées ou déprimées par l'insuccès. Il arrive alors un moment où leur résistance devient nulle.

La défaite des Allemands en est un exemple. Il justifie une fois encore le mot de Napoléon : « Du triomphe à la chute il n'est qu'un pas; j'ai vu dans les plus grandes circonstances qu'un rien a toujours décidé des plus grands événements ».

Le rien, c'est le poids léger qui, jeté dans une balance aux plateaux également chargés, la fera osciller du côté de ce poids léger. Un tel phénomène se produit à l'heure décisive où l'équivalence des forces ayant créé l'équivalence des lassitudes le succès dépend du dernier effort.

Ce fut sans doute parce que la dépression mentale de ses troupes commençait à réagir sur lui que Ludendorff, dans sa dernière tentative de percée, manqua de hardiesse. Son but était de marcher sur Paris en partant de Château-Thierry, mais il hésita et laissa passer le moment où l'opération eût été facile dans la crainte, un peu chimérique, de voir des divisions américaines s'interposer entre Château-Thierry et Paris.

Parmi les facteurs psychologiques qui jouent un rôle capital au cours des guerres, il faut mentionner aussi l'unité de commandement et la précision des ordres. L'unité d'action est si importante que nous lui consacrerons un chapitre spécial, et ne dirons ici que quelques mots de la précision des ordres.

Elle fut difficilement obtenue chez nous. Il fallut toute la volonté d'un ministre énergique pour refréner les interventions permanentes de politiciens provoquant d'incessantes successions de contre-ordres et des fluctuations du commandement qui entravèrent beaucoup les opérations.

Dès que les troupes se sentirent commandées, le découragement fit place à l'énergie et l'esprit d'offensive se réveilla sur tous les fronts alliés.

*
* *

La force morale d'une armée dépend beaucoup de sa vision générale des choses, c'est-à-dire de son optimisme ou de son pessimisme.

Depuis les débuts de l'histoire, les hommes ont pratiqué l'optimisme et le pessimisme. Les caractéristiques de ces deux tendances semblent pouvoir être encadrées dans les constatations suivantes :

Apprécier un événement à sa juste valeur est presque impossible, les balances morales n'ayant jamais la précision des balances matérielles. Suivant le tempérament, un même fait pourra donc être considéré avec optimisme, avec pessimisme ou avec indifférence. Certaines natures désespèrent toujours, d'autres ne désespèrent jamais.

Le célèbre Candide est assurément le type du parfait optimiste doué d'une cécité mentale assez complète pour rester inaccessible aux coups du sort. Mais Candide eut un philosophe pour père et ne laissa guère de rejetons à son image.

La seule forme d'optimisme possible aujourd'hui consiste à ne pas s'exagérer les malheurs qui nous frappont, à en percevoir les côtés avantageux, si minimes soient-ils, et à tâcher de se créer un avenir meilleur.

L'optimiste intelligent est optimiste par volonté autant que par tempérament. Grâce à sa volonté forte, il lutte contre les événements au lieu de se laisser ballotter par eux et ne permet pas au sort de l'impressionner trop vivement. Habitant, par exemple, Paris pendant son bombardement, il faisait observer que les microbes, qui dans cette ville causent d'après les statistiques la mort d'un millier de personnes chaque semaine, constituaient un danger bien autrement redoutable que les obus. On ne devait donc pas se préoccuper davantage des derniers que des premiers.

Ainsi enveloppé d'un bouclier de sérénité, l'optimiste exerce une bienfaisante influence sur son entourage, car l'optimisme, comme le pessimisme d'ailleurs, est essentiellement contagieux.

L'optimiste croit toujours à la réussite de ses entreprises. Sachant risquer et ne craignant pas le danger il voit souvent le succès couronner ses efforts. La chance n'est pas, comme le disaient les anciens à propos de la fortune, une déesse aveugle. Elle accorde volontiers à l'optimiste les faveurs refusées au pessimiste.

Pour posséder cependant une vraie valeur, l'optimisme doit être associé à un jugement suffisamment sûr. Sans cette association, il crée l'imprévoyance, par suite de l'idée que les choses s'arrangeront d'elles-mêmes suivant nos propres désirs. Ce furent des optimistes, d'ailleurs particulièrement bornés, qui empêchèrent de se préparer à la guerre en répétant qu'elle était impossible.

L'optimisme n'est donc pas toujours sans danger, mais le pessimisme en présente de beaucoup plus grands encore.

Le sort du pessimiste est généralement assez misérable. Il ne voit des choses que leur côté triste et l'avenir lui apparaît souvent sous forme catastrophique. Les malheurs qu'il pressent forment autour de lui une trame trop serrée pour laisser filtrer le moindre rayon de joie. Il ne manque pas de prévoyance assurément, mais cette prévoyance dispersée sur l'infinie variété des possibilités lui est inutile. N'osant rien entreprendre, il vit dans l'indécision. Son existence est finalement un fardeau pour lui et aussi pour les autres. A l'armée, les pessimistes furent toujours fort dangereux.

Dans les luttes guerrières, aussi bien que dans les luttes industrielles, l'optimisme et le pessimisme représentent deux forces souvent antagonistes. La première est créatrice d'endurance, d'énergie et de confiance, c'est-à-dire d'éléments de succès. Derrière les pessimistes sonne bientôt le glas de la défaite.

CHAPITRE II

Conséquences de l'unité d'action.

Un des principaux éléments psychologiques de succès dans les batailles, qu'elles soient industrielles ou militaires, est l'unité d'action.

Elle constitua une des forces de l'Allemagne dans toutes ses entreprises politiques, militaires et économiques.

Grâce à la constance de leurs efforts, les Alliés finirent par égaler les armements allemands, mais en matière d'initiative et d'unité d'action ils se montrèrent généralement fort inférieurs à leurs adversaires.

Un ministre anglais avait, dans un discours, dévoilé la gravité de cette infériorité mais ses causes profondes lui échappaient. Il fallut très longtemps aux Alliés pour bien saisir les origines psychologiques des insuccès dont les rendit victimes l'absence d'unité d'action.

« Les Alliés, disait Lloyd George, avaient plus d'une fois essayé de porter remède à cette dispersion des efforts et de réaliser l'unité stratégique. On a tenu à diverses reprises des conférences en vue de concerter une action commune. On n'a réussi qu'à rapprocher artificiellement les plans établis par le commandement de chacun des belligérants en vue des opérations qu'il menait sur son propre front. »

Après avoir montré les lourdes fautes résultant de cette persistante incoordination, notamment lorsque les Alliés négligèrent d'attaquer l'Autriche en Orient et secoururent trop tard les Serbes et les Roumains, l'orateur ajoutait :

« En 1916, nous eûmes à Paris la même conférence avec la même apparence de préparer un grand plan stratégique. Le résultat ne fut pas meilleur. »

Le discours du ministre provoqua dans les journaux anglais et à la Chambre des Communes une série de discussions passionnées et fut l'origine d'une nouvelle conférence des Alliés à Paris, la sixième, je crois. Elle resta aussi inefficace que les précédentes.

Le ministre anglais avait bien tracé quelques conséquences du défaut d'entente. Mais il semble avoir ignoré que toute collectivité, une collectivité militaire surtout, ne possède jamais les qualités psychologiques indispensables au commandement.

Le célèbre homme d'État n'arriva que très lentement — et seulement après les désastres du printemps de 1918 — à comprendre cette impuissance des collectivités. On le vit par la longue série de transformations qu'il fallut subir avant de parvenir au commandement unique. Les fragments suivants des discours du même ministre montrent bien ces lenteurs.

« Au lourd et maladroit mécanisme des conférences, dit-il, nous devons substituer un conseil permanent, chargé de passer en revue tout le champ des opérations militaires, dans le but de déterminer où et comment les ressources des Alliés peuvent être employées avec les meilleurs résultats. »

L'orateur montre ensuite les difficultés d'obtenir de tels résultats :

« Les traditions nationales et professionnelles, les questions de prestige et les susceptibilités conspiraient toutes à rendre vaines nos décisions les meilleures. Personne en particulier n'en portait le blâme. Le coupable, c'était la difficulté naturelle d'obtenir que tant de nations, tant d'organisations indépendantes, fondissent ensemble toutes leurs particularités individuelles pour agir ensemble comme si elles ne formaient qu'un peuple. Maintenant que nous avons établi ce conseil, c'est à nous de faire en sorte que l'unité qu'il représente soit un fait et non une apparence. »

Lloyd George a montré une des difficultés de réaliser le but poursuivi en faisant remarquer que, sans le désastre de Caporetto, aucune unité d'action n'eût été possible avec l'Italie. Le généralissime italien se croyait si sûr de ses plans qu'il avait repoussé toute allusion à un concours étranger. La devise *nostra guerra* était générale alors en Italie.

Après bien des discussions, les Alliés constituèrent un conseil de guerre suprême, composé de ministres des grandes puissances.

« Il avait pour mission d'exercer une surveillance sur la conduite générale de la guerre, de préparer certaines directives pour les soumettre à la décision des gouvernements. Les plans généraux de guerre, dressés par les autorités militaires, devront être soumis au conseil supérieur de guerre qui proposera les modifications qu'il estimera nécessaires. »

*
* *

Ces combinaisons diverses étaient affectées des mêmes erreurs psychologiques. Il importe d'y insister encore.

L'efficacité de tous les conseils suprêmes dépendait de la solution favorable du problème suivant : un conseil de guerre choisi parmi des hommes très qualifiés est-il apte à diriger utilement un ensemble d'opérations militaires ?

Alors même que tous les politiciens de l'univers répondraient oui à cette question, les psychologues seraient forcés d'y opposer une négation énergique.

Il me faut ici m'appuyer sur certains principes fondamentaux de la psychologie des foules, développés jadis dans un de mes ouvrages. J'y mon trais qu'au point de vue de l'intelligence, et surtout de la décision, une collectivité est toujours très inférieure à chacun des individus qui la composent.

Constamment vérifiée même dans les entreprises industrielles, cette loi manifeste également sa force en matière militaire. On peut d'ailleurs facilement l'expliquer sans insister sur des données purement psychologiques.

Rappelons d'abord que tous les conseils de guerre dont l'histoire a gardé le souvenir se sont montrés très aptes à la critique et fort peu à l'action.

Il ne saurait en être autrement. Imaginons une réunion de généraux alliés discutant une opération quelconque proposée par leurs gouvernements ou par l'un d'eux. Quelle que soit cette opération, elle implique naturellement des risques, des incertitudes. La critique des divers assistants les mettront facilement en évidence. Chacun percevra dès lors l'entreprise sous des angles différents. Résultats : hésitation, temporisation et finalement inaction.

Supposons en outre que les membres de ce conseil de guerre représentent des pays dont les intérêts diffèrent. D'une façon inconsciente mais sûre, chacun verra surtout l'intérêt de sa patrie. C'est ainsi par exemple, que les Anglais n'apportèrent qu'un concours médiocre à l'expédition de Salonique, jugeant plus utile d'augmenter leurs troupes en Egypte et en Mésopotamie. Un général italien consulté eût naturellement trouvé plus nécessaire de défendre le front italien. Un général français eût également opiné pour un front différent, etc.

Les lois de la psychologie collective étant assez ignorées des diplomates, il ne faut pas s'étonner que le ministre anglais cité plus haut, après avoir formulé des critiques très justes, soit arrivé à des conclusions d'une visible insuffisance. Rejetant l'idée d'un généralissime unique, il retombait nécessairement sur la conception d'un conseil de guerre présentant les invariables défauts de toutes les collectivités.

Si la campagne énergique du premier ministre anglais ne créa pas de suite l'unité d'action rêvée, elle obligea du moins à s'en rapprocher en faisant comprendre à chaque peuple la nécessité de sacrifier ses intérêts privés à l'intérêt général.

Il fallut cependant la marche des Allemands sur Paris, après leurs victoires du début de 1918, pour arriver enfin à la réalisation d'un commandement unique.

*
* *

L'impossibilité psychologique pour un comité quelconque, ne se composât-il que d'hommes d'un même pays, de diriger utilement des opérations militaires semble contredite au premier abord par certains événements du passé. Aux lois de la psychologie des foules les socialistes opposent volontiers l'histoire de la Convention et du Comité de salut public. Mais ils sont en ceci victimes d'une illusion.

Dans un livre publié jadis sous ce titre : *Psychologie de la Révolution française*, j'ai montré que les légendaires « géants de la Convention » formaient en réalité une assemblée très faible, très timorée, changeant d'idées chaque jour suivant les impulsions populaires qui la dominaient et n'ayant jamais pu sortir d'une profonde anarchie.

Si la Convention illusionna l'histoire et laissa le souvenir d'une sombre énergie, c'est qu'absorbée en de permanentes querelles intestines, elle abandonnait les questions militaires au Comité de salut public. Or ce Comité ne constituait qu'en apparence une collectivité, puisqu'il avait confié la direction des armées à un seul de ses membres, Carnot, qui agissait à sa guise, ses collègues se bornant à contresigner ses ordres. L'unité d'action était ainsi réalisée et ce fut, en fait, un seul commandement, un chef unique qui s'opposa à la coalition européenne.

Ce chef se trouva d'ailleurs en présence d'armées où ne régnait aucune unité de commandement et c'est ce qui nous sauva.

« Si durant l'été de 1793 les Alliés avaient marché sur Paris, nous étions, écrit un contemporain, le général Thiébault, perdus cent fois pour une. Eux seuls nous ont sauvés en nous donnant le temps de faire des soldats, des officiers et des généraux. »

Alors apparut, comme elle apparut de nos jours, la supériorité de l'unité d'action. Les souverains coalisés avaient des intérêts divers et une méfiance réciproque qui les empêcha, au début, de s'entendre pour une action commune. Après Valmy, par exemple, le roi de Prusse se retira sans combattre, afin d'être présent au démembrement de la Pologne et d'agrandir sa part.

*
* *

L'unité d'action sera aussi nécessaire durant les luttes économiques prochaines qu'elle le fut durant la guerre. Il nous faudra une étroite coordination dans les actes, et non pas seulement dans les discours. L'homme d'Etat qui réussirait à l'établir dans la vie sociale, politique et industrielle de la France, mériterait plusieurs statues.

C'est qu'en effet le manque de coordination des efforts a toujours été, aussi bien pendant la paix que pendant la guerre, le plus funeste de nos défauts nationaux. Il pesait lourdement, je l'ai montré, sur nos industriels, incapables d'unir leurs efforts pour lutter contre les puissantes associations germaniques. Il a pesé et pèse toujours sur notre organisation administrative. L'exemple typique de ces rues parisiennes, dépavées et repavées plusieurs fois dans le même mois, parce que les employés des divers services municipaux : gaz, téléphone, eau, etc., ne pouvaient s'entendre afin d'ouvrir une seule tranchée le même jour, s'est malheureusement souvent répété pendant la guerre. On a vu des agents de ministères différents se faire concurrence en Amérique pour acheter les mêmes chevaux et arriver ainsi à les payer quatre fois plus cher.

Dans un article publié par *le Matin*, le haut commissaire du gouvernement français aux Etats-Unis, M. Tardieu, a montré quelques-unes des conséquences de ce défaut d'unité d'action entre nos divers services. Alors que tous les pays, voyant venir la menace de disette par suite de l'insuffisance des moyens de transport, achetaient des bateaux aux Etats-Unis, jusqu'en mai 1917, nous n'en avions commandé aucun. « Pourquoi? écrit le haut commissaire. Je n'en sais rien. Demandez-le au ministre de l'époque. » C'est en réalité à des bureaux dominés par la jalousie, la crainte des responsabilités et l'incompétence qu'il faudrait le demander.

Nos chantiers n'auraient pu d'ailleurs construire aucun bateau, faute des tôles d'acier nécessaires. Pour obtenir la permission d'en acheter en Amérique il fallut à notre commissaire, malgré ses pleins pouvoirs, quatre mois de pourparlers avec nos terribles bureaucrates.

Plusieurs générations de ministres ont tenté de briser les cloisons étanches maintenues entre les services des divers ministères et même entre les bureaux de chaque administration. Nul n'y a réussi. Les académies, qui distribuent à de vagues mémoires tant d'inutiles prix, devraient bien en fonder un pour récompenser l'auteur capable d'expliquer les causes d'un aussi permanent phénomène. Il faudrait en fonder ensuite un second, dix fois plus important, pour la découverte du remède à une situation devant laquelle tant de ministres se sont reconnus à toutes les époques radicalement impuissants.

CHAPITRE III

Erreurs créées par la routine et les idées fausses pendant la guerre.

En étudiant les causes de décadence de nos industries, avant la guerre, nous avons vu qu'elles résultaient de certains défauts de caractère identiques dans toutes les branches de ces industries.

Les infériorités ainsi constatées par divers observateurs présentent une telle généralité qu'il semble difficile de les croire spéciales à une seule catégorie sociale. Il est donc intéressant de chercher si on ne les retrouve pas également dans les autres professions, la profession militaire, par exemple.

Si les mêmes défauts se constatent partout nous devrons bien en conclure qu'ils font partie de ces caractères généraux communs à tous les individus d'une même race et alors apparaîtra nettement la nécessité d'étudier les moyens d'y porter remède.

Remarquons tout d'abord deux caractéristiques fondamentales des guerres modernes : principes directeurs d'une simplicité extrême ; réalisation de ces principes d'une complication formidable. Tel est le résumé de la stratégie actuelle aussi bien sur terre que sur mer.

La démonstration de la simplicité des conceptions directrices est vérifiée par le seul énoncé des principes directeurs de la stratégie maritime anglaise et de la stratégie terrestre allemande pendant la dernière guerre.

En ce qui concerne l'Angleterre, le concept orientant ses constructions navales était, suivant l'amiral Fischer : posséder une vitesse supérieure à celle de l'ennemi et des canons de plus longue portée.

La formule est d'une évidente simplicité, mais que de difficultés dans sa réalisation ! Elle fut cependant obtenue et c'est pourquoi, dans certains combats de la dernière guerre, des croiseurs cuirassés allemands furent coulés sans avoir pu toucher une seule fois les navires anglais, ainsi que le rapporte l'amiral cité à l'instant.

Le principe de stratégie militaire qui guida l'Etat-major allemand au début des hostilités présentait les mêmes caractères de simplicité dans l'énoncé et de difficultés dans la réalisation. Il consistait, suivant la méthode jadis appliquée par Annibal à la bataille de Cannes, à fixer l'adversaire sur le front et l'envelopper en l'attaquant par les deux ailes.

Le général de Falkenhausen pratiquait fidèlement cette méthode lorsqu'il déploya 44 corps d'armée allemands entre la Suisse et la mer du Nord, avec avance par les deux ailes, surtout par la droite en Belgique puis resserrement par le nord de la France que ne protégeait aucune place forte.

La réalisation de cette manœuvre entraîna l'emploi en première ligne de toutes les réserves allemandes et la dangereuse nécessité de traverser la Belgique.

Si pareille méthode échoua ce fut principalement parce que les Allemands, ne soupçonnant pas la capacité de résistance des Français, dégarnirent une partie de leur front pour envoyer des troupes en Russie. C'est du moins l'explication que donne l'ancien général en chef, Falkenhayn, dans un livre récent.

L'idée première des Allemands était, suivant lui, d'anéantir la résistance française pour se retourner ensuite contre la Russie. Elle échoua comme il est dit plus haut parce que les envahisseurs, trop convaincus de la victoire, prélevèrent à la fin d'août 1914 sur le front occidental des forces importantes qui leur firent défaut sur la Marne. Ils furent ensuite guidés par cette idée fausse de rechercher la décision en Russie et de se borner chez nous à s'immobiliser dans des tranchées, en attendant sur le front russe un triomphe qui ne pouvait venir, vu l'immensité du territoire et l'innombrable réserve de soldats qu'il contenait.

*
* *

Parmi les défauts psychologiques constatés chez nos dirigeants militaires, le plus nuisible fut assurément la routine. Elle est constituée par une certaine paresse de la réflexion et de la volonté qui rend hostile aux idées nouvelles, aux innovations et conduit à faire toujours les choses de la même façon.

Quoique semblant parfois engendrer des résultats analogues, la routine et la persévérance ne sauraient être confondues. La routine venant surtout d'une inertie de la volonté, porte à réaliser l'action avec un minimum d'efforts. La persévérance exige au contraire un grand développement de la volonté et de l'effort. Le Germain est persévérant et non routinier. Le Russe est routinier, mais non persévérant.

Le routinier s'inspire d'idées qui ne changent plus quand il les a adoptées, généralement d'ailleurs sans discussion. Pour lui l'idée ne dérive pas de la connaissance raisonnée des choses, mais seulement d'une croyance acceptée par suggestion ou contagion.

Hostile à toutes les initiatives, la routine crée vite la peur du risque et la terreur des responsabilités.

Répandue chez les citoyens d'un pays, la routine s'étend bientôt des gouvernés aux gouvernants. On voit alors ces derniers hésiter devant les plus petites innovations, nommer, pour éviter les responsabilités, une foule de commissions et de sous-commissions qui, le plus souvent, n'aboutissent qu'à des décisions incertaines. Plusieurs journaux ont rappelé comment, dans le but d'étudier l'utilité du canon léger d'accompagnement qui rendit tant de services à l'Allemagne, nos gouvernants nommèrent successivement dix-neuf commissions et sous-commissions qui, d'ailleurs, n'arrivèrent à aucune décision.

C'est généralement dans les pays routiniers que les partis violents acquièrent le plus d'influence. Dégagés de routine, aussi bien d'ailleurs que de principes, ces partis sont les seuls auxquels l'action soit facile.

Les peuples routiniers, étant peu capables d'évolution, se trouvent voués aux révolutions. Il arrive toujours, en effet, un moment où, faute d'avoir su s'adapter progressivement aux changements de milieu, la nécessité oblige à s'y adapter brusquement et violemment. C'est l'ensemble des violences qui constitue une révolution.

*
* *

Ramenant la routine à cet élément essentiel : l'influence d'une idée fixe adoptée par des mentalités hostiles aux changements et un peu dépourvues d'imagination et de volonté, nous allons montrer maintenant quelques-unes de ses conséquences pendant la guerre, surtout à ses débuts.

Sous une suggestion d'origine encore ignorée et dérivant, peut-être, de l'ancienne réflexion de

Moltke sur l'inutilité d'entrer en France par la Belgique, les grands chefs de notre Ecole de guerre avaient déclaré que jamais l'Allemagne ne nous envahirait par le nord. Et, comme jadis Pompée affirmant devant le Sénat que César ne franchirait pas le Rubicon, l'ayant dit une fois ils le répétaient toujours.

Ils le répétèrent tellement que, sous leur influence, toutes les forteresses d'arrêt qui protégeaient le nord de la France, y compris Lille, furent successivement déclassées. Au moment de la guerre, elles n'avaient plus ni canons, ni munitions, ni soldats pour les défendre.

La même idée fixe fit concentrer toutes nos armées vers l'Est alors que les Allemands arrivaient par le Nord.

Cette prodigieuse illusion, si justement qualifiée de tragique erreur par le député Engerand, dans la remarquable étude que publia le *Correspondant*, fut l'origine d'une surprise qui nous coûta l'envahissement et la ruine des plus riches départements de la France.

L'idée directrice de notre Etat-major était si ancrée qu'au moment même où les Allemands massaient une immense armée sur le nord de la France, le généralissime raillait, dans sa correspondance, le général Lanrezac « qui lui signalait l'imminence du danger et dont la douleur était poignante devant un tel aveuglement ».

De cet aveuglement, dû à la ténacité d'une idée fixe chez des esprits routiniers, il résulta, écrit l'auteur cité plus haut, que « rien n'arriva comme notre Etat-major l'avait prévu et rien n'arriva de ce qu'il avait prévu. Ce fut la surprise sur toute la ligne, le désarroi, la pagaye ».

Rien ne pouvait arrêter l'invasion, car, suivant la

judicieuse remarque de M. Engerand, nous avions laissé « la totalité de la région du Nord hors de la zone des armées, notre concentration étant établie de Belfort à Mézières-Givet. Hormis l'Etat-major français tout le monde voyait l'offensive allemande par le nord de la Belgique ».

Cet état-major était malheureusement trop hypnotisé par sa routinière illusion pour saisir les réalités. La déroute seule put l'éclairer.

La guerre a fourni de nombreux exemples montrant le danger de la routine créée par des idées fixes. Le général d'artillerie Gascoin, dans son livre sur l'*Évolution de l'artillerie*, fait observer qu'en 1914 « le tir aux grandes distances » était une hérésie condamnée par les règlements. Il en résulta que nous ignorâmes pendant plusieurs années — exactement jusque dans l'été de 1916 — la portée de notre 75, portée qui dépasse 7.000 mètres.

« Ce n'est pas un des moindres phénomènes de cette guerre, au point de vue psychologique, écrit l'auteur, que cette erreur dans laquelle vécurent plusieurs milliers d'officiers d'artillerie et de généraux de toutes armes, sur les propriétés de leur canon principal, pendant plusieurs années de guerre de tranchée où il fut longtemps le seul à compter dans les combats journaliers. »

On ignora également pendant plusieurs années l'aptitude du 75 à bouleverser les tranchées en tirant des obus explosifs sous un fort angle de chute. Nous nous obstinions au tir rasant qui ne pouvait naturellement avoir aucune action sur les tranchées.

« Il est nécessaire de noter, pour l'histoire de l'artillerie, et pour l'histoire de la psychologie, pendant cette guerre, écrit le même général, que, durant deux années, nos attaques avaient souffert, et nos ennemis avaient profité de cette méconnaissance de l'aptitude du 75, aux tirs de pilonnage ou de bouleversement des tranchées, de cette ignorance partielle où nous nous trouvions, où se trouvaient des milliers d'officiers, des propriétés d'un canon qu'ils pratiquaient depuis plus de quinze ans ! »

Sous l'influence de cette idée fausse de l'inviolabilité des tranchées on renonça définitivement aux projets de trouées, et les avances furent limitées à la profondeur d'action supposée du 75, soit environ deux à trois kilomètres. En raison de notre ignorance de sa portée réelle, on se bornait le plus souvent à canonner les tranchées ennemies un peu au hasard. D'où un effroyable gaspillage de munitions. Le général cité plus haut, évalue le coût de chaque soldat allemand tué à environ 5.000 kilos de munitions.

« Au point de vue psychologique, il est curieux de constater qu'on se trouva paralysé, arrêté, par des barrières fictives tout à fait illusoires qu'on s'était à soi-même imposées en s'interdisant de tirer au delà de 5.000 mètres le 75, notre seul matériel réellement nombreux, approvisionné et efficace. »

Sans doute l'expérience aurait dû nous éclairer mais, comme le dit le général Gascoin : « on était vite arrivé dans cette guerre, au grand quartier général, à redouter les idées nouvelles. » Il en résulta « une infériorité générale, sauf en stoïcisme, des soldats et des chefs ».

« Voilà pourquoi, conclut l'auteur, cette guerre de tranchée fut sévère et pourquoi elle fut coûteuse, et voilà pourquoi, au bout de quelques années 'd'usure pour nous, sans le renfort américain, elle eût peut-être apporté la victoire à Ludendorff, s'il n'avait pas cru, au printemps 1918, devoir tenter la chance décisive dans la guerre de mouvement. »

Les doctrines de nos grands chefs pesèrent lourdement sur la durée de la guerre. C'est seulement quand elles furent abandonnées, à la suite de succès un peu imprévus, que l'heure du triomphe se dessina. Au lieu de petites actions locales, le généralissime attaqua successivement sur plusieurs points, c'est-à-dire en menaçant partout, ce qui empêcha l'ennemi d'amener des renforts sur les positions attaquées comme il le faisait auparavant. Pour la première fois depuis les débuts de la guerre nous eûmes alors l'initiative des opérations.

Le passage suivant d'une interwiew du maréchal Foch semble bien prouver que le plan d'attaque généralisée ne fut décidé qu'au dernier moment.

« Peu à peu, dit-il, en voyant le succès venir on a étendu le front d'attaque. »

*
* *

Les exemples qui précèdent suffiraient à montrer quelles catastrophes peut provoquer la routinière persistance de certaines idées. Ils ne furent malheureusement pas les seuls observés au cours de la guerre.

C'est, en effet, à l'influence d'autres idées fixes que semblent dues les surprises répétées dont nous fûmes victimes pendant les premiers mois de 1918.

Après trois tentatives infructueuses de trouée (septembre 1915, juillet 1916, avril 1917), notre état-major avait fini par acquérir cette nouvelle idée directrice que les méthodes de guerre actuelles rendaient les fronts inviolables. Sans doute, on admettait bien qu'ils pouvaient être entamés sur une petite profondeur mais au prix de pertes énormes, sans rapport avec le but obtenu.

Chez les tempéraments routiniers une idée imprévue se fixe difficilement dans l'esprit, mais quand elle s'y est ancrée tout ce qu'on peut lui opposer se trouve immédiatement rejeté sans examen.

Du fait que l'inviolabilité des fronts fut admise par l'état-major, il devait naturellement s'en suivre le relâchement général d'une surveillance jugée inutile.

C'est ce relâchement qui, sans doute, inspira aux Allemands le plan de leurs surprises, notamment de celle du Chemin des Dames où nous ne soupçonnions même pas une attaque possible.

Par des mouvements artificiels, ils arrivèrent d'abord à persuader notre état-major que l'offensive se ferait fort loin du but visé par eux.

Transporter des troupes et du matériel au point réel du combat sans attirer l'attention n'était pas aisé. Un correspondant de guerre a publié sur les procédés employés des détails, identiques d'ailleurs à ceux donnés par les journaux allemands, qui prouvent quelles méticuleuses précautions exige la guerre moderne pour rendre possible un succès.

Les soldats voyageaient par petits groupes la nuit, avec interdiction de fumer ou d'allumer du feu pour faire cuire leurs aliments. Le jour, les hommes se dissimulaient dans les bois et aucune troupe, aucune voiture, aucun canon ne devait se montrer sur les routes.

Pour rendre la surprise plus complète, l'attaque fut seulement précédée d'un très court bombardement d'obus toxiques. Ayant abandonné leur grosse artillerie, les armées assaillantes n'étaient accompagnées, en dehors des mitrailleuses, que de ces pièces assez légères pour être transportées par les hommes et dont à ce moment nos commissions discutaient encore l'utilité.

Le succès obtenu par les Allemands mit une fois de plus en évidence la valeur de certaines qualités telles que l'ordre, la vigilance, la minutie, jadis tenues pour modestes, mais qui, dans la phase actuelle du monde, je l'ai montré plus haut, sont indispensables à la prospérité d'un peuple.

La routine provoquée par l'inertie peut être due également à la pauvreté des idées. Pas d'initiative possible, en effet, sans idées directrices. Dans un livre sur les enseignements maritimes de la guerre, l'amiral Davelny fait remarquer que si notre marine a joué un rôle aussi effacé au cours de la lutte, ce fut justement en raison de l'absence d'initiative de ses chefs. « Il a manqué l'impulsion de la tête pour opposer des moyens nouveaux à des méthodes nouvelles. » En cinq ans de guerre notre marine ne sut prendre aucune initiative. Elle souffrit aussi du terrible manque d'organisation constaté dans la plupart de nos services.

*
* *

Nous venons de montrer à l'aide d'exemples précis les conséquences de la routine. Les Allemands, eux aussi, en furent plus d'une fois victimes. Leur vraie supériorité tint à ce que, grâce à une forte éducation expérimentale, ils surent rejeter assez vite les théories erronées, quel que fût le prestige de leurs défenseurs.

En réalité, si les Allemands commirent beaucoup d'erreurs, ce ne fut pas généralement sous l'influence d'idées fixes mais sous l'impulsion de sentiments fixes, ce qui n'est pas du tout la même chose.

Parmi les plus actifs de ces sentiments figuraient l'orgueil, le besoin de domination et le mépris de l'adversaire. A eux furent dues beaucoup des fautes psychologiques rappelées dans une autre partie de cet ouvrage.

Mais, je le répète, si les Allemands commirent des erreurs égales aux nôtres ils surent s'incliner devant les leçons de l'expérience et ne s'opposèrent jamais aux initiatives créatrices de progrès.

C'est pourquoi, au cours de la campagne, ils évoluèrent toujours beaucoup plus vite que les Alliés. Nos critiques militaires ont bien dû reconnaître les constantes initiatives germaniques. « Les alliés, écrit le général Malleterre, ont toujours été devancés dans l'application par l'état-major allemand qui a su ainsi conserver ou reprendre la supériorité militaire à des époques où celle des alliés paraissait se manifester ou même s'imposer. »

Parmi les initiatives allemandes il en est dont le rôle fut considérable. Il suffira de mentionner parmi elles les suivantes :

Usage des grands mortiers automobiles auxquels fut due la chute si rapide de Liége, Maubeuge, Anvers, etc. Emploi des gaz asphyxiants, construction de grands sous-marins, création de canons tirant à 100 kilomètres, etc.

La cause principale de notre infériorité sur tant de points est identique à celles que nous avons constatées en étudiant nos méthodes industrielles : paralysie de l'initiative par la routine issue elle-même de la persistance d'idées utiles autrefois, mais que l'évolution moderne a rendues erronées.

*
* *

Ce n'est ni avec des lois ni avec des règlements qu'on remédiera aux défauts psychologiques que révèle l'observation des diverses classes de notre société. Seul un système d'éducation entièrement nouveau, s'adressant beaucoup plus au caractère qu'à l'intelligence, pourra y parvenir. La prodigieuse évolution des Etats-Unis est due à des méthodes d'enseignement complètement différentes des nôtres.

Après avoir vu nos nouveaux alliés à l'œuvre et mesuré leur activité féconde on comprend combien sont justes les réflexions d'un de nos plus éminents savants, M. Le Chatelier, écrivant à propos de l'éducation en Amérique, qu'un peuple formé par des méthodes d'éducation semblables possédera une civilisation certainement supérieure à la nôtre.

Le rôle désastreux de notre université constitue d'ailleurs un nouvel exemple de l'influence funeste de la routine créée par certaines idées fixes.

Celles qui dirigent notre enseignement n'ayant amais évolué, en effet, il en résulte une infériorité partout reconnue. C'est avec raison que dans la conclusion d'une grande enquête parlementaire sur l'Enseignement universitaire, un éminent ministre, M. Ribot, a pu dire que notre « université est en partie « responsable des maux de la société française ». Responsable dans une grande mesure de nos premiers revers, pourrait-on ajouter aussi.

CHAPITRE IV

Raisons psychologiques de la débâcle allemande.

§ 1. — Surprise générale produite par la débâcle allemande.

Toutes les causes de la défaite allemande ne sont pas nettement déterminées encore. Il s'écoulera sans doute bien des années avant qu'elles soient définitivement éclaircies.

La débâcle germanique constitua pour beaucoup d'Allemands aussi bien d'ailleurs que pour les Alliés et les autres peuples, un des plus incompréhensibles événements de l'histoire.

Les explications fournies par le *Livre Blanc* que publia le gouvernement allemand ne contribuent guère à l'éclairer. Elles montrent seulement l'importance du rôle des facteurs psychologiques dans l'issue de la grande guerre.

C'est en raison de cette influence des éléments psychologiques que nous croyons pouvoir écrire quelques pages sur un sujet dont l'étude semble réservée aux écrivains militaires.

*
* *

On se rend compte à quel point la défaite allemande était difficile à prévoir en relisant les discours des hommes d'État les plus éminents, peu de jours seulement avant l'armistice. Ils montrent combien demeurent parfois imprévisibles des événements fort prochains.

Parmi ces discours, un de ceux qui prouvent le mieux cette imprévision, fut prononcé le 23 octobre 1918, c'est-à-dire dix-huit jours avant l'armistice, par un des hommes alors les mieux documentés de l'univers, M. Balfour, ministre des Affaires Étrangères anglais. Il disait :

« La fin de la guerre n'est pas encore en vue. Nous n'avons pas lieu de supposer que nos ennemis vont, du moins les plus formidables d'entre eux, se désagréger devant la force morale et matérielle des puissances associées. »

La surprise de ce ministre fut naturellement très grande lorsque, quelques jours plus tard, l'ennemi s'avoua spontanément vaincu. Son étonnement se traduisit dans les termes suivants :

« Je ne crois pas que dans l'histoire du monde il y ait eu un changement aussi foudroyant, aussi important dans la fortune de la guerre que celui qui s'est produit entre mars et octobre. »

En France il nous restait également bien peu d'espérance. La veille même de la débâcle allemande nous avions presque perdu tout espoir de succès. « Le soir du 29 mai 1918, écrit un de nos brillants historiens M. Madelin, la victoire future de l'Entente eût paru hypothèse folle même à nos meilleurs amis. » Paris était sérieusement menacé. Jamais l'Allemagne n'avait paru plus près d'un triomphe définitif.

Ces citations ne montrent pas seulement combien la défaite allemande fut imprévue. Elles indiquent aussi à quel point nous étions mal renseignés sur l'état des armées ennemies. Notre manque de documentation à ce sujet est même singulier. Dès le

14 août, en effet, on le sait aujourd'hui, Ludendorff avouait à l'empereur que la guerre était perdue.

*
* *

Les événements du début de l'année 1918 révèlent avec quelle rapidité la victoire changea de camp.

La transformation opérée en quelques mois fut vraiment prodigieuse puisqu'une série de défaites désastreuses pour les Alliés se termina par leur éclatant triomphe. Quelques lignes suffiront à rappeler ces immortelles pages de notre histoire.

Depuis le 21 mars 1918, les Allemands nous ayant déjà deux fois surpris nous avaient infligé de durs revers. Le 27 mai, nous fûmes surpris encore, au Chemin des Dames, c'est-à-dire d'un côté où leur présence n'était même pas soupçonnée. Ils nous y firent près de 100.000 prisonniers et s'emparèrent d'un immense matériel de réserve accumulé dans un secteur que nos chefs jugeaient inviolable.

A la suite de ce succès, la poussée des Allemands devint formidable. Le 27 mai au soir ils franchissent l'Aisne, le 29, ils prennent Soissons, le 31, ils sont sur la Marne, le 1ᵉʳ juin ils entrent à Château-Thierry.

Paris semblait alors tellement menacé que le gouvernement qui avait déjà envoyé en province ses grands services se préparait à vider la capitale de ses habitants. La situation paraissait désespérée.

Elle ne l'était pas, pourtant, puisque cinq mois plus tard l'armée allemande, forte encore de plus de 1.500.000 hommes, signait une convention qu'un général ne se résigne à subir que lorsque sa force combative est entièrement détruite.

Les conditions imposées étaient terribles, en effet, pour le vaincu. Reddition de la presque totalité de son matériel de guerre, abandon de l'immense flotte de cuirassés et de sous-marins orgueil de l'Allemagne, évacuation de l'Alsace qu'on avait juré de ne rendre jamais, acceptation des garnisons ennemies sur le Rhin, renonciation à toutes les colonies si lentement et si coûteusement conquises. L'Allemagne qui se croyait encore au faîte de la grandeur tombait brusquement dans un abime d'humiliations.

Des événements aussi prodigieux constitueront une inoubliable leçon pour les peuples et les rois qui, confiants dans leur force, rêveraient de nouvelles conquêtes. L'Allemagne se croyait sûre d'un succès complet et rapide. Son organisation militaire et son armement étaient immensément supérieurs aux nôtres. Elle avait cent chances contre une d'être victorieuse et cependant elle fut vaincue.

Il faut donc bien reconnaitre que dans les guerres modernes où des peuples entiers sont aux prises, l'imprévisible peut déjouer les plus savants calculs. A plusieurs reprises nous côtoyâmes l'abime où tous les neutres s'attendaient à nous voir sombrer. Nous n'y sombrâmes pourtant pas, et l'Allemagne, malgré ses nombreuses victoires, fut finalement écrasée.

· Les lois générales qui régissent le sort des batailles montrent que leur issue dépend le plus souvent de la valeur et du nombre des soldats, de la capacité des chefs et de la puissance du matériel.

Mais toutes les prévisions fondées sur ces évidences s'écroulent quand interviennent certaines circonstances fortuites, dont l'ensemble constitue ce que notre ignorance qualifie de hasard.

Ces circonstances méritent bien le nom de fortuites car il dépend de très peu de chose qu'elles se réalisent ou ne se réalisent pas.

La guerre mondiale se trouva précisément remplie de telles circonstances.

Parmi les événements prouvant à quel point le succès d'une guerre peut tenir à des circonstances imprévues nous citerons un fait rapporté par l'amiral anglais Percy Scott [1] qui montre combien la destruction totale de la flotte anglaise par les Allemands eût été facile.

L'amiral raconte qu'ayant visité, en novembre 1914, à Scapa Flow où était réunie toute la flotte anglaise, l'amiral Jellicoë commandant cette flotte, ce dernier lui déclara que rien ne la protégeant elle pouvait être entièrement détruite en une nuit par quelques sous-marins.

Il est tout à fait incompréhensible, fait remarquer Percy Scott, que notre flotte n'ait pas été anéantie. La seule explication possible est que les Germains « ne pouvaient pas croire que nous fussions assez fous pour placer nos vaisseaux dans une position où ils pouvaient être facilement attaqués par des sous-marins ». Deux espions leur avaient bien signalé cette absence de défense, mais une telle déclaration parut si invraisemblable que les espions furent soupçonnés de trahison et fusillés immédiatement. Deux autres ensuite envoyés déclarèrent, pour éviter le sort de leurs camarades, que la flotte anglaise était aussi bien abritée que la flotte allemande dans le canal de Kiel. » Les Allemands renoncèrent alors à tenter une destruction qui leur eût été si aisée et eût mis fin rapidement à la guerre. La révélation de cette situation, ajoute l'amiral, « sera sans doute la plus amère des pilules que les Germains aient jamais eu à avaler ».

On pourrait citer encore, parmi les circonstances

---

1. Fifty years in the Navy.

fortuites ayant joué leur rôle dans l'issue de la guerre, le fait qu'elle eût été, sans doute, prolongée de beaucoup, si le général Mangin avait, comme je le raconte plus loin, suivi le conseil qu'on lui donnait de ne pas continuer son offensive.

Ces possibilités diverses et celles résultant des alliances que nous valurent les maladresses psychologiques des Allemands, montrent une fois de plus le peu de valeur de la théorie du fatalisme historique. Ce sont nos incertitudes et nos ignorances qui créent les prétendues fatalités dont nous sommes ensuite victimes.

§ 2. — Causes attribuées par les Allemands à leur défaite.

L'armée et la nation constituèrent chez tous les peuples, pendant la guerre, deux éléments réagissant constamment l'un sur l'autre.

Il est visible que le peuple russe fléchit avant que ses armées eussent été détruites, mais pour l'Allemagne on ne sait pas encore nettement qui céda le premier, de l'armée ou du peuple.

Les chefs des troupes impériales prétendent que ce sont les plaintes du peuple qui démoralisèrent l'armée, mais d'autres écrivains assurent au contraire que c'est la démoralisation des soldats qui entraîna celle de la nation.

Autant qu'on en peut juger aujourd'hui d'après les plus récents documents, il semble bien qu'à un certain moment le moral des généraux et de l'armée allemande se trouva fort déprimé. A l'appui de cette hypothèse se trouve la dépêche d'Hindenburg télégraphiant au moment de la discussion des projets de paix devant le Reichstag : « qu'il ne pouvait plus tenir ses troupes, qu'elles lui échappaient et que sans un armistice, il serait forcé de capituler avec l'armée entière ».

Cette mentalité ne fut pas seulement celle du dernier moment puisque, dès le 1er octobre, Ludendorff déclarait :

« Nous sommes dans une situation terrible ; à chaque instant, la rupture du front peut se produire. »

Armées fatiguées, généraux démoralisés, indignation d'un peuple déçu dans toutes ses espérances, telles semblent bien avoir été les causes de la débâcle.

Les polémiques des écrivains allemands restent cependant assez contradictoires. Le colonel Bauer, ami et compagnon de Ludendorff, déclare que : « la troisième et dernière offensive fut un échec, parce que Ludendorff avait sacrifié ses meilleures troupes en d'inutiles offensives. »

Dans la *Frankfurter Zeitung* du 26 janvier 1919, le commandant Paulus écrit :

« Dire que l'intérieur est seul cause de la défaite et seul a forcé Ludendorff à demander au chancelier d'engager des négociations en vue d'un armistice immédiat, n'est pas exact. A la fin de septembre 1918, l'armée allemande était déjà en retraite sur la ligne de résistance Anvers, Bruxelles, Namur, Thionville et Metz. Ce n'est donc pas le front intérieur mais le haut commandement allemand qui, par manque de capacités et de volonté, est responsable de l'effondrement. »

En fait, les résultats des guerres modernes sont dus à une série de causes diverses qu'il faut étudier séparément pour saisir le rôle de chacune d'elles. Essayons de le faire maintenant.

§ 3. — Causes diverses contribuant à déterminer l'issue d'une guerre.

Rôles de l'esprit offensif et de l'esprit défensif. — A en juger par les enseignements de la dernière guerre, on pourrait dire de l'offensive ce qu'Esope disait de la langue qu'elle est la meilleure et la pire des choses. L'esprit d'offensive causa nos premières défaites, mais il nous valut aussi nos définitifs succès.

L'esprit d'offensive ne cessa d'animer nos chefs au début de la campagne lorsque la victoire leur semblait assurée. Il représentait alors la doctrine de l'École de guerre.

Cette doctrine perdit bientôt son prestige à la suite de défaites répétées. Elle le perdit même au point que, malgré la supériorité de nos effectifs, nous demeurâmes immobilisés quatre ans devant les Allemands qui eux-mêmes voulant terminer leurs opérations en Russie avant de nous attaquer, restaient sur la défensive. Le principe de l'inviolabilité des fronts avait fini, je l'ai déjà fait remarquer, par devenir un dogme dans l'esprit de nos généraux.

Le fait que l'esprit d'offensive n'est qu'un des divers éléments dont l'ensemble permet de triompher se prouve par l'insuccès des Allemands dans leurs trois dernières grandes attaques, notamment celle du 27 mai 1918, qui après avoir conduit Ludendorff jusqu'à la rive gauche de la Marne, se termina par un échec.

Le moral du soldat se trouve évidemment stimulé par l'offensive et déprimé par la défensive. Mais il est plus déprimé encore par une offensive malheureuse.

C'est précisément ce qui arriva en 1914, au début de la campagne. Les Allemands, connaissant la doctrine de notre état-major, savaient que nous attaquerions et qu'en se retirant ils nous attireraient à leur poursuite sur des champs de bataille aménagés par eux, à Sarrebourg et à Morhange notamment. Ils y obtinrent en effet, des victoires signalées.

L'offensive représente en réalité une force morale qui doit s'appuyer sur des forces matérielles suffisantes et dirigées habilement. Mal préparée, les pertes seront d'autant plus élevées que l'esprit d'offensive des soldats aura été plus énergique. Nous en fîmes maintes fois l'expérience malheureuse pendant la guerre.

En résumé, la suprématie du feu et celle des combinaisons tactiques semblent des conditions préalables du succès de l'offensive. Si nos pertes de combattants furent aussi énormes, c'est que les Allemands gardèrent presque toujours la suprématie de l'artillerie.

Rôle de divers éléments psychologiques : idéal, confiance, surprise, etc. — A côté de l'esprit d'offensive il existe encore certains éléments psychologiques : idéal, surprise, unité de commandement, etc., que nous avons étudiés déjà, dont l'influence est incontestable, mais à la condition qu'elle soit combinée avec d'autres facteurs.

Aussi peut-on dire que le président Wilson a fortement exagéré en parlant de « l'irrésistible force spirituelle de l'armée des Etats-Unis, laquelle a terrifié l'ennemi ».

La puissance de cette force morale fut grande assurément, mais elle eût été bien faible sans un appui matériel.

La confiance représente un autre élément psychologique d'une portée considérable.

Considérable, mais également très insuffisante à elle seule et, parfois même, dangereuse. Au début de la campagne nos généraux se croyaient sûrs de la victoire et cette confiance contribua à nos premiers revers. Les généraux allemands possédaient une confiance aussi forte et elle entraîna successivement leurs succès et leur défaite.

Dans une interview, le maréchal Foch déclarait qu'il n'avait jamais douté de l'issue de la guerre : « A la guerre, ajoutait-il, c'est celui qui doute qui est perdu. On ne doit jamais douter ».

Assurément, mais les Allemands eux non plus ne doutaient pas du succès et cela ne les a pas empêchés d'être écrasés.

Rôle du nombre des combattants. — Le nombre des combattants a une importance évidente, mais non prépondérante cependant puisque, pendant plusieurs années, les effectifs de l'Entente, aussi bien sur le front français que sur le front russe, dépassèrent fortement ceux des Allemands et que nous ne pûmes alors ni les repousser ni même obtenir de succès partiels importants.

Si, malgré l'infériorité de leur nombre, les Allemands furent souvent victorieux, c'est qu'ils nous restaient fort supérieurs par leur artillerie, par leurs procédés de fortification de campagne et par beaucoup d'initiative.

Longtemps, nous crûmes le nombre des hommes plus important que celui des canons. Cette coûteuse erreur contribua fortement à la perte de quatorze cent mille hommes sur les trois millions de soldats environ que, par un effort gigantesque, nous avions amenés sur le front.

La confiance dans la puissance du nombre qui exerça une véritable fascination sur notre conduite de la guerre, continue à intervenir encore dans l'interprétation de ses résultats.

Suivant plusieurs écrivains militaires, les Allemands ayant engagé toutes leurs forces au cours des grandes offensives de mars, avril et mai, n'auraient plus gardé de réserves disponibles tandis que nous en possédions. D'où leur défaite.

En réalité, au 1er juillet 1918, l'ennemi avait encore en France plus de quinze cent mille hommes, disséminés, il est vrai, sur un front beaucoup trop étendu, ce qui le rendait faible partout.

Il était, dès lors, probable que des attaques en masse sur plusieurs points briseraient ce mince cordon. Mais il fallait, pour y arriver, que nous nous décidions à multiplier nos offensives de divers côtés. Or, les Allemands n'avaient aucune raison de supposer que nous les multiplierions puisque pendant quatre ans nous n'avions jamais osé tenter une telle opération. Toutes nos attaques antérieures n'avaient eu, en effet, pour but que des objectifs très limités.

C'était la doctrine du haut commandement. Elle ne fut pas heureusement celle du maréchal Foch quand il devint le maître, mais il rencontra beaucoup de résistance à l'exécution de ses ordres.

Le général Mangin rappelle, dans une interview publiée par *Le Matin*, qu'avant son attaque du 18 juillet, il était invité à la prudence.

— « Faites attention, me disait-on; allez-y doucement et n'occupez que des positions où vous puissiez passer l'hiver ».

Les premières avances ayant réussi au delà des espérances, il était clairement indiqué de les continuer de proche en proche sur tout le front. Ce ne fut pas sans hésitation, pourtant, que cette offensive générale se réalisa. Dans l'interview citée plus haut, le même officier raconte qu'on lui ordonna de l'arrêter, alors même que l'ennemi reculait de toutes parts. L'intervention du généralissime Foch fut nécessaire pour lui permettre de continuer.

On peut considérer comme probable, aujourd'hui, que si l'emploi habile des réserves joua un certain rôle dans la débâcle finale des Allemands, ce rôle ne fut nullement prépondérant.

Le facteur vraiment capital, fut d'avoir su profiter d'une attaque heureuse jetée sur le flanc de l'assaillant pour continuer une série ininterrompue de coups vigoureux sur toute l'étendue de la ligne.

Influence de l'expédition d'Orient. — Nous voici arrivés à une des causes de la défaite allemande, que n'invoquent guère les écrivains militaires français ou étrangers, mais qui, cependant, est peut-être, de toutes les influences énumérées jusqu'ici, une des plus importantes.

L'abandon de la lutte par les Bulgares et les Turcs, à la suite de nos succès en Orient, exerça, en effet, une démoralisante action sur l'esprit des généraux allemands et aussi de la population.

Turcs et Bulgares étant hors de cause, et les troupes autrichiennes en retraite les routes de Vienne et, par conséquent, celles de l'Allemagne se trouvaient ouvertes.

L'idée que les Français ravageraient à leur tour les provinces allemandes comme nos départements avaient été ravagés sembla si effrayante aux Germains, qu'une paix quelconque fut jugée préférable et c'est pourquoi, sans doute, ils mirent tant de hâte à solliciter un armistice, malgré la dureté des conditions imposées.

On voit à quel point fut heureuse l'initiative, si combattue en France, par beaucoup d'hommes politiques et par notre grand état-major, d'une expédition à Salonique. Elle ne servit à rien pendant plusieurs années, mais au dernier moment, quand un chef énergique remplaça le général temporisateur qui la dirigeait, elle devint la cause indirecte de notre victoire en Occident.

Si même nous avions attendu seulement quelques semaines avant d'accorder l'armistice, nous aurions pu le signer à Berlin, ce qui eût été d'une bien autre portée morale que de le signer sur notre propre territoire. Les Allemands n'auraient pu alors soutenir qu'ils n'avaient pas été militairement vaincus.

*
* *

L'esquisse qui précède, montre de quels problèmes se trouve hérissée l'histoire de la grande guerre.

Notre exposé, bien que confiné surtout dans le domaine de la psychologie, a fait voir quelles incertitudes enveloppent les faits en apparence les plus faciles à connaître.

Dans les événements historiques, les moindres parcelles de vérité sont entourées de nuages qui les rendent bien difficilement accessibles. Les mêmes faits se trouvent transformés entièrement par les illusions et les passions de leurs narrateurs.

Nous sortons à peine de la guerre et déjà nous voyons combien sont contradictoires les récits publiés sur des points essentiels depuis les origines du conflit jusqu'aux causes de la débâcle germanique.

Ce n'est pas aux hommes d'aujourd'hui qu'il sera donné de connaître beaucoup de certitudes sur notre grande épopée. En histoire la vérité est toujours fille du temps. Il a fallu plus de cinquante ans de recherches pour éclairer les causes de la défaite de Napoléon à Waterloo.

La vérité ne peut être demandée aux acteurs des grands drames dont ils furent les héros. Entraînés par les événements ils les subissent et souvent même ils ne les comprennent pas.

Et c'est pourquoi, en histoire comme en sociologie, c'est le général surtout et non le particulier qu'il faut s'efforcer d'atteindre. Alors seulement les horizons se dégagent et, au-dessus des phénomènes éphémères, apparaît l'engrenage des lois éternelles qui en guident le cours.

CHAPITRE V

Le coût des guerres modernes.

Il est probable que depuis les origines du monde
aucune guerre n'a autant coûté en hommes et en
matériel que celle qui vient de se terminer. La raison
en est évidente. Jamais des peuples entiers n'avaient
été aux prises et les anciens moyens de destruction
ne peuvent se comparer à ceux mis par la science
moderne aux mains des combattants.

On pourrait dire à première vue que cette lutte
gigantesque a également ruiné les vainqueurs et les
vaincus, si en réalité l'Angleterre n'en avait retiré
un immense agrandissement de territoire. Elle a pris
toutes les colonies allemandes, établi son protectorat
sur l'Egypte, la Palestine, la Mésopotamie, la Perse,
etc. L'avenir seul dira si cet agrandissement lui aura
été favorable. Pour le moment son hégémonie s'est sub-
stituée à celle de l'Allemagne mais l'histoire montre
que les hégémonies à base militaire n'ont jamais
duré et furent génératrices de nombreuses guerres.

Ces considérations sont d'ailleurs indépendantes de
l'état actuel des pertes résultant de la guerre, auxquelles est consacré ce chapitre.

*
* *

Sans être encore bien certaines les statistiques qui

suivent donnent une idée des effroyables pertes que le monde a subies.

Les meilleurs chiffres paraissent être ceux donnés par M. Wilson dans un discours prononcé à Tacoma (Etats-Unis) le 13 septembre 1919. L'auteur les accompagne de la réflexion suivante : « Si je n'avais ces chiffres de source officielle il me serait impossible de les tenir pour exacts. »

Voici, suivant lui, ce qu'a coûté la guerre aux puissances alliées : Grande-Bretagne, 207 milliards 600 millions de francs, France 135 milliards 200 millions [1], Russie 93 milliards 600 millions, Italie 67 milliards 600 millions. Au total en y comprenant la Belgique, le Japon et les autres Etats plus petits, 639 milliards 600 millions.

Les puissances centrales ont dépensé de leur côté : Allemagne 203 milliards, Autriche 109 milliards 200 millions, Turquie et Bulgarie 15 milliards 600 millions; au total 327 milliards 600 millions. Soit en tout pour les frais de la guerre 967 milliards 200 millions.

En tués à l'ennemi, la Russie aurait perdu 1 million 700 mille hommes, l'Allemagne 1 million 600 mille, la France 1 million 385 mille, la Grande-Bretagne 900 mille, les Etats-Unis 50 mille; soit pour l'ensemble des belligérants, 7 millions 450 mille hommes.

Quant aux pertes matérielles subies par la France leur plus exacte évaluation a été donnée dans une remarquable étude, que publiait en mars 1920 un des Ministres ayant collaboré au traité de paix, M. André Tardieu. Parlant des tentatives faites par certaines

---

1. Ce chiffre semble erroné. D'après les chiffres officiels donnés à la Chambre des Députés, le total de nos dépenses, du 6 août 1914 au 31 décembre 1919, serait d'environ 200 milliards. Au Sénat, M. Antonin Dubost a établi un autre chiffre. « Tout compris, dit-il, c'est une somme de 400 milliards que représentent nos obligations financières : cette somme dépasse l'évaluation de notre richesse nationale avant la guerre. » En réalité personne n'est capable aujourd'hui de chiffrer exactement ce que la guerre a coûté.

puissances pour modifier le traité de Versailles, l'auteur disait :

« Si le traité n'est pas exécuté, je demande ce qu'il adviendra de la France, — de la France, dont la dette (*en évaluant la dette extérieure au cours du jour*) est de 257 milliards; de la France, qui payait, en 1913, 4 milliards d'impôts et qui en paiera cette année 18 milliards; de la France privée totalement de l'industrie d'une région, qui produisait 94 p. 100 de nos tissus de laine, 90 p. 100 de nos filés de lin et de notre minerai, 83 p. 100 de notre fonte, 70 p. 100 de notre sucre, 60 p. 100 de nos cotonnades, 55 p. 100 de notre charbon, 45 p. 100 de notre énergie électrique; de la France, qui a perdu le tiers de sa flotte marchande; qui supporte, sur ses chemins de fer, un déficit de plus de 2 milliards et dont la balance commerciale est en déficit de 20 milliards; de la France enfin, qui a laissé sur les champs de bataille 57 p. 100 de ses hommes de 19 à 34 ans ».

*
* *

Tous ces chiffres sont dignes de nos méditations. Il est évident que si la raison avait une influence quelconque sur la conduite des peuples, de semblables guerres ne recommenceraient pas d'ici bien longtemps, mais la mémoire affective des nations est si courte, les impulsions sentimentales et mystiques qui les précipitent les unes sur les autres si fortes, que les espoirs de paix pour l'avenir restent bien incertains: A l'heure où j'écris ces lignes la Pologne est en guerre avec tous les pays voisins. Les Italiens et les Balkaniques se menacent, l'Allemagne se débat en proie aux fureurs de la guerre civile et d'autres pays en sont également victimes. Le vent de folie qui a soufflé sur le monde n'est pas encore calmé.

LIVRE IV

PROPAGATION DES CROYANCES ET ORIENTATION DES OPINIONS

CHAPITRE I

Comment se créent les opinions et les croyances.

Les opinions et les croyances ayant joué pendant la guerre un rôle essentiel, il ne sera pas inutile de consacrer quelques pages au mécanisme de leur formation.

Je résumerai d'abord en quelques lignes les principes exposés dans mon livre : *les Opinions et les Croyances* [1].

La croyance est un acte de foi qui fait admettre en bloc et sans discussion une assertion ou une doctrine. La connaissance dérive uniquement de l'observation et de l'expérience.

Croyance et connaissance sont donc choses fort différentes puisque la croyance a pour source une adhésion inconsciente alors que la connaissance dérive

---

1. Un volume in-18, 14ᵉ édition. (Bibliothèque de Philosophie scientifique.) E. Flammarion, éditeur.

de l'observation et de l'expérience interprétées par le raisonnement.

Il est fort difficile de posséder des connaissances et très facile d'acquérir des croyances.

La croyance se propage surtout par suggestion et contagion mentale. Devenue collective, elle acquiert une irrésistible force.

Les opinions peuvent avoir une origine rationnelle c'est-à-dire dérivée de l'expérience et du raisonnement, mais elles ne sont généralement que des croyances en voie de formation.

Alors, que les opinions et les croyances ont le plus souvent des sources sentimentales ou mystiques, la connaissance ne peut dériver que de l'intelligence.

*
* *

La plupart des opinions émanent du milieu social auquel appartiennent ceux qui les professent. Militaires, magistrats, ouvriers, marins, etc, ont les opinions de leur groupe et par conséquent des jugements très voisins. Enveloppés des idées de ce groupe, ils perdent leur individualité et ne possèdent que des opinions collectives. L'homme moderne tend ainsi à devenir de plus en plus un être collectif.

Ne pouvant examiner en détail ici les éléments qui font naître, grandir et disparaître opinions et croyances, je renverrai le lecteur au livre que j'ai consacré à cette étude et me bornerai à rappeler, avec divers exemples, l'énumération des grands facteurs de l'opinion : l'affirmation, la répétition, le prestige, la suggestion, la contagion.

Leur action varie, naturellement, suivant l'état mental des êtres sur lesquels ils s'exercent et surtout suivant que ces êtres sont des individus isolés ou des collectivités.

Quelques faits suffiront pour montrer dans les événements récents le rôle de ces divers éléments de la persuasion.

*
* *

Les deux premiers, l'affirmation et la répétition, furent constamment employés par les gouvernants allemands, notamment au début du conflit. Il s'agissait alors de prouver, contre toute évidence, que les Anglais et les Russes avaient attaqué traîtreusement l'Allemagne avec l'aide des Français qui, pour la forcer à la guerre, venaient d'envoyer des avions bombarder Nuremberg.

Ces assertions, répétées sous toutes les formes par la presse germanique, furent acceptées sans discussion et on peut dire que sur 70 millions d'Allemands, il n'y en eut peut-être pas un seul, en dehors des gouvernants, qui n'ait été convaincu de l'agression sournoise des Alliés contre l'Allemagne.

Le célèbre manifeste des 93 intellectuels prouva qu'une telle opinion s'était implantée dans les esprits les plus éclairés.

L'attaque supposée de l'Allemagne par des rivaux jaloux provoqua une explosion de fureur indignée chez des savants pourtant très pondérés. C'est ainsi que l'illustre psychologue Wundt écrivait cette phrase déjà rappelée dans un de mes précédents ouvrages : « Non, cette guerre n'est pas de la part de nos ennemis une guerre vraie, ce n'est même pas une guerre, car la guerre aussi a ses droits et ses lois. C'est une attaque infâme de brigands. »

Il est évident que des esprits non hallucinés par les affirmations répétées du gouvernement allemand auraient vite découvert, grâce à la lecture des dépêches diplomatiques publiées dès les débuts du conflit, que la Grande-Bretagne, d'ailleurs sans armée, sans préparation et gouvernée comme la France par des pacifistes professionnels, avait fait des efforts désespérés pour empêcher la guerre. Mais les déclarations du gouvernement allemand étaient si catégoriques et si répétées qu'elles avaient créé cette foi aveugle contre laquelle la raison reste toujours sans prise.

Pour ébranler un peu, bien peu d'ailleurs, la conviction générale des Allemands sur les origines de la guerre, il fallut la publication d'un mémoire de l'ambassadeur d'Allemagne en Angleterre au moment du conflit, le prince Lichnowski. Il y prouvait nettement que la Grande-Bretagne avait tout fait pour éviter la conflagration. Cet aveu exaspéra les convaincus, mais ne les convertit pas.

Il les convertit si peu que, dans un de ses discours, l'ancien vice-chancelier de l'empire, M. Helfferich, disait : « L'Angleterre, utilisant l'occasion fournie par le meurtre de Sarajevo, en a appelé du travail pacifique à la force des armes. Ainsi la guerre a dépassé de beaucoup sa cause primitive : elle est devenue la lutte entre la domination britannique mondiale et le libre développement des peuples. »

Nous venons de voir les résultats de l'affirmation et de la répétition. Elles transforment en vérités apparentes les plus manifestes erreurs. La vérité réelle finit sans doute par se découvrir plus tard, mais seulement après que l'erreur a produit d'irréparables effets.

La contagion mentale est, après l'affirmation et la répétition, un des plus actifs agents de persuasion.

Elle constitue un phénomène physiologique ayant pour conséquence non seulement l'imitation de certains actes, mais l'acceptation inconsciente de sentiments et de croyances.

La contagion mentale s'observe chez tous les êtres, de l'animal à l'homme, surtout quand ils sont en foule. Agissant sur les régions profondes du subconscient, elle est presque entièrement soustraite à l'action de la volonté et de la raison.

La plupart des sentiments, le courage et la peur, par exemple, peuvent devenir contagieux. Contagieux également la charité, la solidarité, le dévouement. La guerre en a fourni de nombreux exemples. L'instinct du mal aussi se trouve malheureusement très contagieux.

La force de la contagion mentale est immense et peu d'hommes sont capables d'y échapper. Sous son influence, les caractères arrivent à des transformations momentanées profondes. Le pacifiste endurci pourra devenir guerrier héroïque et le placide bourgeois un farouche sectaire.

C'est par la contagion mentale que les opinions et les croyances se propagent et que les sociétés se stabilisent. Elle représente donc une des plus grandes forces de l'histoire.

Le rôle de la contagion mentale devient prépondérant dans ces périodes critiques de l'évolution des peuples où des événements imprévus troublent les équilibres habituels de la vie mentale. L'individu se montre alors très influençable et se sacrifie sans hésiter sous l'influence de la contagion créée par l'exemple.

L'histoire en fournit d'innombrables preuves, en Russie notamment, où ont toujours pullulé des sectes exigeant de leurs adeptes des mutilations variées ou même le suicide. Lorsque, vers la fin du xvii° siècle, des prophètes se mirent à y prêcher le suicide par le feu, ils recrutèrent rapidement de nombreux fidèles qui, après avoir édifié de vastes bûchers, se précipitaient dans les flammes avec leurs prophètes. Plus de 20.000 périrent ainsi en peu d'années.

Ce fut également par contagion mentale que

de nos jours l'immense armée russe se désagrégea
en quelques mois. Le socialisme y triompha également
ment beaucoup plus par contagion que par ses chimériques promesses.

On ne saurait exagérer la puissance de la contagion
mentale. Elle peut — chez les collectivités surtout
— dominer les caractères faibles au point de leur
inspirer des actes absolument contraires à leurs
convictions.

Dans un ouvrage consacré à l'étude psychologique
de la Révolution française, j'ai montré quel rôle
considérable y exerça la contagion mentale.

Un des plus frappants exemples est celui rapporté
par M. Denys Cochin, d'après les mémoires inédits
de Louis-Philippe.

La veille du jour où la Convention allait décider du
sort de Louis XVI, le duc d'Orléans protestait avec
indignation contre l'idée qu'il pût voter la mort du
Roi. Il la vota pourtant. Son caractère faible n'avait
pas su résister à la contagion mentale exercée par
l'assemblée.

Rentré chez lui et soustrait à cette influence, le duc
fondit en larmes, déclarant à ses enfants qu'il était
indigne d'être embrassé d'eux, puis ajouta : « Je
suis trop malheureux, je ne conçois plus comment
j'ai pu être entraîné à ce que j'ai fait. »

Il ne pouvait le concevoir en effet, puisque c'est
de nos jours seulement que les progrès de la psychologie nous permettent de l'expliquer.

L'action de la contagion mentale s'est manifestée
bien des fois durant la dernière guerre, non seulement dans les actes de solidarité et de courage tenace
des soldats du front, mais dans certaines circonstances de la vie civile.

On vit ses effets à Paris lorsque les explosions de
bombes réunissaient dans une même cave des per-

sonnes d'origine très diverses. Tous ces êtres, séparés par les barrières de leurs différences sociales, intellectuelles et sentimentales, se sentaient soudain de la même famille. La race, déesse invisible, était là, unifiant par contagion mentale tous les cœurs. Chacun restait calme avec l'obscur sentiment qu'un geste, un mot d'inquiétude aurait soulevé dans l'âme de son voisin une angoisse, bientôt propagée de proche en proche. La vague de panique collective ne se manifesta jamais parce que la vague de courage, soutenue par la contagion mentale, fut assez forte pour l'empêcher de naître.

Les croyances répandues par contagion mentale ne se combattent pas avec des raisons, mais avec des croyances contraires, propagées à l'aide de meneurs connaissant l'art spécial de soulever les foules.

*
* *

A côté de la contagion mentale se place comme facteur des opinions, et par conséquent comme mobile de la conduite, le prestige. Les êtres entourés de prestige dominent facilement les multitudes. Les Allemands se faisaient massacrer en rangs serrés, sans discussion, pour plaire à leur empereur, personnage doué de grand prestige, nul n'ignorant, ainsi que le rappelait d'ailleurs ses discours, qu'il était le représentant de Dieu sur la terre et parlait en son nom.

Malgré l'autorité conférée au César allemand par l'association divine dont le peuple était convaincu, son prestige n'a jamais égalé celui de Napoléon, même après sa chute. Bien que ne prétendant représenter aucune divinité, il réussit en revenant de l'île d'Elbe, à conquérir presque seul un grand royaume défendu par une puissante armée. Ce prestige survécut à sa mort, puisque, du fond de son tombeau, il fit sacrer empereur son neveu.

Le rôle du prestige dans la vie des peuples est donc considérable. Les lois, les institutions et tous les éléments de la vie sociale se maintiennent surtout par leur prestige et s'évanouissent dès qu'il disparaît.

Si les sociétés sont fort ébranlées aujourd'hui, c'est que le prestige qui enveloppait jadis certaines valeurs morales a disparu.

*
* *

Parmi les éléments générateurs de la persuasion, mentionnons encore la suggestion. Elle peut s'exercer de façons fort différentes. Une des plus importantes est celle de la presse.

Les journaux sont devenus aujourd'hui les grands facteurs de l'opinion. Le journal utilise en effet tous les moyens de persuasion dont nous avons montré l'action : affirmation, répétition, contagion et prestige. Si indépendant que soit le lecteur, la répétition des mêmes idées sous des formes diverses finit par l'influencer sans qu'il s'en aperçoive et par modifier ses opinions.

Les Allemands ont fait pendant la guerre un usage considérable de ce moyen de persuasion. Non seulement le gouvernement avait entre les mains la plupart des journaux germaniques, mais en outre, il consacra des sommes énormes à l'achat du plus grand nombre possible de journaux dans tous les pays. Un procès célèbre a montré qu'il n'avait pas reculé devant une dépense de 12 millions pour tâcher d'acquérir un important journal français.

C'est grâce à la presse que les pangermanistes, appuyés par le gouvernement, amenèrent lentement le peuple allemand à souhaiter la guerre. On sait que ce fut également au moyen d'une presse largement payée pendant plusieurs années que Bismarck constitua le mouvement d'opinion d'où résulta la guerre de 1870, origine de l'unité allemande. Bien que possédant la force matérielle, il n'avait pas osé s'en servir avant d'avoir conquis l'opinion.

En fait, l'opinion a de tout temps dominé le monde.

« Elle est, disait Napoléon, une puissance invincible, mystérieuse, à laquelle rien ne résiste. »

Qui se rend maître de l'opinion peut conduire un peuple aux actes les plus héroïques aussi bien qu'aux plus absurdes aventures.

Les hommes d'Etat supérieurs surent toujours diriger l'opinion, les politiciens médiocres se bornent à la suivre.

*
* *

A côté de la persuasion créée par les journaux se trouve celle qu'exercent certains orateurs. Le journal et l'orateur poursuivent le même but : convaincre, mais ils y arrivent par des voies différentes.

L'orateur capable de soulever les foules possède une influence personnelle qui le dispense d'invoquer des raisons.

On connaît l'histoire de cet acteur aimé du public qui fit le pari de provoquer l'enthousiasme de toute une salle en prononçant, avec des gestes convenables, des phrases totalement dépourvues de sens, mais dans lesquelles il intercalerait au hasard des mots prestigieux : patrie, honneur, drapeau, etc. Il fut frénétiquement applaudi.

On peut rapprocher de ce fait celui que raconte M. Bergson, accompagnant en Amérique un brillant orateur chargé de faire de la propagande pour les Alliés devant un public ignorant complètement le français. Son succès fut cependant immense.

« C'était, dès les premiers mots, une adhésion en quelque sorte physique de l'auditoire, qui se laissait bercer par la musique du discours. A mesure que l'orateur s'animait et que ses gestes dessinaient plus fortement sa pensée et son émotion, les assistants, attirés à l'intérieur de ce mouvement, adoptaient le rythme de l'émotion, emboîtaient le pas à la pensée et comprenaient en gros la phrase lors même qu'ils n'en saisissaient pas les mots. »

Faire naître, grandir ou disparaître des sentiments, c'est tout l'art de l'orateur. Les sentiments l'emportèrent toujours sur les arguments rationnels les plus sûrs.

*
* *

Notre énumération des facteurs de l'opinion ne constitue qu'une bien sommaire esquisse. Pour la rendre moins incomplète, il faudrait montrer comment ces facteurs influencent les diverses mentalités, car il est évident que toutes ne réagissent pas de la même façon.

Chez beaucoup, on ne réussit d'abord qu'à créer des convictions. C'est déjà quelque chose, mais la conviction ne devient utile que rendue assez intense pour déterminer l'action et surtout une action continue ne fléchissant jamais.

Cette forme de conviction agissante est celle que les hommes qui dirigent l'opinion doivent s'efforcer de provoquer et surtout de maintenir.

Dans la dernière guerre, le succès appartint aux combattants dont les convictions furent assez fortes et l'énergie assez grande pour les amener à résister le plus longtemps.

Les éléments d'où dérivent les opinions et les croyances constituent un arsenal psychologique d'une puissance considérable mais d'un maniement difficile. Quelques exemples vont montrer comment les Allemands surent l'utiliser et quels résultats ils en ont obtenu.

CHAPITRE II

Le maniement des armes psychologiques.

Dans une ingénieuse fiction, le plus célèbre des romanciers anglais envoie sur notre planète les habitants d'un astre lointain. Supposons les mêmes visiteurs venus, pendant la guerre, prier un chef germain de les renseigner rapidement sur la valeur respective des diverses armes utilisées pendant les combats. Quelle réponse eussent-ils obtenue?

Sans doute le guerrier aurait exposé avec orgueil quelques-unes des grandes inventions qui conduisirent à un si haut degré l'art de détruire : avions permettant d'anéantir les merveilles de l'art, et d'exterminer les habitants des cités ; mitrailleuses à tir rapide capables de faucher en quelques minutes des milliers d'hommes vigoureux et jeunes, espoir de l'avenir ; gaz toxiques enveloppant les armées d'un nuage mortel. Il leur aurait montré aussi les ingénieux sous-marins qui envoient instantanément au fond des mers de grands paquebots chargés d'inoffensifs passagers.

Si, désireux de compléter leur documentation sur la valeur des machines produisant de tels effets, les visiteurs avaient demandé le résultat final de l'extermination de tant de millions d'hommes, il eut bien fallu leur avouer que le seul résultat décisif obtenu n'avait encore été que la ruine générale de l'Europe.

Et si les planétaires personnages, après avoir pris connaissance des principaux événements de la guerre, s'étaient enquis de la nature des armes qui avaient pu, en quelques semaines, désagréger les troupes russes, ils eussent appris que ces immenses légions de combattants furent uniquement vaincues par certaines armes immatérielles plus puissantes que tous les canons, les armes psychologiques.

*
* *

En quoi consiste cet arsenal psychologique dont la force s'est montrée si grande ?

Il comprend simplement le maniement du clavier des facteurs moraux que nous avons succinctement énumérés dans le précédent chapitre mais sans indiquer sur quels éléments de la personnalité ils agissent ni comment on doit les employer.

Leur maniement n'est pas facile. Le clavier mental est délicat et son emploi malhabile, dangereux. Bien manié, il permit à l'Allemagne de désagréger des armées jadis très vaillantes ; mal manié, il lui créa d'irréductibles ennemis.

Les succès des Allemands en Russie prouvent qu'ils avaient fini par devenir experts dans une science jadis ignorée d'eux.

Au début de la guerre, leur incapacité à pénétrer la pensée, les sentiments et par conséquent les mobiles de conduite des hommes fut prodigieuse. Elle dressa contre eux les plus grands peuples. D'abord l'Angleterre, dont la neutralité eût été si facile à obtenir, puis l'Italie et enfin les Etats-Unis.

La cause première de leurs échecs fut de croire que tous les hommes se mesurent au même mètre et obéissent aux mêmes mobiles.

N'ayant que des principes erronés pour guide, les Allemands employèrent d'abord uniquement comme armes psychologiques les menaces, la terreur et la corruption.

Très capables d'agir sur certaines âmes inférieures, ces armes se montrèrent inefficaces sur les peuples stabilisés par leur passé. La Belgique se laissa incendier et torturer sans céder. Les menaces n'eurent d'autres résultats que de faire surgir du sol anglais trois millions de volontaires. Aux États-Unis, menaces et complots eurent pour unique conséquence de rompre une neutralité que l'Allemagne aurait dû se conserver à tout prix.

*
* *

Instruits par l'expérience, les Allemands finirent par reconnaître qu'ils s'étaient profondément trompés sur les moyens d'influencer l'âme des peuples. C'est alors que furent substituées aux procédés grossiers d'intimidation des méthodes plus subtiles et plus sûres.

Ils reconnurent d'abord que le meilleur moyen de désarmer un adversaire est de paraître adopter ses conceptions. Ainsi firent-ils en parlant de fraternité universelle, de société des nations, etc.

Tous les moyens furent employés par eux pour agir sur l'opinion devenue, dans les temps modernes, la grande souveraine du monde. Qu'un peuple soit persuadé, comme les Russes, qu'il ne doit plus se battre et par la seule influence d'une telle conviction, ce peuple s'avoue immédiatement vaincu et devient l'esclave de son vainqueur.

Sachant bien n'avoir rien à espérer des gouvernants les dirigeants allemands comprirent que c'était sur l'âme des multitudes qu'il fallait agir, par l'intermédiaire des partis politiques possédant de l'influence sur elles. Devenus doucereux, ils se mirent à parler de pacifisme, de désarmement, de paix sans annexions, ni indemnités, etc., conceptions fort dédaignées de leurs philosophes.

Les résultats obtenus par ces nouvelles méthodes furent incontestables. Les Italiens eux-mêmes attribuent à la propagande socialiste que menaient dans leur pays des agents à la solde de l'Allemagne le désastre de Caporetto où plusieurs corps d'armée se rendirent sans combat.

En Russie les résultats furent plus importants encore. Déjà sous le tsarisme, l'Allemagne avait essayé une paix séparée en achetant plusieurs ministres qui arrêtèrent la fabrication des armes et trahirent la Roumanie. Après la révolution, l'Allemagne favorisa le mouvement bolcheviste en lui fournissant d'énormes subsides.

Les conséquences furent immenses. Même entièrement vaincu, jamais le tsar n'aurait signé une paix comparable à celle que souscrivirent les chefs bolchevistes. Elle donnait à l'Allemagne des provinces renfermant 55 millions d'hommes, parmi lesquelles l'Ukraine, considérée comme le grenier de l'Europe. On a dit avec raison « que l'asservissement russe signifiait la domination allemande non seulement de la mer du Nord à l'Asie Mineure, mais encore au Nord jusqu'à l'Océan Arctique et à l'Est jusqu'à l'Oural ». Sans notre victoire, la Russie eût été entièrement germanisée en peu d'années.

L'action des agents allemands chez divers peuples resta longtemps presque inaperçue. Il fallut les recherches de l'attorney général des Etats-Unis pour découvrir que l'ambassade d'Allemagne avait un crédit de deux cent cinquante millions de francs au service de sa propagande en Amérique.

Des menées identiques s'exercèrent dans tous les

pays de l'univers : aux Indes, aux Antilles, à Java, etc. Les Allemands y versaient des subsides aux publications locales et recrutaient des bandes révolutionnaires pour provoquer grèves et émeutes. Les journaux espagnols ont publié des documents prouvant que l'ambassadeur d'Allemagne en Espagne soudoyait les anarchistes pour organiser des grèves et des mouvements destinés à renverser les ministres insuffisamment germanophiles.

En France, la propagande fut aussi tenace, mais ignorée jusqu'au jour où des procès retentissants révélèrent sa force. Les Germains y dépensaient l'argent sans compter puisqu'ils n'hésitèrent pas, comme je l'ai rappelé, à verser douze millions pour l'achat d'un seul journal.

*
* *

L'exemple de la Russie prouva aux Allemands que le socialisme était leur plus sûr allié.

Nos illuminés de l'Eglise socialiste ne perdirent pendant la guerre aucune de leurs illusions. Ils voyaient au travers de leurs rêves la « sozialdemokratie » et l'internationalisme combattant le pangermanisme et obligeant l'Empire à la paix.

Rien ne dissipa cet aveuglement. En vain leur montrait-on des journaux socialistes allemands, comme le *Vorwaerts*, réclamer des annexions et assurer que la sozialdemokratie elle-même, arrivée au pouvoir, serait obligée de faire une politique impérialiste sous peine d'être balayée dans les vingt-quatre heures. Un autre journal du même parti, écrivait: « Nous sommes qualifiés en tant que socialistes pour dire qu'il nous faut des territoires pour étendre notre agriculture. » Le professeur Laskine donnait cette citation d'une grande revue socialiste : « Les plus ardents partisans de Liebknecht eux-mêmes ne veulent rendre ni la Belgique, ni aucun des territoires que nous occupons. »

Nos socialistes, dont la propagande dans les ateliers et les usines faillit être si désastreuse, rêvaient d'obtenir la paix par leur pression sur les gouvernants. Les Allemands favorisèrent naturellement cette campagne qui leur avait si bien réussi en Russie où elle produisit la guerre civile et le démembrement du grand empire.

* *
*

Les armes psychologiques ne se combattent qu'avec des armes psychologiques. Aux apôtres socialistes prêts à accepter une paix allemande, il aurait fallu opposer d'autres apôtres chargés de rappeler ce qu'était la vie des peuples soumis à l'Allemagne.

Sans parler des Belges déportés dans les usines où ils étaient astreints, avec un salaire dérisoire, aux plus durs travaux, le sort des Polonais dans la Pologne prussienne avant la guerre est suffisamment démonstratif. Les paysans s'y voyaient expropriés dès qu'un Allemand convoitait leurs terres et les enfants publiquement fouettés quand ils essayaient de parler leur langue maternelle.

Ces faits furent toujours oubliés de nos socialistes. Ils ne pouvaient pas ignorer, cependant, que si l'Allemagne avait réussi à imposer sa paix avec les clauses économiques souhaitées par elle, la destinée de l'ouvrier français serait devenue tout à fait misérable. Grâce à leur outillage et surtout aux mines de charbon dont ils ont un excédent, alors que nous en manquons, les Allemands peuvent fabriquer à des prix très inférieurs aux nôtres. Pour produire des marchandises à des taux rendant possible leur vente, nos ouvriers auraient été obligés d'accepter des salaires permettant tout juste de ne pas mourir de faim. La paix allemande eût donc été un désastre pour eux. Le peuple le comprit malgré la propagande socialiste et c'est ce qui nous sauva.

*
* *

On voit par les pages qui précèdent combien dangereuses et vaines étaient les diverses propositions de paix des Allemands et leur adhésion apparente aux projets de désarmement, de société des nations et autres formules, très méprisées des philosophes germaniques et de leurs sectateurs.

De telles adhésions ne constituèrent jamais que des manœuvres de stratégie morale. Elles étaient fondées d'ailleurs sur des conceptions psychologiques très sûres.

Supposez, en effet, que les diplomates allemands eussent réussi à obtenir de leurs adversaires la discussion de la paix de conciliation dont ils acceptaient les principes, y compris la restitution de la Belgique. Comme à Brest-Litovsk, ces diplomates se seraient montrés d'abord très conciliants, admettant toutes les demandes accessoires pour prolonger les débats et accroître ainsi dans l'âme des combattants l'espoir de la paix universellement souhaitée.

L'influence de cet espoir aurait progressivement affaibli la tension des énergies que maintenait auparavant la nécessité de combattre. Devant la grandissante certitude de la paix, l'idée de recommencer une guerre fût devenue profondément antipathique.

A ce moment précis se seraient alors révélés les vrais desseins de l'Allemagne. Sans doute, aurait-elle dit, nous avons promis de restituer la Belgique, mais il est nécessaire pour notre sécurité de garder Anvers, etc.

De telles conditions étant inacceptables, les Alliés auraient dû reprendre la lutte, mais cette fois dans des conditions déplorables, ayant perdu l'énergie belliqueuse qui constitue un des plus sûrs éléments de victoire. Les facteurs moraux du succès seraient alors passés du côté des Allemands. Utilisant l'infinie crédulité de leur peuple, les gouvernants l'auraient facilement persuadé que les Alliés refusaient la paix dans le but de détruire l'Allemagne.

On voit le danger des armes psychologiques employées contre nous par les Germains. Elles faillirent devenir plus redoutables que leurs canons.

CHAPITRE III

Les bouleversements politiques.
Rapidité de leur propagation.

Ayant déjà consacré un ouvrage à la psychologie des révolutions, je ne saurais m'étendre de nouveau sur ce sujet et me bornerai maintenant à étudier, comme exemple des grands bouleversements politiques, celui qui a désagrégé la Russie.

On y voit figurer tous les éléments des révolutions que nous avons observés ailleurs : mécontentement, action des meneurs, contagion mentale, caractère du peuple auteur de la révolution, etc.

En Russie, le mécontentement fut, avec l'espérance, le grand terrain de culture de la révolution. Comme dans tous les cas analogues, sous l'influence d'excitations agissant dans le même sens, les volontés unifiées devinrent un torrent qu'aucune barrière ne pouvait endiguer.

Ce fut surtout par contagion mentale que la révolution russe se propagea. Pour comprendre son influence sur les Russes, il faut d'abord connaître leur psychologie

L'âme russe est construite sur un plan fort différent du nôtre. Faute d'armature ancestrale, elle ne possède aucune stabilité. Ses convictions sont des convictions fugitives résultant uniquement de l'impulsion du moment. Le Russe est sincère quand il prend un engagement et non moins sincère quand il ne l'exécute pas.

Cette impulsivité extrême livre l'âme russe à tous les entraînements et sa moralité à toutes les tentations. Du paysan au ministre, les consciences s'achètent facilement. Le cours de la guerre l'a trop clairement montré. On sait maintenant qu'avant la révolution le président du conseil et divers ministres soudoyés par l'Allemagne préparaient une paix séparée.

Les seules influences capables de dominer fortement l'âme russe sont les convictions mystiques. Propagées par contagion mentale, elles la stabilisent dans un sens déterminé, tant que leur action persiste.

Si absurde que puisse être le but d'une secte mystique, si durs que soient les sacrifices exigés de ses adeptes, elle est toujours sûre de trouver en Russie de nombreux adhérents. C'est chez un tel peuple seulement que pouvaient prospérer des sectes comme celle des Skopzy qui, de nos jours encore, imposent de si cruelles mutilations à leurs fidèles. Chez lui seulement pouvaient prospérer des hallucinés comme le célèbre moine Raspoutine, assez puissant à la cour pour faire nommer ou révoquer à sa volonté ministres et généraux.

En résumé, le Russe a une âme de primitif et reste inapte à se diriger lui-même. Le knout et les convictions mystiques sont les uniques éléments ayant réussi jusqu'ici à le conduire.

*
* *

Sur de telles âmes, des idées simples, chargées de promesses et d'espérances, exercent un pouvoir contagieux considérable. Or elles étaient pleines de séduction, les promesses bolchevistes.

D'abord et avant tout, celle d'une paix ardemment souhaitée par des multitudes combattant pour une cause qu'elles ne comprenaient pas et désorientées par de trop visibles trahisons.

Puis la séduisante conception d'égalité absolue, que venait vérifier des nominations comme celle d'un simple matelot promu ministre de la Marine et d'un sous-officier sautant tous les grades pour être nommé général en chef des armées.

Enfin, promesse de la propriété du sol pour les paysans et enrichissement des ouvriers devenus seuls maîtres des usines.

Réaliser tant de promesses nécessitait beaucoup d'argent. Les subventions allemandes et le pillage méthodique des fortunes privées en fournirent suffisamment. Les foules se persuadèrent que le paradis allait être établi sur terre et la propagation révolutionnaire fut instantanée.

Cette propagation rapide de certains mouvements révolutionnaires est un phénomène observé dans beaucoup de révolutions soit religieuses comme la Réforme, soit politiques comme la révolution de 1848.

La diffusion presque immédiate de l'Islamisme constitue également un des plus frappants exemples de cette rapidité. Elle fut si soudaine et si étendue que les historiens peu familiers avec certaines lois psychologiques régissant les croyances renoncent à l'expliquer.

De cette histoire typique, je rappellerai un fragment prouvant expérimentalement l'instantanéité de propagation de croyances n'ayant cependant aucun élément rationnel pour soutien.

*
* *

Remontons d'une douzaine de siècles la ligne du temps et transportons-nous à la cour du roi de Perse, souverain très puissant, se qualifiant volontiers de roi des rois.

Nous sommes au viie siècle après J.-C. vers le début de l'Hégire. Les vastes empires qui rayonnaient jadis sur l'Orient ont disparu. Rome n'est plus qu'une ombre. Byzance supporte difficilement l'héritage des civilisations antérieures. La Perse seule s'accroît chaque jour.

Aucune sagesse humaine ne pouvait alors pressentir qu'au panthéon des dieux venait de naître une divinité nouvelle qui soumettrait bientôt une partie considérable de l'univers à ses lois.

Assis sur un trône de marbre incrusté d'or dans la grande salle d'audience de son palais, le roi de Perse songeait.

Dernier représentant de cette illustre dynastie des Sassanides qui gouvernait depuis des siècles son antique empire, il avait brillamment continué leur œuvre. De l'Indus à l'Euphrate, sa puissance était redoutée. Pourquoi ses états ne deviendraient-ils pas aussi vastes qu'à l'époque glorieuse des grands rois Achéménides, contemporains d'Alexandre ?

Continuant à méditer sur sa future grandeur, le roi contemplait d'un œil distrait les envoyés lui apportant des tributs, quand, soudain, un esclave vint lui dire que des émissaires arabes mal vêtus, mais de mine fière, insistaient pour être introduits.

Des Arabes ! Que pouvaient bien lui vouloir ces lointains nomades, ignorés par l'histoire, et dont il n'avait que très vaguement entendu parler ?

Curieux de le savoir, le roi ordonna de les faire entrer. Ils parurent, s'approchèrent du trône et, sans se prosterner comme l'exigeait l'usage, tinrent au monarque cet altier discours :

« Le calife de la Mecque nous envoie vers toi pour te donner à choisir : ou adopter la foi du prophète, ou payer tribut, ou voir ton empire détruit par nos armes ».

Irrité d'une telle insolence, le monarque ébaucha un geste vers le garde qui, figé comme une statue de bronze, se tenait derrière lui, son long sabre à la main. Puis, se ravisant, il haussa les épaules et murmura avec dédain :

« Ce sont des fous. Qu'on les renvoie. »

Trois mois plus tard, le roi des rois était renversé de son trône. Son empire tombait sous la domination des Arabes. Le drapeau de l'Islam flottait sur toutes les villes de la Perse. Il y flotte encore.

Le puissant souverain avait été vaincu par des armées matériellement très inférieures aux siennes, mais grandies par une foi mystique dont il ne soupçonnait pas la force.

On sait avec quelle rapidité l'empire arabe devait grandir.

En quelques années, l'Egypte, l'Afrique, l'Espagne étaient conquises. La France elle-même se voyait menacée, et il fallut toute la vaillance de Charles Martel pour arrêter l'invasion, arrivée jusqu'à Poitiers.

Après avoir, sous l'impulsion de leur foi, fondé un vaste empire et une civilisation dont nous admirons les vestiges, les Arabes furent vaincus par d'autres conquérants, les Mogols, d'abord, les Turcs plus tard; mais la contagion mentale de convictions fortes ayant obligé les vainqueurs à l'adoption de la foi religieuse de vaincus d'ailleurs plus civilisés qu'eux, l'Islamisme continua son expansion. Après avoir envahi l'Inde, il s'étendit jusqu'aux confins de la Chine et les dépasse aujourd'hui.

*
* *

L'histoire de la fondation de la puissance arabe, celle des Croisades, celle de la soumission de 400 millions d'hommes à la foi bouddhique, celle de l'extension de la révolution française et, de nos jours, celle de la propagation du bolchevisme, sont des événements de nature identique, que la psychologie moderne seule peut expliquer.

Les historiens rationalistes les comprennent fort mal et sont irrités de voir le rôle formidable joué par les hallucinés dans l'histoire du monde.

Ce rôle cependant fut prépondérant. Sous leur influence, de puissantes civilisations ont surgi et d'autres ont péri. La grandeur des effets engendrés étant sans rapport avec la petitesse des causes on peut s'étonner que parce qu'un nomade illuminé eut sous sa tente de vagues visions, le monde ait été bouleversé. Il le fut pourtant, et du fond de son tombeau, ce redoutable visionnaire domine encore les sentiments de plusieurs millions d'hommes.

*
* *

La propagation de certains mouvements révolutionnaires modernes ne s'explique pas seulement par la séduction mystique de croyances promettant à chacun l'égalité, la fortune et le bonheur. Elle est favorisée aussi par d'autres motifs qui peuvent se résumer en quelques lignes.

Les grandes civilisations se compliquant beaucoup avec le progrès, laissent derrière elles dans leur course rapide une foule d'êtres n'ayant pas les capacités nécessaires pour les suivre. Ils constituent l'armée immense des inadaptés.

Ces inadaptés restent naturellement des mécontents et par conséquent des ennemis de la société où ils ne trouvent pas la place dont ils se croient dignes.

Toutes les révolutions les eurent pour adeptes. Ils ont surgi en France sous la Terreur, puis sous la Commune, puis en Russie aujourd'hui. A leur tête se mettent invariablement des politiciens avides de fortune ou d'honneurs et dont le bruyant altruisme masque des instincts égoïstes souvent très bas. Le monde a parfois manqué de Catons mais jamais de Catilinas.

Ces inadaptés existent également, quoique à un degré moindre qu'ailleurs, en Allemagne et ses gouvernants commirent une erreur psychologique en le méconnaissant. Favoriser à l'étranger la propagande socialiste c'était ignorer les lois de la contagion mentale et s'exposer à devenir victimes du fléau déchaîné par eux. Ils n'ont compris leur erreur qu'en voyant la révolution se développer dans leur propre pays.

`Les prisonniers allemands en Russie, qui avaient observé les bolchevistes à l'œuvre et aidé volontiers à cette œuvre, retenaient de leurs doctrines qu'elles seraient pour eux l'affranchissement d'une discipline très dure. Cette idée simpliste d'affranchissement était évidemment plus séduisante que les théories pangermanistes, sans intérêt pour de simples soldats.

Les gouvernants allemands se trouvèrent à l'égard du bolchevisme, pour l'extension duquel ils dépensèrent tant de millions, dans la situation de ce sorcier d'une vieille légende qui, connaissant la formule magique capable de faire surgir un torrent fut submergé par lui, faute de savoir les mots capables de l'arrêter.

En raison même du pouvoir contagieux des mouvements populaires, il est toujours plus facile de les provoquer que de les refréner. L'Allemagne, la Prusse et surtout l'Autriche en firent jadis l'expérience, lorsque la révolution de 1848 propagée par contagion dans une grande partie de l'Europe finit par les atteindre. En Autriche cette propagation eut pour conséquence l'abdication de l'empereur Ferdinand en faveur de François-Joseph. Ce dernier en fut bientôt réduit à solliciter le secours d'une armée russe pour combattre les Hongrois qui s'étaient déclarés en République. Il ne triompha d'eux que par une longue série de massacres.

*
* *

Ce chapitre avait surtout pour but de montrer avec quelle rapidité peuvent se propager les mouvements religieux et révolutionnaires dès qu'ils impressionnent l'âme des foules.

Cette constatation fondamentale rend intelligible l'extension du mouvement bolcheviste que nous étudierons dans d'autres chapitres. Ce n'est pas en réalité, comme on le fait généralement, à une foi politique qu'il faut le comparer, mais aux grands mouvements religieux tels que l'Islamisme.

LIVRE V

LE NOUVEL OURAGAN RÉVOLUTIONNAIRE

CHAPITRE I

Formes actuelles des aspirations populaires.

Une des grandes difficultés de l'heure prochaine sera non seulement d'imposer la paix au dehors, mais aussi de l'obtenir au dedans. De graves symptômes montrent que cette paix intérieure sera aussi ardue que celle qu'il fallut établir avec nos ennemis.

La propagande socialiste a, d'ailleurs, trouvé un terrain bien préparé par un mécontentement général dont les causes sont multiples.

C'est par des grèves innombrables que le mécontentement populaire se manifesta dans les divers pays. Elles se présentent partout avec un caractère nouveau qui les différencie nettement des grèves antérieures.

Jusqu'ici, en effet, les réclamations ouvrières avaient pour but unique un accroissement de salaires. Jamais elles ne s'étaient proposé d'obliger les gouvernants à certains actes politiques faisant partie des attributions de l'Etat.

On peut juger de leur état d'esprit actuel d'après le programme présenté au Congrès des cheminots par un de ses membres influents :

« Toutes relations, y est-il dit, doivent être rompues avec les Compagnies et les pouvoirs publics.

Nous devons être, avant tout, un organisme destructif. Faisons d'abord table rase, nous reconstruirons après.

Il n'y a point pour nous de salut hors la grève générale, génératrice de la révolution. La dictature du prolétariat s'inspire de la théorie communiste libertaire, c'est-à-dire action directe des exploités contre les exploiteurs; démolition de la société actuelle et opposition à toute organisation nouvelle. »

Un des ordres du jour, voté avec enthousiasme, contenait les passages suivants :

« Considérant que les révolutionnaires russes, hongrois et allemands ne font qu'appliquer les principes que nous avons toujours défendus et que l'*expropriation capitaliste* demeure à l'ordre du jour de notre propagande et de notre action,

Se séparent aux cris de : « Vive la grève générale! Vive la révolution sociale! »

*   *
*

Les grèves actuelles sont dirigées par des chefs de syndicats auxquels les ouvriers obéissent avec une facilité qui montrent bien le besoin de la presque totalité des hommes d'être guidés. Les meneurs réunissent en un faisceau les volontés individuelles incertaines. Ils opèrent une sorte de cristallisation dans un milieu amorphe.

Pour agir sur les collectivités soumises à leur influence ils doivent posséder une volonté impérieuse. Les chefs de syndicats connaissent bien ce principe et ne laissent pas discuter leurs brèves injonctions. Un geste a suffi pour que 500.000 cheminots se missent en grève sans se soucier d'affamer leur pays.

Les exigences de ces syndicats, auxquels le pouvoir

de décréter des grèves confère une indiscutable force, croissent à mesure que faiblit la résistance des gouvernants. Ils ne sont encore aujourd'hui qu'un état dans l'Etat, mais ils aspirent à devenir tout l'Etat.

Leurs prétentions atteignent souvent l'extravagance. A Paris, ils intimèrent aux directeurs de théâtres l'ordre de ne pas accepter d'artistes non syndiqués à la Confédération générale du travail et on a pu lire dans les journaux que les artistes des grands théâtres subventionnés (Opéra, Opéra-Comique, Odéon), « vinrent à la C. G. T. déclarer que pour obéir à l'ordre syndical qui venait de leur être donné ils allaient se mettre en grève ».

Avant longtemps, sans doute, la C. G. T. donnera au ministre des Beaux-Arts l'ordre de refuser l'entrée des salles d'expositions aux peintres non syndiqués, et interdira aux éditeurs de publier les livres d'auteurs non syndiqués, etc. La dictature du prolétariat, dont nous étudierons bientôt les effets, se trouverait alors réalisée.

L'universalité du mouvement gréviste dans tous les pays constitue une aspiration inconsciente des travailleurs manuels à devenir les maîtres et remplacer leurs chefs dans la direction des affaires. Les exemples de la Russie et de l'Allemagne montrent que cette expérience coûtera fort cher aux peuples qui tenteront encore de la réaliser.

Tout pouvoir sans contrepoids s'intensifie progressivement en absorbant les pouvoirs rivaux plus faibles, puis il périt par son exagération même. Cette loi est une des plus vérifiées de l'histoire.

La France, divisée jadis en grands partis politiques, se fractionne aujourd'hui en petits syndicats semblant jouir d'une puissance absolue, puisque chacun d'eux possède la facilité d'arrêter la vie sociale. Que les syndicats boulangers décrètent une grève et le pays est sans pain. Que les cheminots refusent le travail et les grandes villes ne sont plus approvisionnées. De même pour la plupart des professions.

En réalité, cependant, cette puissance est un peu illusoire. D'abord, parce que les auteurs de telles grèves en sont les premières victimes; en second lieu, parce que l'opinion publique, si influente aujourd'hui, finirait par se dresser contre ces abus et exigerait des mesures de répression indispensables, mais où toutes les libertés finiraient par sombrer.

Les grèves partielles devenant de plus en plus gênantes pour tout le monde, les syndicats associés aujourd'hui en arriveront à se désolidariser, puis à se combattre. Les peuples n'ont pas péniblement détruit la tyrannie des rois pour se soumettre aveuglément au despotisme anonyme de syndicats ouvriers prétendant arrêter à leur volonté la vie d'un pays.

*
* *

Nous en sommes encore actuellement à la phase où les mots, les mythes, les formules exercent une puissance souveraine sur l'âme crédule des foules.

Éclairer ces foules sur leurs véritables intérêts est une des tâches les plus nécessaires de l'heure présente. On n'y songe cependant guère. Les politiciens cherchent à plaire, non à instruire.

Nous possédons d'innombrables ligues contre l'alcoolisme, la dépopulation, etc., aucune ne s'est fondée pour instruire les masses et leur montrer les réalités économiques qui vont conditionner leur existence. Bien exceptionnels aujourd'hui sont les orateurs osant dire tout haut les vérités nécessaires à connaître.

Pour réussir cet enseignement des classes populaires, il faudrait étudier d'abord la mentalité de l'ouvrier et bien connaître les arguments au moyen desquels les meneurs socialistes l'illusionnent ; ne pas dédaigner les gros effets oratoires qui agissent sur les foules, ne pas hésiter non plus à entrer dans le détail des lois économiques qui vont dominer le monde et ne tiendront compte ni de nos rêves ni de nos volontés.

A une foi agissante, il faudrait opposer une foi également agissante. Les apôtres ne se combattent qu'avec des apôtres, on ne le répétera jamais assez.

Cette tâche d'instruction est urgente. Tous les esprits doivent être mis nettement en face de la situation actuelle. Notre dette écrasante ne peut diminuer qu'en fabriquant assez abondamment pour pouvoir exporter. Importer sans exportation compensatrice constitue une menace de ruine prochaine. Or, nos importations augmentent considérablement alors que les exportations continuent à fléchir.

Les constantes interventions socialistes contre le capital contribuent beaucoup à entraver l'essor de notre industrie. Un homme d'Etat anglais a dit avec raison, que dans dix ans seulement on saura qui a gagné la guerre. Ce n'est pas s'avancer beaucoup d'affirmer que le peuple qui l'aura réellement gagnée sera celui chez lequel les doctrines socialistes exerceront le moins d'action.

Si la situation de l'Amérique semble devoir être bientôt très supérieure à celle de l'Europe, c'est en grande partie parce qu'à la haine des classes elle a substitué leur association. L'ouvrier américain sait parfaitement défendre ses intérêts, mais il sait aussi qu'enrichir le patron contribue à s'enrichir soi-même. Il est également persuadé que l'initiative privée et non l'intervention de l'Etat, constamment réclamée par le socialisme français, engendre les progrès qui font prospérer les nations.

Les Américains savent toutes ces choses, parce qu'ils les ont apprises non seulement par l'expérience, mais aussi dans leurs écoles dirigées par des maîtres dédaigneux des théories et ne tenant compte que des réalités.

*
* *

Les Allemands se félicitent fort de la désorganisation créée chez leurs ennemis sous l'influence des meneurs socialistes. On en peut juger par les passages suivants d'un mémoire du ministre allemand Erzberger :

« La position politique de l'Allemagne dans le monde s'est grandement améliorée depuis l'armistice. Il y a six mois, nous avions en face de nous dans les pays ennemis une opinion publique ferme et unie. Aujourd'hui, comme il fallait s'y attendre, les intérêts individuels reparaissent et diminuent la force des pays de l'Entente... Dans toute l'Entente, il existe une tendance à concilier les principes wilsoniens avec le programme du socialisme révolutionnaire...

Nous avons tellement affaibli la France qu'elle ne pourra jamais se relever. Après un tel épuisement, la maladie finira par s'y installer. »

La tactique actuelle de nos ennemis est très simple : encourager chez les Alliés la propagande socialiste génératrice de désordres.

Les espoirs de revanche de l'Allemagne sont surtout orientés vers le rôle qu'elle pourra jouer en Russie :

« Nous entreprendrons la reconstitution de la Russie et, avec un tel appui, nous serons en mesure, dans dix ou quinze ans, d'avoir la France à notre merci. La marche sur Paris sera plus facile qu'en 1914 et le continent nous appartiendra. »

On trouvera une preuve de l'appui que l'Allemagne rencontre aujourd'hui en France, pour désorganiser le pays, dans une lettre adressée au gouvernement par un groupe d'industriels et dont plusieurs journaux ont reproduit les fragments suivants :

« Le commerce et l'industrie de la région parisienne vous adressent un appel désespéré. Des événements sans précédent se déroulent à Paris et dans sa banlieue, dont la prolongation présenterait, tant pour l'ordre social que pour le ravitaillement même de la population, des dangers auxquels il ne serait plus possible de parer.

Sans cause apparente, les grèves éclatent, décidées en dehors des chefs des organisations ouvrières, et *dont l'origine louche serait peut-être aisée à déceler.*

Aussitôt, dans toute la banlieue, dans Paris même, les usines, les ateliers, les magasins sont envahis par des bandes de gamins de quinze à dix-huit ans, d'étrangers et de filles qui contraignent par les menaces et les violences, ouvriers et employés laborieux à délaisser le travail. *Nulle part, il n'a été possible de faire appel à la police,* dont le rôle est cependant de maintenir l'ordre et de protéger les honnêtes gens. Ce n'est pas de quelques atteintes seulement à la liberté du travail, si souvent et si vainement proclamée, que nous avons à nous plaindre, mais *d'une inertie totale, absolue, de la force publique, qui laisse les commerçants et les industriels sans défense à la merci d'une poignée de malfaiteurs.* »

Nous sommes prévenus du sort qui nous menace. Si la haine des classes persiste, elle engendrera inévitablement une ruine générale et une décadence sans remède.

Il s'agit, comme on l'a dit justement, bien plus de transformer les esprits et les habitudes que de rechercher une formule de salaire plus ou moins ingénieuse.

Cette transformation est difficile parce que depuis l'époque récente où les peuples pensent et sentent par groupes, le rôle des illuminés s'accroît sans cesse. Ces éternels rêveurs nous parlent de temps nouveaux ; mais, en réalité, ils sont victimes d'illusions mystiques communes à tous les âges et dont le nom seul a changé. Répétant les antiques formules d'espérance qui charmaient l'humanité à son aurore, ils en sont revenus au mythe hébraïque de la Terre promise et entreprennent une fois de plus la tâche de Sisyphe, condamné par les dieux à remonter sans cesse au sommet d'une montagne un rocher qui en retombait toujours.

Les prophètes des croyances nouvelles destinées à régénérer le monde réussiront peut-être à le détruire, mais ils seront impuissants contre les nécessités économiques qui dominent la vie des peuples.

CHAPITRE II

La dictature du prolétariat et ses illusions.

La conception de la dictature du prolétariat, ou en d'autres termes, de la dictature des masses, est une conséquence assez naturelle de l'illusion qui fait attribuer la supériorité intellectuelle au nombre. D'après cette théorie, beaucoup d'hommes réunis acquerraient des facultés spéciales que ne possèderait aucun d'eux à l'état isolé. Théorie d'ailleurs exactement contraire à ce que révèle l'étude de la psy-. chologie collective.

Certains idéologues reconnaissent au nombre, non pas seulement la puissance matérielle et intellectuelle mais encore des facultés véritablement transcendantes.

Pareille conception n'était guère soutenue jadis que par des politiciens dont les croyances limitaient fort l'horizon mental. Il est donc un peu surprenant de voir le président Wilson supposer aux peuples des facultés très hautes dont seraient dépourvus les individus isolés.

Après avoir constaté dans un de ses discours l'imprévoyance de beaucoup de chefs d'Etat, l'honorable président ajoutait :

« La vision de ce qui est nécessaire pour entreprendre les grandes réformes a rarement été accordée à ceux qui dominent les nations... L'Europe est secouée dans ses entrailles à l'heure actuelle, car elle s'aperçoit que les hommes d'Etat n'ont pas de vision et que seuls les peuples ont eu la vision. »

L'assertion relative au défaut fréquent de perspicacité des diplomates et des chefs d'Etat n'est pas contestable. Celle concernant les facultés de prévision des peuples constitue une erreur psychologique choquante. Qu'une collectivité voie plus juste que l'individu est une conception absolument contraire aux lois, bien connues aujourd'hui, de la psychologie des foules.

A ne considérer même que les événements actuels, où sont les peuples ayant manifesté une vision juste de leurs intérêts ? La nation allemande tout entière poussait à la guerre et l'accepta avec enthousiasme. C'est avec le même enthousiasme que le peuple russe accueillit la révolution bolcheviste qui devait plonger dans une profonde misère les classes ouvrières au profit desquelles cette révolution prétendait se faire.

En réalité, si les peuples sentent facilement leurs besoins immédiats, ils ne perçoivent rien au delà de l'heure présente et gardent toujours le simplisme d'Esaü, dédaignant un intérêt futur très grand pour un avantage immédiat très petit.

Seuls, les conducteurs d'hommes peuvent montrer la route à suivre aux multitudes incapables de l'apercevoir.

Ce fut justement l'œuvre des dirigeants, aux Etats-Unis. Ils comprirent, que ce grand pays sans armée et sans marine, menacé par le Mexique et le Japon, gagnerait beaucoup à la guerre. Finalement, le peuple fut amené à entreprendre une lutte qui devait faire de l'Amérique l'arbitre du monde.

Est-il supposable que la nation américaine eût songé, sans direction, à se lancer dans cette formidable aventure? N'eût-elle pas préféré les avantages immédiats d'un commerce fructueux avec les belligérants à ses intérêts lointains?

Ce que le peuple américain ne distinguait pas alors, il le perçoit très bien, maintenant.

On en peut juger par la citation suivante d'un grand journal des États-Unis (*Sun*, 25 février 1919) :

« Il est certain que les Américains ne se sont pas plongés dans la bataille uniquement par amour de l'humanité. Nous avons franchi l'Atlantique pour aider à sauver la France et l'Angleterre, car si elles avaient été vaincues, c'eût été notre tour d'être attaqués et il y a de grandes chances que nous aurions été perdus, nous aussi. En conséquence, c'est donc pour nous sauver nous-mêmes que nous avons traversé l'Atlantique. »

La dictature du prolétariat, aspiration principale du socialisme, implique naturellement que le prolétariat posséderait des aptitudes spéciales. L'expérience russe, réalisée sur une grande échelle, a démontré au contraire sa totale incapacité. Les tentatives faites en Allemagne l'ont également prouvé.

Une autre évidence que les mouvements révolutionnaires mirent en lumière, est le degré de férocité sauvage auquel conduisent les doctrines basées sur la haine des supériorités, supériorité de la fortune comme de l'intelligence.

Pour établir son rêve d'égalité universelle, le socialisme bolcheviste a systématiquement procédé au massacre de toutes les élites. Il le fit avec des raffinements de cruautés qui remplirent le monde d'horreur.

Une relation officielle, publiée par le gouvernement anglais, d'après les témoignages de ses représentants en Russie, donne, sur la sauvagerie bolcheviste, des détails montrant à quelles extrémités l'envie et la haine peuvent pousser les hommes.

Certaines victimes, étaient enterrées vivantes, d'autres coupées en morceaux, d'autres pendues de façon que l'asphyxie se produisît lentement. Des officiers étaient sciés vivants entre deux planches, etc.

Les exécuteurs ne tenaient compte ni de l'âge ni du sexe des victimes. De nombreux lycéens furent massacrés simplement en raison de leur qualité de futurs bourgeois.

Les principes directeurs de la domination des prolétaires ont été formulés par le chef du bolchevisme dans les termes suivants :

« Ne reconnaissant pas la violence de la part des individus, nous sommes pour la violence d'une classe contre les autres et les gémissements de ceux qui se sentent déconcertés par cette violence ne nous dérangent nullement. Ils doivent se faire l'idée que les paysans ou les soldats les commanderont et qu'ils seront forcés d'accepter un nouvel ordre des choses. »

Tous les intellectuels : savants, professeurs, médecins même furent, de la part des révolutionnaires, l'objet de la même haine que les bourgeois capitalistes.

Le *Journal de Genève* a donné les extraits suivants d'une publication russe :

« Les intellectuels, il faut les passer à la baïonnette ! » crient les matelots. « Il faut les faire mourir de faim ! » glapissent les soldats. « A mort les savants! » hurle la plèbe.

Les écrivains bolchevistes ne cessaient de prêcher le « pogrom » des intellectuels.

« Le résultat d'ailleurs ne se fit pas attendre, écrit le même journal. Durant le mois de novembre, plus de 120 intellectuels furent massacrés : maîtres d'école, sages-femmes, ingénieurs, médecins, avocats. »

Un des rares journaux que les léninistes laissèrent quelque temps paraître fit timidement observer que pour obtenir une voie ferrée, construire un bateau à vapeur, poser une canalisation d'eau, il fallait des intellectuels. Vérité élémentaire sans doute.

« Mais, ajoute tristement ce journal, c'est justement en cela que consistent l'horreur et la honte de notre temps. Nous commençons à oublier l'alphabet et nous devons « prouver » d'un air sérieux que la science est utile, que les intellectuels ont le droit de vivre et que, si on les passait à la baïonnette, personne n'en retirerait aucun avantage. »

Les bolchevistes ne furent d'abord nullement influencés par ces considérations et, pour bien prouver combien les intellectuels leur semblaient inutiles, ils nommèrent membres de leur gouvernement des ouvriers, des paysans et des matelots complètement illettrés.

Mais l'expérience fut plus forte que la théorie. Lorsque la gestion du prolétariat eût créé la ruine, le dictateur Lénine en fut réduit à offrir aux bourgeois encore vivants d'énormes traitements pour reprendre la direction des industries et des administrations.

*
* *

A ceux qui n'acceptent que le témoignage des hommes de leur parti, on peut recommander la lecture de l'interview d'un socialiste, le général Pildzuski, publié par *Le Journal de Genève* :

« De loin, dit-il, le bolchevisme représente pour le pauvre et l'opprimé une espérance de vie meilleure et un sentiment de vengeance sociale.

Je ne comprends pas, après avoir vu les ruines accumulées par le régime communiste, comment il peut y avoir en Europe des socialistes lui étant favorables.

En deux mois, à Vilna, les communistes ont amené une ruine complète. Ce ne sont pas des hommes civilisés, mais des sauvages assoiffés de sang et de pillage. Lors de leur arrivée au pouvoir, ils ont, en cinq jours, édicté plus d'un millier de décrets.

On ne peut changer toute la vie économique et sociale d'un peuple en quelques jours. On n'obéit donc pas à ces innombrables ordonnances. La terreur entra alors en action pour soviétiser de force. La production s'arrêta partout.

Lénine, qui voulait rénover la société, n'a réussi qu'à instaurer partout un état de choses voisin de la mort. »

*
* *

Les chefs du bolchevisme russe professent un mépris intense pour les socialistes français malgré les humbles avances de ces derniers. Les journaux ont reproduit le passage suivant d'un article de l'Internationale communiste :

« Il est temps d'en finir avec ce malentendu déjà trop prolongé. L'heure est trop grave pour que le prolétariat français souffre plus longtemps l'alliance du misérable longuettisme avec la grande réalité de la lutte prolétarienne pour le pouvoir... *Longuet et Vandervelde doivent être sans pitié rejetés dans le tas malpropre des bourgeois dont ils essayent en vain de sortir pour atteindre la route socialiste.* Nous n'avons plus besoin du décor vieilli du parlementarisme, ni de son illusion d'optique... En finir avec le longuettisme est une exigence nécessaire de la gangrène politique. »

*
* *

Les jugements les plus exacts que l'on puisse formuler sur le bolchevisme sont dus à des socialistes et à des bolchevistes.

Voici d'abord comment s'exprime un ancien député à la *Douma*, socialiste très avancé, M. Alexinski sur les résultats du régime bolcheviste : 1° Suppression de la liberté de pensée. Tous les journaux n'appartenant pas au parti bolcheviste sont supprimés. 2° Arrêt de la vie industrielle ; la plupart des usines fournissant à peine 10 % de leur ancienne production et la majorité d'entre elles d'ailleurs restent fermées. Elles le seraient toutes sans les spécialistes allemands que les chefs bolchevistes se

procurent à grands frais. Ce sont également des officiers allemands qui dirigent l'armée rouge. Les
organisations ouvrières ont perdu toute indépendance.

Le *Temps* du 9 mars 1920 reproduisit, d'après les
journaux russes, le compte rendu de la 7e conférence
de tous les soviets économiques de la Russie tenue à
Moscou. La faillite du régime communiste y fut
mise en évidence.

On reconnut que l'antagonisme entre les paysans et les citadins était si fort que les premiers ne
veulent plus ravitailler les villes et préfèrent laisser
le blé pourrir dans les camgagnes.

« La situation de l'industrie est plus grave encore : la production du travail a diminué de 70 p. 100. Les rares usines qui
travaillent le font avec des pertes telles que leur production ne
couvre même pas le salaire des ouvriers.

Krassine a déclaré :

Je suis obligé de dire que la vie se montre plus forte que la
doctrine communiste, et que tant que l'on ne reconnaîtra pas
comme absolument impossible de rétablir la vie économique
avec le régime soviétiste tel qu'il est actuellement, moi, Krassine, et tous les autres comités ou Soviets ne pourrons rien
faire. Ces derniers ne seront même qu'une entrave.

Lénine prit la parole et prononça un discours qui peut se
résumer ainsi :

Il faut que nous agissions pour l'économie populaire et l'industrie exactement comme nous avons agi pour l'armée. Le
principe du collectivisme doit céder au régime du gouvernement des particuliers : le développement économique populaire, chez nous, nous y a amenés. La direction collective de
l'industrie par toutes sortes de Soviets ne donne pas le travail
rapide, qui est maintenant nécessaire. Aussi faut-il travailler
énergiquement, réduire les pouvoirs, les fonctions des comités
de fabriques, et en donner la direction à des chefs particuliers,
qui seront naturellement bolchevistes. »

Pour remédier à la ruine industrielle de la Russie,
Trotzky n'a trouvé d'autres moyens que de militariser
l'industrie, ce qui signifie pour lui remplacer la journée de huit heures par une journée de douze heures.
Comme le dit l'auteur de ce compte rendu, l'expérience

communiste russe peut se résumer en trois mots : terrorisme, ruine et servitude.

Ainsi, après deux ans d'expériences, le bolchevisme a dû constater que la force des choses était supérieure aux doctrines.

Devant la faillite évidente de leur système, les révolutionnaires en sont simplement revenus au vieux système capitaliste. L'initiative privée est stimulée en laissant les chefs d'usines réaliser de gros bénéfices. Même dans les exploitations de l'Etat, l'égalité des salaires n'a pas été maintenue. Les directeurs et ingénieurs touchent de forts émoluments, les tarifs des divers ouvriers sont tous variables. « On a rétabli partout le travail aux pièces et institué un système de primes avec minimum obligatoire de production quotidienne » sous peine de fusillade. Toutes les grèves ont été interdites. En réalité le communisme bolcheviste n'est plus qu'une forme exagérée de l'ancien tzarisme autocratique.

Une révolution s'accomplit d'abord dans les esprits, avant de se traduire par des actes. L'idée de la dictature du prolétariat n'a pas encore provoqué de révolution chez tous les peuples, mais elle les a conduits à la conception que les prolétaires, étant des autocrates, ont le droit de manifester les plus invraisemblables exigences.

Ces exigences grandissent et menacent l'existence économique du monde moderne. Les classes ouvrières perdent de plus en plus le sens des possibilités.

Un typique exemple de leurs aberrations mentales est fourni par la grève des cheminots autrichiens, au moment précis où l'Entente consentait à ravitailler l'Autriche :

« Les trains de vivres sont arrêtés sur tout le réseau du Sud et les grévistes, qui se plaignent de mourir de faim, refusent absolument de les laisser passer. Encore quelques jours d'interruption et ce serait la famine. Il n'y a plus rien : les stocks sont complètement épuisés. »

Et pourquoi ce refus si préjudiciable à l'intérêt général? Simplement parce que les cheminots voulaient recevoir, à l'avenir, soixante-dix francs par jour et être gratuitement nourris.

Pour ne pas se montrer aussi extravagantes, les exigences des ouvriers français sont également excessives. D'innombrables exemples le prouvent. Tel celui des balayeurs et des ouvriers municipaux de Paris réclamant, comme salaire de début, un traitement de colonel avec un congé annuel de trente jours.

Employés des postes et des chemins de fer, instituteurs, fonctionnaires, etc., ont manifesté des prétentions analogues.

L'incapacité totale de ces réclamants à comprendre les répercussions qu'engendrerait la réalisation de leurs exigences est frappante. Ce serait d'abord la destruction de la richesse publique, puis la misère des travailleurs.

On a calculé que si nos chemins de fer cédaient aux demandes actuelles de leur personnel, le déficit des Compagnies, déjà fort élevé, dépasserait trois milliards. Résultat final : ou élever les prix de transport des marchandises au point d'en rendre impossible la vente à l'étranger, ou, si ces prix de transport n'étaient pas augmentés, faire tomber à zéro le revenu des actions. Ce ne seraient nullement les capitalistes qui s'en trouveraient victimes, car les statistiques montrent que ces actions sont dans les mains d'une foule de petits prolétaires y ayant mis leurs économies au lieu de les garder improductives dans un tiroir. Grâce à ce système d'actions, la grande propriété industrielle a pu devenir collective, tout en restant individuelle et transmissible.

Mais l'immense armée des réclamants ne saurait entrevoir ces répercussions. Elle exige l'impossible et ne recule pas devant les plus violentes menaces pour l'obtenir. Quand les instituteurs et les fonctionnaires seront définitivement réunis à la Confédération du Travail, ce sera la destruction non seulement de toutes les libertés, mais de la vie industrielle de la nation et, par conséquent, sa ruine.

Les penseurs de tous les pays signalent, dans des termes analogues, les dangers que fait courir au monde l'esprit révolutionnaire nouveau. « Jamais, écrit un journal suisse, on n'a assisté à un si effroyable déchaînement de convoitises rivales et d'égoïsmes intraitables : égoïsme national, égoïsme de classe, égoïsme individuel. Le monde ressemble à une immense ménagerie dont toutes les cages auraient les portes ouvertes. »

* *
*

L'avenir dira comment les sociétés résisteront à tant d'assauts lancés contre elles. Les politiciens ont des vues trop courtes et un égoïsme trop développé pour songer à l'avenir.

Les classes menacées devront donc se défendre elles-mêmes. En Allemagne, les bourgeois attaqués formèrent des milices défensives. En Bavière et dans plusieurs régions, les paysans refusèrent d'approvisionner les villes qui se déclaraient favorables aux Soviets.

La classe des paysans constituera peut-être le dernier élément de stabilité des civilisations. Leur mentalité, aussi bien en Allemagne qu'en France, diffère fort de celle des ouvriers. Le travail du paysan aux champs le rend, en effet, individualiste et peu accessible à l'influence des meneurs, alors que le travail collectif à l'usine donne à l'ouvrier une mentalité grégaire que les agitateurs dirigent facilement.

*
* *

Quels que soient les rêves des sectaires, la grandissante complication des sociétés modernes rendra de plus en plus indispensable le rôle des élites et de moins en moins possible une dictature du prolétariat. Les élites synthétisent la puissance d'un peuple. Son niveau sur l'échelle de la civilisation se mesurera toujours au chiffre de ses élites. A elles sont dus tous les progrès dont profitent ensuite les multitudes.

La Russie vient d'en faire l'expérience. Le tort matériel qui lui a été causé par les communistes est immense, mais la destruction des usines et de toute la vie économique ne semble rien auprès des dommages causés par le massacre de son élite. Jamais pays n'eut autant besoin d'élites que la Russie. Cet empire demi-barbare n'avait été un peu civilisé que grâce à une petite élite. Il ne la possède plus aujourd'hui et l'impossibilité de progresser par ses propres forces lui étant expérimentalement démontrée, c'est à l'étranger que la Russie est obligée de demander une aristocratie intellectuelle capable de la guider. L'histoire n'avait jamais donné un aussi frappant exemple de la grandeur du rôle exercé par les élites sur la destinée des peuples.

Détruire l'élite d'une nation, c'est abaisser la valeur de cette nation au niveau de ses éléments les plus médiocres et la rayer ainsi de la civilisation.

Dans les luttes industrielles aussi bien que dans les batailles militaires, les armées valent ce que valent leurs chefs. On pourrait appliquer aux grandes entreprises modernes ces réflexions de Napoléon rappelées par le maréchal Foch : « Ce ne sont pas les légions romaines qui ont conquis la Gaule, mais César ; ce ne sont pas les soldats carthaginois qui ont fait trembler Rome, mais Annibal. Ce n'est pas la phalange macédonienne qui pénétra jusque dans l'Inde, mais Alexandre. »

*
* *

Le développement, en Russie, des idées révolutionnaires réclamant la dictature du prolétariat, est dû surtout à la propagande entreprise par l'Allemagne. Elle fit ainsi surgir du domaine mystérieux des forces psychologiques certaines puissances destructives dont elle devint ensuite victime, dès que sa résistance militaire fut affaiblie. Ces forces nouvelles balayèrent comme des feuilles légères les dieux, les dynasties, les institutions, la philosophie même du plus puissant empire que le monde ait connu.

Les forces destructives n'ont pas disparu après avoir brisé le peuple allemand qui les avait fait naître. Répandues dans l'univers, elles menacent les plus brillantes civilisations.

Il serait illusoire de prétendre deviner les limites de leur action. Les contemporains des croyances qui transformèrent plusieurs fois l'orientation des peuples en ont rarement compris la puissance. Constatant aisément leur faible valeur rationnelle, ils n'en pressentirent pas le succès et négligèrent de se défendre, alors que la défense était facile. Les enseignements du passé auraient dû leur montrer, pourtant, que les dogmes les plus absurdes sont souvent les plus dangereux. C'est seulement dans les livres des professeurs que la raison guide l'histoire.

CHAPITRE III

L'enquête sur les résultats du communisme.

Le communisme bolcheviste se considère comme l'application intégrale du socialisme. Il était donc fort intéressant d'étudier soigneusement les résultats d'une pareille expérience.

On ne saurait donc trop remercier les 136 députés auteurs d'une proposition « tendant à inviter le gouvernement à constituer une commission extra-parlementaire chargée d'étudier les méthodes et les résultats économiques et sociaux du bolchevisme ».

Cette proposition se trouve précédée d'un très long et très détaillé rapport où sont étudiés, en s'appuyant presque exclusivement sur les publications bolchevistes, les résultats déjà obtenus.

Les auteurs de ce remarquable travail font d'abord observer que les problèmes d'organisation sociale sont actuellement dominés par deux formules contraires.

L'une, la formule individualiste, cherche la solution des questions sociales dans la liberté. Le meilleur rendement économique serait obtenu, suivant elle, en laissant à l'individu sa libre initiative.

A la formule individualiste s'oppose la formule socialiste, qui prétend organiser une société où la production et la répartition des richesses, au lieu d'être abandonnées à l'initiative individuelle, seraient régies par l'Etat.

Cette absorption étatiste constitue ce que les partisans de la doctrine appellent la socialisation des moyens de production, de transport et d'échange.

C'est ce nouveau régime qui vient d'être expérimenté sur une vaste échelle en Russie pendant deux années.

*
* *

Avant d'examiner les résultats officiels, déjà résumés dans le précédent chapitre, répétons encore que le bolchevisme, comme le proclament ses défenseurs, ne représente que la stricte application du marxisme allemand adopté par la presque totalité de nos socialistes. Il reste distinct du syndicalisme, doctrine inconciliable, aux yeux des bolchevistes, avec le communisme et la dictature du prolétariat.

Un peu déconcertés par les résultats du terrorisme russe, quelques socialistes français essayèrent de soutenir que les bolchevistes avaient mal interprété le marxisme. Il a été facile de leur répondre que ses principes étaient trop clairs pour qu'on puisse les mal comprendre. La dictature du prolétariat, la suppression du droit de propriété privée, la socialisation de l'industrie, la gestion ouvrière, etc., constituent des dogmes limpides, acceptés par tous les socialistes. C'est, du reste, un descendant même de Karl Marx, qui a déclaré que les maîtres actuels de la Russie, Lénine et Trotzki, sont de purs marxistes.

La doctrine socialiste de la dictature du prolétariat se trouve réalisée par les bolchevistes au moyen d'assemblées locales d'ouvriers, dites soviets. Elles sont élues au suffrage universel, mais les bourgeois et les paysans aisés s'en trouvent exclus.

Les soviets locaux nomment des délégués qui constituent d'autres soviets. Tous les trois mois, un congrès des divers soviets de Russie se réunit pour examiner les rapports des commissaires du peuple.

Pratiquement, ces assemblées n'exercent aucune influence. Les seuls maîtres réels restent les dictateurs suprêmes. Ils dissolvent immédiatement les soviets qui leur font de l'opposition. Quand, par hasard, l'opposition est trop vive, les dissidents sont fusillés sommairement.

*
* *

Les documents publiés par les bolchevistes, et reproduits dans le rapport que je résume, montrent avec quelle rapidité le régime communiste a désorganisé la Russie. Mines, usines, chemins de fer, etc., tout s'effondra er quelques mois.

Les chemins de fer, qui, en 1914, donnaient un revenu de 1.700.000 roubles, ont présenté, en 1918, un déficit de 3 milliards.

Mêmes résultats pour toutes les industries nationalisées. Sous le régime de la socialisation, les recettes atteignant à peine la moitié des dépenses, il fallut fermer le plus grand nombre des usines.

La désorganisation ainsi produite a été reconnue par les bolchevistes eux-mêmes. C'est ainsi que leur commissaire aux finances écrit :

« La confiscation systématique de l'industrie a détruit tout l'appareil du crédit. Les capitalistes avaient de l'organisation. Ils savaient faire marcher l'économie populaire. »

On ferait bien, confesse avec résignation le commissaire bolcheviste, « de solliciter les plus actifs d'entre les bourgeois ». C'est, comme je l'indiquais dans un précédent chapitre, à cette sollicitation qu'a fini par se résigner Lénine.

*
* *

La désorganisation générale qu'engendra la nationalisation de l'industrie a été vite accrue par le contrôle des ouvriers, très réclamé aussi de nos syndicalistes.

L'organe officiel du gouvernement bolcheviste, les *Izvestia*, est obligé de reconnaître la faillite du système. Il le qualifie « d'incompréhension totale des nécessités de la production industrielle, de dissolution complète de l'économie ».

Même les usines les plus indispensables, celles consacrées notamment à la fabrication des métaux, ont dû fermer. Les rares hauts fourneaux fonctionnant encore sont à marche réduite. La grande usine de cotonnade de Moscou, qui occupait autrefois 20.000 ouvriers, n'en emploie plus maintenant 500.

A Pétrograd, sur les 400.000 ouvriers occupés au moment de la révolution, les deux tiers ont disparu.

Les prolétaires eux-mêmes finissent par reconnaître la faillite des doctrines socialistes qui prétendaient réaliser leur bonheur. Une délégation des partis ouvriers social-démocrates et social-révolutionnaires a publié l'appel suivant :

« Notre vie est devenue intolérable, les fabiques chôment, nos enfants meurent de faim ; au lieu de pain, les affamés reçoivent des balles ; le droit de parler, d'imprimer, de s'assembler n'existe plus. Il n'y a plus de justice, nous sommes gouvernés despotiquement par des hommes en qui nous n'avons plus aucune confiance depuis longtemps, qui ne connaissent ni loi, ni droit, ni honneur, qui nous ont trahis et vendus pour conserver le pouvoir. Ils nous ont promis le socialisme et ils n'ont fait qu'anéantir notre économie populaire par leurs expériences insensées. Au lieu du socialisme, nous avons des fabriques vides, des hauts fourneaux éteints, des milliers de sans-travail. La guerre civile dévaste le pays, les champs ne sont pas encore ensemencés... »

Il ne reste même plus aux infortunés ouvriers la possibilité de se mettre en grève. A la moindre tentative, ils sont fusillés en masse.

Le sort des paysans est aussi misérable. Des bandes de gardes rouges, envoyées dans les campagnes pour réquisitionner les grains, sont obligés de livrer bataille aux moujiks qui se défendent à main armée et refusent les billets de banque communistes.

*
* *

En présence de tels résultats, les rares socialistes ayant réussi à conserver quelque liberté de jugement en arrivent à douter fortement de leurs doctrines. Voici comment s'exprime un des théoriciens marxistes allemands les plus connus, Karl Kautsky :

« La tâche la plus importante des temps modernes, c'est de produire, et l'on verra si c'est le système capitaliste ou si c'est le système socialiste qui dans tous les domaines produira le mieux et le plus. Or, jusqu'ici, la révolution russe a perdu le procès. Elle n'a su que ruiner la grande industrie, désorganiser le prolétariat et renvoyer dans les campagnes les ouvriers des villes. Le seul résultat positif de l'activité bolcheviste est la création d'un militarisme nouveau. »

Les leçons à tirer de l'expérience russe apparaissent nombreuses. La plus claire est qu'un despote absolu peut bien détruire une société, mais reste impuissant à la reconstruire.

Le régime bolcheviste ne parvint à se maintenir en Russie qu'au moyen d'une armée richement payée, commandée en partie par des officiers allemands fort heureux de contribuer à prolonger un désordre dont ils espèrent voir leur pays profiter un jour. C'est en effet, vers l'Allemagne que la Russie se tournera fatalement quand elle voudra sortir de l'anarchie et se reconstituer.

***

On pourrait se demander, après l'exposé qui précède, pourquoi les 136 députés dont j'ai résumé le rapport, crurent nécessaire de solliciter du gouvernement une Commission « chargée d'étudier les méthodes et les résultats économiques et sociaux du bolchevisme ».

Evidemment, les signataires de ce rapport savaient fort bien ce qu'il fallait penser du bolchevisme. Le but de leur demande fut sans doute d'attirer l'attention générale sur les résultats de la première application des théories marxistes restées, on le sait, l'évangile de nos socialistes. Ces derniers ne cessent de réclamer, eux aussi, la dictature du prolétariat et la socialisation des moyens de producton. Il était donc utile de bien connaître les résulats obtenus en Russie sous l'influence de ces doctrines.

Renseigner le public est d'autant plusindispensable que le bolchevisme se propage dans tots les pays au moyen d'une légion d'agents à la solde des dictateurs russes. De nombreux journaux populares sont entretenus par eux. L'argent pillé chez les particuliers et dans les banques permet d'alimenter cette propagande.

Elle a créé au bolchevisme de nombreux adeptes, non seulement dans la classe ouvrière, mais aussi dans des milieux qu'on n'aurait pas cru d'une réceptivité mentale si facile. Au dernier Congrès fédéral des syndicats d'instituteurs, le rapporteur « estimait que *les révolutions russes et hongroises font de la bonne besogne* ». Un autre instituteur a parlé en faveur « de la dictature du prolétariat », qu'il considère « comme une nécessité historique inéluctable ».

Une telle incompréhension des réalités montre à

quel degré de cécité mentale conduisent certaines croyances imposées en bloc par contagion aux esprits faibles.

*
* *

En dehors de ses principes économiques dont l'expérience russe a montré l'inanité, le bolchevisme s'appuie sur des supports psychologiques d'ordre sentimental et mystique dont la puissance fut toujours prépondérante.

Il sut trouver des formules concrètes pour justifier certains sentiments qui, jadis, ne s'avouaient guère.

La mentalité dite bolcheviste, se caractérise, surtout, je l'ai déjà fait observer, par une haine envieuse de toutes les supériorités, aussi bien celle de la fortune que celle de l'intelligence.

Sous ses apparences démocratiques trompeuses, le bolchevisme est le contraire de l'égalité démocratique. Il ne souhaite de détruire les anciennes hiérarchies sociales que pour les rétablir en sa faveur, grâce à la dictature du prolétariat.

Aux yeux des meneurs socialistes, une telle dictature apparaît comme une féodalité nouvelle instituée à leur profit.

Cette féodalité constitue un rêve très flatteur pour la vanité des incapables, puisqu'elle leur assurerait le passage d'une situation subalterne à une situation souveraine. Dans ce mot magique : « dictature du prolétariat », tous les médiocres entrevoient une ère nouvelle où, de subordonnés ils deviendraient chefs et pourraient tyranniser durement les anciens maîtres.

La mentalité bolcheviste est aussi vieille que l'histoire. Le Caïn de la Bible avait déjà une âme bolcheviste. Mais c'est de nos jours seulement que cette antique mentalité a rencontré une doctrine politique pour la justifier. Tel est le motif de sa propagation rapide qui vient saper les anciennes armatures sociales.

En dehors de l'esprit de révolte, d'indiscipline, de jalousie et de haine, la mentalité bolcheviste se révèle par une foule de petits faits d'observation journalière. Ils sont anologues à celui que relatait un journal suisse sur la décision des autorités socialistes d'une grande ville d'accorder 6.000 francs de traitement aux balayeurs et 3.000 francs seulement aux ingénieurs.

*
* *

La dictature du prolétariat exigée par la mentalité bolcheviste pourra produire bien des ravages, détruire les plus stables civilisations, mais elle sera toujours dominée, finalement, par la puissance de l'intelligence.

Dans l'évolution actuelle du monde, le rôle de la capacité est destiné à devenir beaucoup plus important encore qu'il ne l'était jadis.

Au moyen âge, le baron féodal et son serf différaient fort peu en instruction et en intelligence. A cette époque, l'égalité aurait donc pu être établie facilement entre les hommes.

Aujourd'hui, elle est devenue impossible. Loin de tendre vers l'égalité, les cerveaux humains se différencient de plus en plus. Entre le simple matelot et son capitaine, entre l'ouvrier et l'ingénieur qui le dirige, les dissemblances n'ont fait que s'accentuer avec les progrès de la technique.

Une révolution peut bien, comme en Russie, décréter que le matelot commandera au capitaine et l'ouvrier à l'ingénieur. Autant vaudrait décider qu'un homme n'ayant jamais entendu une note de musique sera capable de diriger un orchestre.

Il est curieux de constater que le besoin d'égalité

d'abord, de dictature ensuite, se soient précisément développés au moment où les progrès de la science et la complication croissante de la civilisation rendaient la réalisation d'un tel rêve impossible.

Avec les formidables difficultés de la technique moderne, le défaut de capacité mène à une ruine rapide. L'expérience russe l'a surabondamment prouvé.

Ses résultats ont montré ce que devient un pays gouverné par l'incapacité. La Révolution communiste russe n'a fait que remplacer l'absolutisme d'en haut par la tyrannie d'en bas. Ses dirigeants adoptèrent simplement le régime tzariste en l'exagérant. Leur police est plus despotique qu'elle ne l'avait jamais été. La bureaucratie encore plus compliquée que celle de l'ancien régime, la liberté de la presse beaucoup moindre qu'autrefois puisqu'il n'en reste aucune trace.

En attendant l'heure, probablement lointaine, où seront tenues pour évidentes les vérités que je viens de formuler, le bolchevisme grandira encore, attirant l'immense légion des inadaptés: professeurs mécontents, travailleurs médiocres, primaires envieux, c'est-à-dire le bloc formidable des vanités, des incapacités et des haines dont le monde est rempli.

Ajoutons encore à cette armée celle des esprits faibles et indécis ne pouvant se passer d'une foi pour orienter leurs vacillantes pensées.

Dès que de tels esprits sont subjugués par un dogme, aucune expérience, aucun raisonnement ne saurait les détourner de leur foi. Ils restent alors enfermés dans ce cycle magique de la croyance dont les lois spéciales sont fort étrangères à celles de la logique rationnelle.

Sans une étude approfondie de ces lois on ne saurait comprendre l'action des grands mouvements religieux comme le Bouddhisme et l'Islamisme jadis, le Bolchevisme aujourd'hui, qui, à certaines époques, viennent bouleverser le monde.

L'intelligence a progressé dans le cours des âges, mais les sentiments n'ont guère varié. L'humanité moderne est menée par les mêmes illusions, les mêmes rêves que toutes les humanités antérieures. Les puissances mystiques n'ont pas cessé de nous asservir.

La raison a grandi, les temples ont été remplacés par des laboratoires où règne la pensée pure, mais la rigide raison reste sans prestige sur l'âme des multitudes. Les seuls maîtres qu'elles écoutent toujours sont ces éternels tribuns, créateurs des mirages qui remplissent l'histoire.

L'expérience bolcheviste est une de celles qui montrent le mieux combien les buts atteints par les guerres et les révolutions peuvent différer des buts poursuivis. La Révolution russe triompha en promettant la paix et actuellement la Russie est en guerre avec tous ses voisins. Elle voulait supprimer le militarisme et n'a réussi qu'à établir un régime militaire plus dur que tous les régimes antérieurs. Elle voulait supprimer le droit de propriété et a seulement fini par créer la propriété individuelle chez un peuple qui n'avait encore connu que la propriété collective.

CHAPITRE IV

Propagation de l'ouragan révolutionnaire
dans divers pays.

Nous venons d'examiner les résultats de l'expérience communiste, forme ultime de l'esprit révolutionnaire qui semble agiter l'Europe. Il nous reste maintenant à constater sa propagation.

L'Europe se trouve en proie aujourd'hui, à une de ces grandes épidémies mentales qui, plus d'une fois, ont sévi dans l'histoire.

En dehors des croyances religieuses peu de mouvements se sont manifestés avec une intensité semblable à celle de l'anarchie révolutionnaire qui ravage actuellement une partie du monde.

Les monarchies n'ont pas été les seules victimes de l'ouragan. Les démocraties elles-mêmes n'échappèrent pas à son action. La plus ancienne de toutes, la Suisse, s'est vue menacée par la tempête et faillit périr.

Des causes diverses, dont plusieurs ont été déjà énumérées, sont à la base de ce soulèvement universel. L'une des principales fut la démonstration de l'incapacité des souverains qui avaient lancé les peuples dans une sinistre aventure.

Le mouvement s'est propagé ensuite aux pays neutres par ce phénomène de la contagion mentale dont nous avons plusieurs fois déjà signalé l'action.

*
* *

Les révolutions ne se bornent pas à renverser quelqu'un ou quelque chose. Elles prétendent aussi remplacer ce qui a été détruit. Sur les ruines accumulées, les sectaires élèvent de nouveaux fétiches : dieux, princes, ou doctrines.

Aucune personnalité ne s'étant trouvée posséder assez de prestige pour se substituer aux monarques détrônés, une seule forme de pouvoir devait se présenter à l'esprit populaire, celle de petites assemblées susceptibles de gérer les intérêts des divers groupes sociaux. Ainsi naquirent les soviets, associations de soldats et d'ouvriers.

Les intérêts de ces groupes étant dissemblables devaient nécessairement entrer en conflit. Aucun ne pouvant prendre assez de forces pour faire prédominer les intérêts généraux, que maintiennent facilement en temps normal les traditions, les institutions et les lois, on vit naître en Russie aussi bien qu'en Hongrie, et pendant quelque temps en Allemagne des dictatures individuelles absolues.

Dans tous les pays soumis à ce régime, ce fut le retour à la barbarie primitive, la domination de l'instinctif sur le rationnel, le déchaînement des passions que les contraintes sociales ne refrénaient plus. Une civilisation implique en effet un réseau de gênes qui limitent nécessairement les tendances animales dormant au fond de nous. Contre ces barrières, les envieux, les impulsifs et les inadaptés, éternels mécontents, furent à toutes les époques de l'histoire prêts à se révolter. Dès qu'une circonstance le leur permet ils tâchent de les renverser.

*
* *

Une révolution populaire n'admet jamais qu'elle soit seulement guidée par des instincts et des appétits. Les théoriciens lui cherchent bientôt des principes philosophiques comme soutien. C'est ainsi que les hommes de la Terreur tentèrent de justifier leurs actes en adoptant les rêveries de Rousseau sur le bonheur égalitaire des sociétés primitives et la nécessité de les rétablir.

Les nouveaux révolutionnaires ont observé cette tradition en présentant leurs actes comme l'application du socialisme intégral : socialisation des moyens de production, dictature du prolétariat, suppression de la propriété, confiscation des capitaux, etc. En peu de temps, nous l'avons vu, ce régime ruina le pays qui l'avait adopté et engendra la guerre civile. Jamais n'apparut aussi clairement l'action dévastatrice que peuvent exercer des idées fausses.

*
* *

Les historiens de l'avenir, qui dédaigneront autant que ceux d'aujourd'hui les enseignements de la psychologie, auront bien de la peine à comprendre comment le bolchevisme put atteindre un pays aussi indépendant et libéral que la Suisse.

Et cependant, malgré toutes les prévisions, les apôtres bolchevistes réussirent à y provoquer une grève générale qui faillit arrêter toute la vie économique de ce pays et obligea le Conseil fédéral à mobiliser une armée de 60.000 hommes. La grève cessa d'ailleurs immédiatement, dès que le Conseil se décida à expulser la bande des bolchevistes russes qui la dirigeaient. C'est par là qu'il eût fallu commencer.

Mais leur influence se montra d'abord si grande que le Conseil fédéral avait commencé par céder à leurs menaces, sans même oser protéger les ouvriers qui voulaient travailler. Un grand journal suisse écrivait alors :

« Maître de la rue où roulait seule son auto, l'état-major socialiste a pu croire la partie gagnée. »

« Ce fut seulement après des tergiversations prolongées que le gouvernement cessa de capituler avec l'ennemi. La garde civique fournit alors des travailleurs volontaires pour remplacer ceux qui faisaient défection et tâchaient d'arrêter les services publics : transports, postes et télégraphes, publication des journaux, etc... »

*
* *

L'Allemagne qui avait tout fait pour propager le bolchevisme en Russie fut obligée de le subir un instant. Elle flotta entre les diverses formes du socialisme. Toutes se montrèrent également désastreuses. Le budget est devenu un tonneau des Danaïdes et toutes les administrations, postes, chemins de fer, etc, très productives jadis, sont aujourd'hui en perte. Le déficit des chemins de fer seulement est de 10 milliards par an.

« Le nombre des sans-travail entretenus par l'Etat, écrivait un grand journal allemand, a encore augmenté. Selon les statistiques officielles, il a atteint, en novembre, le chiffre de 388.300, dont 96.799 femmes !

La commune de Berlin, qui a dû appliquer à ses nouveaux employés les tarifs socialistes d'appointements, a cru utile de faire connaître à ses administrés l'échelle actuelle des salaires. Cette publication est instructive; elle nous apprend que le directeur de la voirie municipale, après vingt ans de service, touche un traitement de 8.760 marks; son chauffeur a des appointements de 9.127 marks. Un échevin touche 10.000 marks, mais un employé auxiliaire a 18.000 marks. Un vieil employé du même bureau a seulement 7.960 marks. Le chef de division de l'office de la répartition des graisses a un traitement de 5.500 marks; son teneur de livres a, lui, 8.700 marks. Les inspecteurs des jardins et promenades publiques touchent 6.570 marks; un simple jardinier débute à 7.070 marks. Un ingénieur de la ville doit se contenter de 6.600 marks; son garçon de bureau est payé 8.000 marks. Et cela continue ainsi pendant plusieurs pages. Ai-je besoin de vous dire que tous ces hauts appointés sont des protégés des socialistes et sont chargés de surveiller et de dénoncer les employés suspects? Le rapport conclut laconiquement : On ne saurait trop condamner une politique qui fait naître de pareilles anomalies. »

* *
*

Les méthodes de propagation du bolchevisme russe sont fort intéressantes à connaître. Comme les apôtres de toutes les croyances, ces sombres fanatiques tiennent à répandre dans le monde la vérité pure dont ils se croient détenteurs.

Leur propagande se fait par des journaux et des manifestes, mais surtout par l'action directe d'une nuée d'agitateurs abondamment pourvus d'argent.

Un député de Genève a rapporté au conseil national des détails intéressants sur cette propagande, à l'époque où elle était favorisée par les Allemands :

« L'état-major allemand entretint, durant toute la guerre, des agents actifs en Suisse, notamment le comte Tattenbach, l'ancien homme du Maroc qui était en relations constantes avec les agents de Lénine et de Trotzky. »

Les agitateurs essayent surtout de provoquer dans les foules des mouvements qui, par contagion mentale, s'étendent ensuite rapidement.

Il suffit, du reste, pour arrêter de tels mouvements, de provoquer une agitation contraire. On peut en donner comme exemple la façon dont fut combattue une manifestation projetée en Italie, par les socialistes, dans le but de déchaîner une grève générale :

« Il a suffi que deux jeunes gens, place Colonna, eussent brandi un drapeau en criant : « Vive l'Italie! » pour que des centaines de personnes se réunissent autour du drapeau tricolore, en criant : « Vive le roi ! Vive l'Italie victorieuse ! »

« Le groupe de manifestants est devenu bientôt un fleuve d'hommes, et des milliers de citoyens, ayant à leur tête des officiers et des soldats, ont formé un cortège. »

* *
*

Nous avons à plusieurs reprises montré comment, durant la guerre, les Allemands tentèrent les

10

plus grands efforts pour répandre le bolchevisme en France, sachant qu'il leur avait déjà permis de désagréger la Russie.

Certains procès retentissants ont montré la force de cette propagande et ses résultats. Elle aboutit aux mutineries militaires du commencement de 1917.

La victoire éloigna ce danger, mais ne l'a pas fait disparaître. Le bolchevisme est une des armes qui restent à l'Allemagne et pendant longtemps elle en usera.

Un auteur germanophile écrivait dans le *Politiken* de Copenhague (10-9-1918) un article sur les conséquences de la propagande bolcheviste, dont quelques passages montrent bien les idées répandues actuellement en Allemagne :

« Dans quelques années, dit-il, la situation dans tous les pays belligérants sera la même : nous nous trouverons alors dans un chaos qui rappellera l'état actuel de la Russie. C'est le bolchevisme qui se répand dans l'univers; les capitalistes seront supprimés, les gouvernements feront faillite et l'administration des États et des villes tombera entre les mains des Conseils d'ouvriers. Une lutte terrible pour les vivres éclatera entre les habitants des campagnes et des villes et en fin de compte n'auront quelque chose à manger que ceux qui seront le mieux armés et qui seront les plus cruels ».

La force possible du bolchevisme en France tient à ce qu'il traduit, comme je l'ai fait remarquer, les aspirations d'un grand nombre de socialistes. Ces derniers s'imaginent qu'il permettra au monde « d'être reconstitué sur des bases internationales nouvelles ».

Les discours d'aussi incorrigibles rêveurs justifient cette assertion attribuée à Lénine : « Sur cent bolchevistes, il y a un théoricien, soixante imbéciles et trente-neuf scélérats ».

Le théoricien est le plus redoutable de la série parce qu'étant convaincu il a la force que donne toujours une croyance.

Ce sont surtout les théoriciens qui essaient de propager chez nous le bolchevisme, au moyen des journaux à leur service. Pour espérer que cette propagande reste inefficace, il faudrait bien peu connaître l'âme des foules.

« Le bolchevisme, écrivait le *Journal de Genève*, a gagné des millions à la solde de l'impérialisme allemand et dans le pillage de la Russie. Ces millions il les dépense aujourd'hui dans le monde entier pour fomenter une révolution générale, en faveur de l'impérialisme prolétarien. Partout il envoie des émissaires dont les portefeuilles sont bourrés de billets de banque et les porte-monnaie garnis d'or. Partout il agit. Partout il agite. Partout il organise des comités, cadres des futurs soviets ».

Les très réels et fort dangereux progrès du bolchevisme étonnent les personnes peu familiarisées avec l'étude des croyances, et ignorant, par conséquent, je le rappelle encore, que l'absurdité d'une croyance n'a jamais nui à sa propagation. Le serpent, le bœuf, le crocodile et autres animaux ont eu des millions d'adorateurs. Les divinités exigeant des sacrifices humains furent innombrables. Il semblait tout naturel aux guerriers d'Homère qu'un roi immolât sa fille pour obtenir des dieux un vent favorable à leurs vaisseaux.

Le mystique, l'affectif et le rationnel appartiennent à des cycles psychologiques trop différents pour se pénétrer jamais. L'histoire des croyances et de leur propagation est impossible à comprendre sans cette capitale notion.

LIVRE VI

ILLUSIONS POLITIQUES DE L'HEURE PRÉSENTE

CHAPITRE I

Fondements des prévisions formulées sur la destinée des peuples.

Les conséquences de la guerre mondiale grandissent sans cesse et pèseront sur la vie de plusieurs générations. Les conceptions servant jadis de base au droit, à la morale, à la politique, en un mot à tous les éléments de la vie sociale, se désagrègent chaque jour.

Comment les remplacer? Où trouver ces principes directeurs sans lesquels aucune civilisation n'est possible ? L'art de la politique étant très incertain encore, les gouvernants n'ont guère d'autres guides que des impressions dérivées de leurs sentiments et de leurs croyances.

Impressions et croyances sont des phénomènes mobiles et variables comme tout ce qui émane de la vie. Leur domaine reste étranger à la science, parce qu'il n'est susceptible ni de définitions exactes ni de mesures.

Confinée surtout dans le cycle des choses mortes, la science se constitua par le passage du qualitatif au quantitatif. Alors que le qualitatif s'évalue seulement suivant les impressions dépendant de notre tempérament, le quantitatif se traduit en grandeurs susceptibles de mesure. Sur ces grandeurs mesurables la science édifie ses lois.

L'incertitude règne toujours dans les phénomènes pour lesquels il est impossible de découvrir une unité de mesure : « La politique, disait le ministre anglais Balfour, ne pourrait devenir une science que s'il existait une unité de bonheur. »

La sociologie a fait de persistants efforts pour atteindre les progrès réalisés par la science en passant du qualitatif au quantitatif, mais ses mesures ne portent que sur des résultats déjà réalisés et non sur les causes qui les déterminèrent.

Elle est incapable surtout d'évaluer en chiffres la force des sentiments et des passions dirigeant la conduite.

Tous les progrès de la science sont liés à ceux accomplis dans les procédés de mesure. Certaines découvertes, telles que l'immense extension du domaine de la lumière invisible, ne devinrent possibles que quand le bolomètre permit de mesurer le millionième de degré.

En dehors des mesures qui servent à constater la grandeur et l'évolution des phénomènes, les sciences physiques réalisent leurs découvertes en s'appuyant sur l'observation et l'expérience.

Les sciences dites sociales prétendent bien employer les mêmes méthodes. Mais leurs expériences ne pouvant, comme celles des laboratoires, être répétées à volonté, n'ont qu'une médiocre utilité. Les observations ne possèdent pas une valeur plus grande parce que, effectuées sur des époques et des peuples différents, elles exposent à d'illusoires analogies. C'est pourquoi les leçons de l'histoire sont si rarement d'utiles leçons.

On ne saurait donc s'étonner de voir des hommes facilement d'accord sur les phénomènes scientifiques, diverger profondément sur des questions fondamentales de politique. Pour les principes scientifiques leurs guides étaient sûrs. En politique, ils ne sont guère dirigés que par les opinions de leur groupe, des convoitises, des sympathies ou des haines.

De telles influences suffisent pourtant à créer des convictions très fortes. Le sénateur Herriot disait avec raison, dans un de ses discours, que le domaine de la politique n'est pas du tout celui de l'intelligence.

Et cependant le monde marche, les hommes vivent, les événements enchaînent leur cours. A défaut de certitudes scientifiques inconnues dans le domaine moral, les peuples sont bien obligés de se laisser guider par d'autres certitudes. Fictives souvent, puissantes toujours, elles dérivent des idées qu'à chaque époque l'humanité se fait des choses.

Nous sommes arrivés à une période où les idées erronées ont des répercussions indéfinies et peuvent même, la Russie le prouve, déterminer la ruine des plus grandes nations.

Prévoir, au moins dans certaines limites que nous marquerons bientôt, n'est cependant pas impossible. L'observation démontre malheureusement que ces prévisions ne sont jamais crues. L'antique sagesse des peuples l'avait déjà dit dans la célèbre légende de Cassandre et d'Apollon.

Pour atténuer la rigide vertu de la jeune Cassandre, Apollon avait imité les amoureux de tous les âges en se faisant précéder d'un don. Il était constitué par la faculté de prédire l'avenir.

Jugeant sans doute insuffisant cet immatériel cadeau, la blonde fille d'Hécube éconduisit son donateur.

Le maître du Soleil résolut de se venger. Ne pouvant, de par les décrets de Jupiter, retirer la faculté divinatoire accordée il décréta que les prédictions de Cassandre ne seraient jamais crues.

Ce fut en réalité une dure vengeance. L'infortunée princesse prévoyait toutes les catastrophes et ne pouvait les empêcher puisqu'on n'ajoutait foi à aucune de ses prévisions. Pour ne l'avoir pas écoutée ses compatriotes perdirent leur cité et Agamemnon fut victime de Clytemnestre.

J'imagine que les philosophes solitaires, auxquels la réflexion permet de pressentir quelquefois l'enchaînement des événements, éprouvent des sentiments voisins de ceux jadis ressentis par Cassandre. Ils doivent se dire que l'arrêt d'incrédulité d'Apollon s'étend sans doute à toutes les prédictions des mortels essayant de dévoiler aux peuples les futurs dangers qui les menacent.

L'histoire montre, en effet, que les prédictions ne sont jamais écoutées alors même qu'elles s'appliquent aux événements les plus faciles à pressentir. On se souvient de Quinet lisant à travers « les signes qui sont dans le fond des choses » et bien avant Sadowa et Sedan, le redoutable danger dont nous menaçait l'Allemagne.

Sans remonter si loin il ne faut pas oublier qu'aucun des observateurs qui prédisaient la fatalité de la guerre actuelle et la nécessité de s'y préparer ne furent écoutés.

Jugeant leurs avis méprisables, pacifistes et socialistes continuèrent l'œuvre néfaste de dissociation des forces nationales. Un an à peine avant le conflit, un de nos professeurs les plus réputés de la Sorbonne publiait un long article où il prétendait prouver qu'une guerre avec l'Allemagne était complètement impossible. Ses savants collègues partageaient trop son opinion pour songer à la combattre.

Bien d'autres prévisions ne furent pas davantage entendues[1].

* * *

Au cours d'un des sermons qu'il prononce quelquefois du haut de la chaire d'une petite église de son village, le premier ministre de l'empire britannique, M. Lloyd George, après avoir montré ce que coûta le manque de prévision qui empêcha la préparation à la guerre, ajoutait :

« Ne commettons pas la même faute pour la paix, les erreurs que nous pourrions commettre en entrant dans la période de paix sans préparation, seraient encore plus désastreuses. Ce que nous ferons alors sera plus permanent. Nous donnerons une direction et une forme définitive aux choses, et comme le monde sera à ce moment-là dans un état de fusion, il se refroidira très rapidement et la forme qu'il prendra durera longtemps. »

* * *

Dans quelles limites les événements généraux qui déterminent l'histoire des peuples peuvent-ils être prévus?

Si compliqués que soient ces événements, ils se

---

1. Plusieurs journaux ont reproduit des pages de ma « Psychologie politique », publiée il y a quinze ans, où était annoncé, non pas seulement la guerre actuelle, ce qui était facile, mais aussi, ce qui l'était moins, la forme sauvage qu'elle revêtirait. Voici comment je décrivais les futurs conflits : « Mêlées formidables ignorant la pitié et dans lesquelles des contrées entières seront méthodiquement ravagées jusqu'à ce qu'elles ne renferment ni une maison, ni un arbre, ni un homme ».

Il serait inutile maintenant d'exposer les raisons sur lesquelles je fondais cette prédiction si contraire aux idées humanitaires alors régnantes.

trouvent dominés le plus souvent par quelques causes essentielles, analogues à ces grandes lois fondamentales de la physique, riches en résultats, bien que peu nombreuses. C'est ainsi, par exemple, que les lois de la thermodynamique formulées en quelques lignes régissent un ensemble de faits dont l'exposé complet demande plusieurs volumes.

La notion moderne de lois naturelles a fait disparaître l'encombrante légion de divinités capricieuses imaginées jadis pour expliquer tous les phénomènes, depuis la croissance des moissons jusqu'aux fureurs de l'océan.

De tous les dieux antiques le hasard reste le seul encore redouté aujourd'hui. On le fait intervenir d'ailleurs seulement quand les événements résultent de causes inconnues, ou trop nombreuses pour que des effets issus de leurs actions réciproques puissent être calculés.

Mais alors même que l'enchevêtrement des causes constituant le hasard semble inaccessible à nos investigations, il n'est pas impossible d'en déterminer les effets, à la simple condition que ce hasard puisse être interrogé un nombre suffisant de fois.

C'est justement ce que font les statisticiens en construisant d'après les données de l'expérience leurs tables de natalité, de criminalité, d'exportation, etc. Applicables au passé, elles le sont aussi à un prochain avenir.

Ces arides colonnes qu'aucune rhétorique n'anime en disent plus, cependant, sur la situation morale d'un peuple et sur son avenir que de longs discours. Elles ne nous révèlent pas la raison des choses, mais permettent de prévoir l'apparition de ces choses.

La plus sagace des sybilles antiques ne pouvait dire au tremblant visiteur qui l'interrogeait quand se termineraient ses jours et un savant moderne n'y parviendrait pas davantage. Mieux renseigné pourtant que les sibylles, il arrive à lire avec certitude dans ses tables le nombre des personnes d'un âge déterminé destinées à mourir fatalement dans un temps donné. Il sait y lire aussi le nombre des crimes, des morts violentes, des mariages, etc., qui, pour tel ou tel pays, seront observés dans un avenir rapproché.

Toute la vie matérielle et morale d'un peuple peut se traduire en courbes souvent susceptibles, comme je l'ai montré ailleurs, d'être formulées en équations. On peut donc énoncer la loi suivante :

Impossibles pour les événements individuels, les prévisions sont souvent faciles pour les événements collectifs.

* *
*

Les constatations précédentes montrent que les phénomènes sociaux se déroulent, comme les phénomènes physiques, sous l'influence de lois invariables. Elles montrent aussi que des observations très multipliées sont nécessaires pour découvrir ces lois. Or, l'histoire se compose surtout de faits particuliers qui ne se répètent pas et c'est pourquoi l'imprévisible la domine.

Mais si, dans l'état actuel de la science, il serait illusoire de parler de grandes lois historiques, on ne peut nier pourtant que la connaissance du caractère des peuples permet souvent de déduire leurs futures réactions en présence de certains événements, et par conséquent de prédire la direction générale de leur destinée.

De telles prévisions sont facilitées encore par l'application de certains principes généraux, suffisamment vérifiés au cours des âges. Nous sommes assurés, par exemple, que l'anarchie engendre toujours la dictature. On eût donc pu aisément prédire pendant la période sanglante de notre grande révolution, qu'elle se terminerait par la domination d'un maître.

En se basant sur des principes différents mais aussi sûrs, il eût été également facile, quelques années plus tard, de prophétiser que l'artificiel empire de Napoléon ne durerait pas plus que celui de Charlemagne. Trèsfacile encore de prédire que l'hégémonie militaire mondiale rêvée par l'Allemagne ne présentait aucune chance de réalisation durable.

Mais, comme je le rappelais plus haut à propos de Cassandre, alors même qu'il existerait des esprits assez sagaces pour déchiffrer le livre du destin leur science ne servirait à personne. Les peuples n'acceptent que les vérités qui leur plaisent et les hommes d'État moderne sont trop esclaves de l'opinion pour en rechercher d'autres.

CHAPITRE II

Rôle de la nécessité dans la destinée des peuples.

Nous venons d'examiner quelques-uns des éléments qui permettent certaines prévisions générales sur la destinée des peuples. Il en est d'autres encore, mais leur étude détaillée dépasserait trop le cadre de cet ouvrage.

L'un d'eux, cependant, *la nécessité*, joue un rôle assez important pour que nous lui consacrions un court chapitre.

Sous le nom de destin, la nécessité exerça sur l'esprit des peuples anciens une influence considérable.

Au sommet de l'Olympe, ils avaient placé le grand Jupiter. Maître souverain des dieux, dominateur du ciel étoilé et des mers ténébreuses, il était fort redouté. Les mortels tremblaient quand la foudre révélait son courroux.

Et cependant le pouvoir de ce puissant maître n'était pas absolu. Très au-dessus de lui, dans des régions inconnues vivait, solitaire et sans cour, une divinité mystérieuse dont les dieux et les hommes subissaient les lois.

Cette divinité suprême s'appelait le Destin. Elle ne possédait aucun temple. La sachant inflexible, on ne l'implorait pas.

Les philosophes antiques, y compris Platon, ne

réussirent pas à préciser la nature de ce pouvoir suprême auquel les dieux eux-mêmes devaient obéir. Il semble avoir synthétisé cet ensemble de lois supérieures à nos volontés : Force des choses, Nature, Providence, etc. qui, malgré des siècles d'investigations, restent très mystérieuses encore.

La conception de l'inexorable Destin dut naître dans l'imagination des hommes le jour où l'expérience parut montrer que si nos volontés peuvent s'exercer jusqu'à une certaine limite, elles deviennent impuissantes ensuite à modifier le cours des choses. Dans les grandes circonstances de la vie des peuples, les maîtres des empires, après avoir dirigé les événements, sont entraînés par eux et ne les dominent plus.

Cette impuissance des volontés humaines, à certaines phases de l'évolution des choses, avait beaucoup frappé Napoléon. Il est souvent revenu dans ses écrits, sur l'impossibilité d'empêcher des événements qu'il voyait se former.

Le pouvoir des forces supérieures dont l'ensemble constitue *la nécessité*, est formidable. Il maintient les peuples dans une voie déterminée et peut devenir un prodigieux générateur d'efforts. C'est la nécessité je l'ai déjà rappelé dans un autre chapitre, qui fit surgir pendant la guerre, les usines, les canons, les hommes et transforma toutes nos conditions d'existence et notre mentalité même. Sous sa main rigide l'impossible finit par devenir possible.

Elle fit notamment réaliser à diverses industries des progrès qui n'eussent peut-être pas été obtenus en dix ans de paix.

Il faudrait un volume pour en montrer les résultats. C'est ainsi par exemple que sous la poussée des besoins, la puissance des moteurs d'avion passa progressivement de 80 à 200, 300, 450 chevaux. La vitesse de ces avions s'éleva de 80 à 220 kilomètres à l'heure. En même temps le poids des moteurs se réduisait de 2 kg. à 0 kg. 8 par cheval, c'est-à-dire de plus de moitié. Près de 90.000 moteurs représentant une dépense de plus de deux milliards ont été construits durant la guerre. On en construisait 49 par mois au début de la guerre et plus de 4.000 en octobre 1918 alors que la lutte devenait de plus en plus aérienne.

J'ai choisi cet exemple entre mille parce qu'il s'applique à l'élément principal des futures batailles, mais d'une façon générale on peut dire que durant la guerre sous l'influence de la nécessité toute notre industrie s'est transformée.

La nécessité continuera sûrement son œuvre. C'est ainsi par exemple que les difficultés croissantes des moyens de transport et les résultats, désastreux pour l'industrie, de l'insuffisance du charbon conduiront forcément à supprimer l'opération barbare et coûteuse consistant à charger et décharger plusieurs fois des masses immenses de charbon pour les faire passer de la mine chez le consommateur. On arrivera forcément à transformer la houille en électricité, c'est-à-dire en force motrice, sur le point même de son extraction. Cette force motrice sera ensuite distribuée par des fils métalliques sur tous les points où on en aura besoin. Les chemins de fer se trouveront ainsi allégés d'une grande partie de leur travail.

*
* *

Dans la plupart des guerres antérieures, les hommes d'État voyaient clairement les buts poursuivis. Ils savaient qu'un petit nombre de batailles déciderait de la partie engagée et que, gagnée ou perdue, les choses reprendraient ensuite leur cours.

Il n'en est plus de même aujourd'hui. L'avenir reste

enveloppé de ténèbres où se perçoivent seulement de faibles lueurs.

Faut-il craindre que l'homme, après avoir vaincu tant de fatalités naturelles, édifié de brillants empires, ne puisse empêcher ces effroyables hécatombes qui finiraient, en se répétant, par amener l'anéantissement de nos civilisations ?

Une future guerre serait, sans doute, plus meurtrière et plus ruineuse encore que celle dont nous sortons. Dès le jour de sa déclaration, d'immenses escadres d'avions munis d'obus incendiaires perfectionnés iraient brûler les villes et asphyxier leurs habitants. De grandes cités se trouveraient presque instantanément anéanties. Ce serait la fin définitive de l'Europe.

L'irrésistible action de la nécessité, dont l'histoire a tant de fois prouvé la force, nous protégera peut-être plus sûrement que toutes les alliances. Nous examinerons son influence possible dans un chapitre qui servira de conclusion à cet ouvrage. Bien souvent déjà, elle a dénoué des problèmes qui semblaient insolubles.

CHAPITRE III

Les erreurs du principe des nationalités
et ses conséquences.

L'évolution des principes guidant la vie des peuples est un des éléments les plus intéressants de leur histoire. Pendant de longs siècles des milliers d'hommes se font tuer pour établir le triomphe d'une conception qui les a séduits, puis arrive le moment où ils luttent furieusement dans le seul but d'anéantir cette même conception. On bâtirait une immense cité avec les ossements des hommes morts pour établir un principe, puis pour le détruire.

Le principe des nationalités qui bouleverse aujourd'hui le monde a connu ces fortunes contraires. Pendant mille ans, tous les peuples de l'Europe ont été en guerre afin de fonder de grands Etats aux dépens des petites nationalités. Les nouveaux maîtres du monde poursuivent actuellement un but opposé en tâchant de libérer les petits pays de la domination des grands Etats dont ils avaient fini par faire partie.

Pourquoi tant de peuples réclament-ils aujourd'hui l'autonomie, au nom du principe des nationalités et que signifie pour eux cette autonomie?

Elle signifie qu'ils veulent être délivrés de toute domination étrangère et se gouverner eux-mêmes.

Cette aspiration résulte de ce que, malgré tous les efforts de gouvernements évidemment intéressés à maintenir la concorde il arrive toujours, quand les peuples gouvernés sont composés de diverses races, que les plus faibles se trouvent fatalement opprimées par la plus forte.

Des faits innombrables montrent l'étendue de cette oppression. Quand le dernier empereur d'Autriche amnistia les condamnés politiques, le jour de son avènement, dix-huit mille sortirent des cachots où les autorités appartenant à la race dominante les avaient enfermés.

*
* *

Le principe des nationalités fait partie du stock de conceptions, peu nombreuses avec lesquelles les diplomates orientent leur conduite. Très solides en apparence, elles sont souvent assez fragiles en réalité.

La définition du principe des nationalités semble facile. « C'est, disent les dictionnaires, le principe en vertu duquel les races qui ont une origine, des traditions et une langue communes, doivent former un seul Etat politique. »

Rien ne serait plus simple si la nationalité était uniquement fondée sur la race, mais il en est tout autrement. J'ai montré ailleurs qu'une nationalité peut être constituée par quatre éléments fort différents, rarement réunis chez un même peuple : la race, la langue, la religion et les intérêts.

La race, contrairement à l'opinion courante, est de ces divers éléments le moins actif, simplement parce que la plupart des races actuelles résultent de croisements. En Europe, on ne trouve généralement que des races historiques, c'est-à-dire des races hétérogènes, formées par le hasard des conquêtes, des émigrations ou de la politique.

Sous l'influence de milieux communs, d'intérêts communs, de langues et de religion communes, ces races hétérogènes peuvent arriver à se fusionner et former une race homogène[1].

La fusion entre peuples différents est l'œuvre des siècles. Ne pouvant disposer du temps, les fondateurs de divers empires, Turquie, Russie et Autriche notamment, l'ont simplement remplacé par la force. Leur œuvre est toujours restée pour cette raison un peu artificielle et les populations, soumises en apparence, ne se sont pas encore fusionnées.

*
* *

Au cours de la guerre, les Alliés ont indiqué comme un de leurs principaux buts de guerre la libération des nationalités. Dans un discours au parlement anglais M. Asquith disait :

« Il n'y a pas de ferments de guerre et de causes de guerre plus nocifs que l'existence de nationalités détachées, mécontentes et artificiellement séparées de leurs vrais foyers et de leur consanguinité. »

Au fond, ce que l'on cherche dans la solution du problème des nationalités, c'est le moyen de libérer les minorités opprimées du joug d'une majorité oppressive. Le problème paraît aussi difficile que d'empêcher l'aiguille d'une balance de pencher du côté où le plateau est le plus chargé.

Il sera surtout difficile dans les pays où plusieurs

---

1. Le lecteur que ces questions pourraient intéresser les trouvera développées dans mon petit volume : *Lois psychologiques de l'évolution des peuples.*

nationalités se trouvent enchevêtrées sur le même territoire. La tolérance de la majorité gouvernante dépendra beaucoup plus de la mentalité de ses représentants que des lois égalitaires formulées. Une majorité homogène sera toujours hostile à une minorité hétérogène simplement parce que la force des lois est bien faible devant celle des mœurs.

*
* *

Le principe des nationalités a orienté les hommes d'État pendant plusieurs siècles, mais tout autrement qu'aujourd'hui.

L'histoire politique de l'Europe peut être divisée en deux périodes. La première, dont la durée dépassa mille ans, comprend la formation des grands États aux dépens des petites nationalités. Pendant la seconde, d'origine récente, au nom du même principe des nationalités, les grands États lentement formés : Autriche, Turquie et Russie notamment, se désagrègent en provinces indépendantes.

La fusion de petits États en puissantes nations avait semblé une des lois les plus constantes de l'histoire. La France, l'Angleterre, l'Allemagne et l'Italie, jadis composées de provinces séparées, sont des types de cette fusion.

Elle n'était pas, d'ailleurs, générale. A côté des grands États, de petits pays : Hollande, Suède, Danemark, etc., avaient réussi à garder leur indépendance et prétendaient la conserver.

Les théoriciens allemands ne reconnaissaient pas cependant aux petits peuples le droit de vivre à côté de grandes nations sans être absorbés par elles. Si l'Allemagne avait triomphé dans la dernière guerre, il ne serait probablement pas resté en Europe un seul petit pays indépendant.

*
* *

Alors même qu'on admettrait la valeur du principe des nationalités, sa réalisation serait presque impossible.

Pour l'appliquer, en effet, il faudrait connaître les volontés réelles des peuples. On n'a trouvé encore d'autres moyens d'y réussir qu'un plébiscite, mais les gouvernants qui ont introduit dans les pays soumis leurs fonctionnaires et leurs créatures arriveront toujours à obtenir des votes favorables en les falsifiant au besoin. Le plébiscite ne serait applicable qu'aux pays où il est inutile, c'est-à-dire à ceux dont les sentiments des populations rivales en présence sont nettement connus, Tchèques et Polonais par exemple.

Ces difficultés d'appliquer le principe des nationalités ont été jadis bien marquées au parlement autrichien dans les termes suivants, par le comte Tisza :

« Dans les territoires où les races et les nations sont mélangées, il est impossible que chaque race constitue un État distinct. Là, on ne peut créer que des États sans caractère national, autrement le peuple dominant imprime seul à l'État son caractère national spécial. Le principe des nationalités n'est donc applicable que dans la forme limitée comme le définit justement le président des États-Unis en disant : « On doit garantir à chaque peuple sa vie propre, le libre exercice de sa religion, son libre développement individuel et social. »

Remarquons d'ailleurs, qu'il s'en faut de beaucoup que le principe des nationalités soit universellement admis. Rejeté naturellement par les grands empires, tels que l'Angleterre, il l'est également par certains petits pays, la Suisse notamment.

*
* *

On ne saisit bien l'importance d'un principe qu'en étudiant ses applications.

Il est tout d'abord visible que le principe des nationalités conduirait à la formation de petits Etats et à la destruction des grands empires.

En ce qui concerne la dissociation des grands empires, l'expérience russe est catégorique. C'est au nom du principe des nationalités qu'elle se désagrégea presque instantanément en plusieurs provinces, dès que la Révolution triompha.

Loin de combattre cette désagrégation les socialistes l'ont nettement encouragée. Pendant la conférence de Brest-Litovsk, le gouvernement russe déclara être « complètement d'accord avec le principe de la reconnaissance du droit de chaque nation de disposer de son sort en allant jusqu'à la séparation ».

C'était accepter sans protestation la séparation de l'Ukraine qui venait, après d'autres provinces, de se constituer en république indépendante.

Et ici apparaît la puissance mystique exercée par un principe sur les serviteurs de ce principe. Aucun des bolchevistes ne comprit que la perte de l'Ukraine, presque grande comme la France, constituait pour la Russie un désastre immense. Politiquement, sa séparation entraînait la perte de la domination sur la mer Noire, l'abandon de toute influence dans les Balkans et du côté de Constantinople. Economiquement, le dommage était plus étendu encore. Cette province représentant la plus riche de la Russie en blé, en houille et en fer.

La Finlande et les provinces de la Baltique ont réclamé, elles aussi, leur indépendance, ou se sont placées plus ou moins ouvertement sous l'influence de l'Allemagne afin d'échapper à celle pire encore des socialistes. Par consentement des populations ou par occupation forcée, comme à Riga, les provinces baltiques allaient devenir allemandes. L'absorption ou le protectorat de la Courlande, de la Livonie, de l'Esthonie et de la Lithuanie eût été infiniment plus précieuse à l'Allemagne que la possession de l'Alsace et de toutes les colonies germaniques. Les richesses forestières et agricoles de ces pays sont en effet immenses.

Faire d'un grand empire une poussière de provinces sans force, et par conséquent sans défense, tel est le résultat auquel sont arrivés les socialistes russes en appliquant le principe des nationalités.

*
* *

L'Autriche est le second empire désagrégé par l'application du même principe.

La monarchie austro-hongroise comprenait une dizaine de nationalités parlant des langues différentes. Les trois plus puissantes étaient, en dehors de la Hongrie, les Polonais de Galicie, les Croates et les Tchèques. Chacune prétend aujourd'hui se gouverner elle-même, former un Etat indépendant et naturellement exercer la suprématie sur ses voisins.

La force véritable de l'empire d'Autriche résidait dans les aspirations contraires des races qui la peuplaient. Toutes se haïssaient immensément ; mais l'antipathie qu'elles avaient les unes pour les autres dominant de beaucoup celle professée contre leur gouvernement, la tyrannie de ce gouvernement leur semblait plus supportable que celle de groupes rivaux. L'empire d'Autriche reposait sur un équilibre de haines.

Nous venons de voir les conséquences du principe des nationalités appliqué dans les grands empires. Dans de petits pays comme les Balkans, où la même province, la même cité, le même village sont divisés en populations séparées par la religion, la race, la langue, les coutumes, il a immédiatement engendré la plus sanglante anarchie. Dès qu'ils furent libérés du joug turc, les Balkaniques se précipitèrent les uns sur les autres et se déchirèrent furieusement.

*
* *

Le principe des nationalités, si simple quand il reste dans le domaine des spéculations chères aux diplomates, est donc, en réalité, hérissé de difficultés.

Les siècles les avaient à peu près résolues en amenant les peuples, réunis par le hasard des conquêtes sur le même territoire, à s'unifier lentement sous l'influence d'institutions communes, et à former ainsi des populations homogènes. La France, l'Angleterre et même l'Italie en sont des exemples. En France les petites patries de jadis, Bretagne, Bourgogne, Aquitaine, etc., avaient fini par se fondre en une grande patrie. C'est grâce à cette fusion qu'à l'instabilité des premiers âges, la stabilité avait pu succéder.

Mais les événements n'ont pas permis au temps d'accomplir partout son œuvre. Les théoriciens sont venus combattre son action. Il va falloir recommencer, au nom de leurs principes, une réorganisation mondiale dont nul ne saurait prédire l'issue. Prétendre orienter les pensées et les sentiments des hommes dans un sens contraire à l'évolution ancienne qui guidait leur marche, conduit forcément à des conséquences inconnues. L'une des plus probables sera un état de guerre permanent entre tous les petits pays et leur misère profonde.

L'avenir appartient-il, comme le soutenaient les Germains, à de grands Etats devenus chaque jour plus puissants, ou au contraire comme le veulent les théories nouvelles à des fédérations de petits Etats indépendants? C'est le secret des âges prochains.

Les peuples sont entraînés dans des tourbillons de forces morales dont les effets restent ignorés.

Mais si nous voulons juger de la valeur actuelle d'une conception politique pour laquelle tant d'hommes sont morts et sont destinés à mourir, nous pouvons dire que le principe des nationalités, avec les fragments de vérité qu'il contient, et les espérances qu'il fait luire, appartient à la famille des grandes illusions mystiques qui, à certaines périodes de l'histoire, ravagent le monde et transforment la vie des peuples.

CHAPITRE IV

Les périls de l'Etatisme.

Des considérations développées dans plusieurs chapitres de cet ouvrage, il résulte que, ne possédant pas un critérium pour certaines valeurs morales, nous pouvons seulement les juger par leurs effets.

La philosophie pragmatiste, très répandue en Amérique, n'a pas d'autres bases. Elle recherche si une idée politique, religieuse ou sociale engendre des résultats utiles ou nuisibles sans se préoccuper de sa valeur théorique.

C'est donc en considérant les effets déjà produits qu'on peut déterminer la valeur de la croissante intervention étatiste dans la phase économique du monde qui vient de s'ouvrir.

Suivant les apôtres de l'étatisme, le gouvernement, en raison de sa supériorité supposée, devrait gérer l'ensemble des activités industrielles et commerciales d'un pays en ôtant aux citoyens leurs initiatives, et par conséquent leur liberté.

Cette conception constituait déjà un des rêves du socialisme avant la conflagration mondiale.

La guerre l'a momentanément réalisé. D'impérieuses nécessités militaires obligèrent les gouver-

nants à absorber toutes les forces de chaque pays
pour les orienter vers un même but. Un pouvoir
dictatorial pouvant seul opérer une telle concentration, il fut établi partout. Des peuples jadis très libres,
tels que les Américains, acceptèrent une dictature
étatiste qu'ils savaient nécessaire mais, la lutte terminée, ils la rejetèrent aussitôt.

*
* *

Il n'en a pas été de même chez les peuples latins.
Leur ancienne tendance à faire tout diriger par l'Etat
s'est notablement développée depuis la fin de la
guerre. Les projets d'extension de l'influence étatiste
qui se formulent chaque jour en fournissent la preuve.

Contre ces projets d'absorption, industriels et
chambres de commerce protestent vainement. Ils
savent très bien que les réalisations dont nous
sommes menacés deviendraient vite une cause d'irrémédiables ruines.

Rien de plus déprimant pour un pays, en effet, que
le remplacement de l'initiative privée par celle de
l'Etat. L'initiative qui ne s'exerce pas s'atrophie bientôt et nous étions loin d'en posséder un excès. Ce
n'est pas assurément par trop d'initiative que nos
diplomates, nos généraux et tous nos dirigeants ont
péché pendant la guerre.

Mais, sans même tenir compte de la paralysie des
initiatives créée par le développement de l'étatisme,
l'expérience enseigne depuis longtemps que les
entreprises gérées par l'Etat sont coûteuses et d'une
exécution médiocre.

La France a traversé bien des crises graves depuis
les lointains débuts de son histoire. Aucune, peut-
être, ne menaça autant son existence que les deux
périls qu'elle a vus surgir depuis quelques années :
le péril allemand et le péril étatiste.

Grâce à quatre années de prodigieux efforts, à la mort de quatorze cent mille hommes et à 200 milliards de dépenses, nous avons pu triompher du péril allemand.

Reste maintenant le péril étatiste. Moins visible que le premier, il pourrait devenir aussi dangereux en amenant d'irrémédiables défaites économiques.

Déjà, avant la guerre, il avait contribué à cet état de décadence industrielle et commerciale révélé par les statistiques que j'ai rappelées dans cet ouvrage.

Notre victoire militaire ne saurait marquer la fin de toutes les formes de conflits. Aux guerres à coups de canon vont succéder des guerres économiques. Les peuples ayant des intérêts divers et parfois contradictoires, les Alliés d'aujourd'hui pourront, tout en restant militairement unis, devenir rivaux demain.

Dangereuses seraient les illusions sur ce point. Les esprits éclairés savent d'ailleurs s'en garder. L'extrait suivant d'un rapport fait à la Chambre, au nom d'une grande commission, le montre nettement.

« A la signature de la paix, la guerre économique s'imposera plus âpre que jamais entre toutes les nations et chacune d'elles gardera jalousement tout ce qui sera susceptible d'accroître sa puissance maritime marchande au regard et souvent au détriment des autres. Avant même que la guerre menée en commun ne soit finie, la compréhension de l'égoïsme national économique subsiste malgré tout. »

*
* *

Au point de vue économique, les peuples civilisés modernes peuvent se diviser en deux classes : peuples individualistes, peuples étatistes.

Parmi les peuples individualistes figurent les Anglais et surtout les Américains. Chez eux, l'action de l'individu est portée à son maximum et celle de l'Etat réduite au minimum. Le rôle de ce dernier se limite strictement aux questions d'intérêt général : armée, police, finances, notamment.

Chez les peuples étatistes, — et tous ceux dits latins le sont plus ou moins — l'influence de l'Etat est, au contraire, prépondérante, et, sous la poussée socialiste, elle grandit chaque jour. L'Etat arrive, progressivement, à tout diriger, tout gérer, tout monopoliser et intervient de plus en plus dans les moindres actes des citoyens.

La classification que je viens d'indiquer est forcément sommaire. La compléter entraînerait trop loin. Il faudrait constater, par exemple, que le Français, étatiste en ce qui concerne les intérêts collectifs, est au contraire individualiste pour ses intérêts personnels. Il faudrait aussi marquer pourquoi l'étatisme latin est sans analogie avec l'étatisme germanique. C'est à des initiatives privées et non à l'Etat que sont dues les grandes entreprises industrielles qui constituaient la puissance économique de l'Allemagne.

*
* *

Les nécessités de la guerre ayant condamné tous les belligérants à subir un étatisme absolu il était naturel que les intérêts privés fussent alors sacrifiés aux intérêts collectifs.

La guerre terminée, les Américains ont immédiatement rejeté l'étatisme. M. Wilson l'a fait remarquer avec une juste fierté dans un de ses messages.

« Pendant toute la durée de la lutte le gouvernement américain avait dû grouper toutes les énergies matérielles du pays, les atteler ensemble sous le même harnais pour mieux tirer le fardeau commun et mener à bien notre lourde tâche. »

« ... Aussitôt que nous avons su que l'armistice était signé, nous avons jeté le harnais. Le grand matériel des industries et les machines qui avaient été accaparées pour l'usage du gouvernement ont été rendus aux usages auxquels ils servaient avant la guerre.

... Notre peuple n'attend pas d'être conduit. Il connaît son affaire ; il se débrouille rapidement dans tout nouvel état de choses ; il va droit au but et compte sur lui-même dans l'action.

Toutes les règles de conduite que nous pourrions chercher à lui imposer deviendraient vite parfaitement inutiles, *car il n'y ferait aucune attention et irait son chemin.* »

Suivant sa constante tradition, l'Américain confie ses entreprises industrielles à des hommes d'affaires, alors que nous faisons conduire les nôtres par des fonctionnaires généralement très étrangers aux affaires.

*
* *

La disparition de l'étatisme aux Etats-Unis s'est opérée rapidement, parce qu'il était absolument opposé à la mentalité américaine.

Toutes les lois restrictives qui se multiplient, en France, montrent au contraire que, loin de s'atténuer, notre politique étatiste va s'aggraver et peser lourdement sur le travail national.

Réquisitionner, taxer, ordonner, interdire suivant le bon plaisir des plus incompétents agents, enfermer chaque entreprise dans un inextricable et paralysant réseau de formalités tracassières, destructrices de toutes les initiatives, tel est l'avenir dont on nous menace.

S'il se réalise, nous serons fatalement vaincus dans la terrible lutte économique qui se prépare et les Germains, dont la puissance industrielle avant la guerre était si grande, reprendront vite leur domination économique. Or, dans l'évolution actuelle du monde, les dominations économiques seront les plus redoutables.

Malheureusement pour notre avenir, l'étatisme constitue chez les peuples latins un besoin mental fort ancien. Il est peu de partis politiques en France qui ne réclament sans cesse l'intervention de l'Etat.

Cette constatation m'a fait écrire autrefois que notre pays, si divisé en apparence, ne possède, sous des étiquettes diverses, qu'un seul parti politique, le parti étatiste, c'est-à-dire celui qui demande sans trêve à l'Etat de nous forger des chaines.

*
* *

La base psychologique fondamentale de la production est l'initiative stimulée par le *risque* et le profit. Dès que la responsabilité s'évanouit, comme dans l'organisation anonyme de l'Etat, l'initiative disparaît. Quelle raison aurait le fonctionnaire de s'intéresser à un travail dont il ignore le rendement et ne retire aucun profit? Il est d'ailleurs enveloppé dans un réseau de circulaires et de règlements qui lui interdirait la moindre initiative si, par hasard, il y songeait. Cette initiative serait, d'autre part, immédiatement paralysée par l'intervention de ses chefs. Avec la meilleure volonté du monde il ne peut être que le rouage d'une machine. Observer strictement le règlement, c'est tout ce qu'on lui demande.

Telles sont les raisons pour lesquelles, dès que l'Etat intervient dans une industrie, cette industrie dépérit.

« Je viens de passer quatre années de guerre dans un établissement industriel de l'Etat, écrit l'ingénieur R. Carnot. Connaissant l'industrie privée, j'avais en y entrant, — pourquoi le cacherais-je? — des idées plutôt socialistes. A voir, aussi bien par le menu que dans son ensemble, le fonctionnement de la machine industrielle étatiste, mes illusions se sont envolées et je quitterai l'uniforme complètement désabusé...

Ce qu'il y a de particulièrement grave, c'est l'antinomie absolue qui existe entre le concept d'industrie, tel que le réalise le monde moderne, et celui d'une administration d'Etat. »

L'auteur donne dans son livre de nombreux exemples montrant à quel point l'intervention étatiste peut devenir désastreuse. A l'usine de construction de Bourges, placée sous la direction d'un ministre socialiste, les ouvriers travaillaient à la journée avec faculté de toucher une prime pour surproduction de travail. Le Ministre ayant accordé la prime à tous les ouvriers, la baisse de la production fut instantanée. Les circonstances ayant permis de revenir sur cette désastreuse mesure, le résultat fut immédiat. « Le rendement se trouva parfois dépasser le triple de ce qu'il était antérieurement. »

Le même auteur donne un autre exemple, également frappant, des conséquences de l'intervention étatiste. Un ministre socialiste, chargé de la Direction de la marine marchande, ayant eu l'idée d'instituer des primes basées sur le nombre des jours de navigation, les équipages avaient tout intérêt à allonger les voyages et à ralentir les opérations de chargement et de déchargement. Le résultat final fut que les bateaux charbonniers réquisitionnés par l'Etat avaient un rendement inférieur de 40 à 50 p. 100 à celui des navires dirigés par les importateurs de charbon travaillant pour leur compte.

Mêmes résultats dans les ateliers de chemins de fer. Les pouvoirs publics ayant décrété la suppression du travail à la tâche, le rendement de la main-d'œuvre diminua de plus de 50 p. 100.

Une des causes du coût de l'étatisme est le nombre d'employés qu'il nécessite. Un fait rapporté par le *Matin* du 5 Juin 1920 en donne un frappant exemple. Après avoir vainement tenté de liquider les stocks américains, besogne que les employés chargés de l'exécuter avaient tout intérêt à faire durer, l'État se décida à charger des industriels de liquider quelques stocks. Les résultats furent immédiats. Le négociant chargé des stocks d'Aubervilliers commença par remplacer les 525 employés de l'Etat par 8 agents. Ces 8 employés suffirent à terminer la liquidation rapidement.

L'étatisme français est le plus coûteux de tous. Il a été rappelé à la Chambre des Députés, dans sa séance du 22 mars 1920, que le budget de l'Alsace-Lorraine, qui se chiffrait en 1914 sous le gouvernement allemand par 150 millions, s'élève à 405 millions aujourd'hui. A l'administration générale, le nombre des employés a triplé.

L'Etat moderne a fini par se charger d'une foule de fonctions. Il exploite des chemins de fer, des fabriques de tabac et d'allumettes, des navires, des imprimeries, en un mot une cinquantaine de professions gérées par plus d'un million d'employés.

Toutes ces entreprises sont conduites avec des méthodes absolument différentes de celles adoptées dans le commerce et l'industrie. L'Etat ne se préoccupe jamais des prix de revient. Les employés ne sont nullement intéressés aux bénéfices et aux économies de ces entreprises. Un devis établi d'avance est sans aucun rapport avec les prix d'exécution. C'est ainsi que la reconstruction de l'imprimerie nationale qui, d'après les devis, ne devait pas dépasser trois millions, en a déjà coûté plus de quatorze. L'Etat moderne représente en réalité une grande maison de commerce gérée par des employés anonymes et irresponsables et où, depuis le chef jusqu'au dernier des agents, personne ne s'intéresse au succès de l'entreprise.

*
* *

L'étatisme, comme le fait remarquer un éminent économiste, M. Raphaël George Lévy, a été une des causes de la vie chère :

« C'est l'Etat qui a été le premier instigateur du mal, en accordant aux ouvriers des usines de guerre des salaires excessifs, en concluant des marchés à des taux tellement élevés qu'il a fallu décréter un impôt spécial sur les bénéfices qui en découlaient ; c'est lui qui a distribué des milliards à tort et à travers, sans se soucier de savoir au moyen de quelles ressources il les obtiendrait ; c'est lui qui, en présence de ses coffres vides, n'a pas trouvé d'autre moyen de les remplir que de contraindre la Banque de France à fabriquer de nouveaux milliards de papier. C'est lui qui est intervenu pour réglementer les importations, les exportations, les transports ; c'est lui qui a prétendu déterminer les marchandises que l'on pourrait introduire en France et dresser une liste de proscription contre certaines d'entre elles, et non des moindres ; c'est lui qui a relevé les barrières douanières, au moment où nous avons un besoin pressant de beaucoup d'objets fabriqués ou récoltés à l'étranger ; c'est lui qui, par ses taxations maladroites ou intempestives, a tantôt ralenti ou arrêté, tantôt surexcité la production. »

La Chambre de commerce de Roanne décrivait récemment quelques-uns des résultats obtenus par l'Etat, quand il se substitue à des industriels responsables de leurs actes.

Un grand journal en a extrait l'exemple suivant :

« Des *délégués* ouvriers demandent, pour l'exécution d'un ouvrage, 25 heures. Le chef d'atelier estime que 12 heures sont suffisantes. Devant le désaccord, il est fait appel, à titre d'expérience, à une équipe de prisonniers de guerre dont l'effort de travail n'est, comme chacun pense, aucunement exagéré. Ils effectuent le travail en 6 heures. *Néanmoins l'officier a dû le payer* PAR ORDRE *à raison de 25 heures.* »

Le gaspillage des deniers publics dans les gestions étatistes dépasse toute imagination.

Conséquences : renchérissement général des produits ; difficulté croissante d'existence pour les travailleurs libres ; hausse artificielle de la main-d'œuvre.

Au régime étatiste, forme moderne de l'esclavage, on pourrait se résigner si l'Etat avait, du moins, manifesté dans la gestion des entreprises une capacité supérieure à celle des citoyens.

Or, c'est précisément, je le répète, le contraire qu'enseigne l'expérience. Des faits innombrables ont surabondamment démontré que la gérance de l'Etat, qu'il s'agisse de chemins de fer, de monopoles, de navigation ou d'une industrie quelconque, est toujours très coûteuse, très lente et accompagnée d'incalculables désordres.

En temps de paix, quand les finances sont prospères, les inconvénients du renchérissement général des produits, par suite des interventions de l'Etat, peuvent sembler minimes. Ils deviennent désastreux lorsqu'un peuple se trouve écrasé de dettes au lendemain d'une guerre.

*
* *

Toute gestion étatiste, c'est-à-dire placée sous la conduite directe de l'Etat, semble immédiatement frappée de paralysie. On connaît la situation lamentable de notre marine avant la guerre, situation créée par les interventions étatistes qui la firent progressivement descendre du deuxième rang au cinquième.

Les causes de cette décadence ont été très bien indiquées dans un rapport fait à la Chambre au nom d'une grande commission parlementaire. Les conclusions du rapporteur furent nettes : « Ni unité de vues, ni efforts coordonnés, ni méthode, ni responsabilité définie. Négligence, désordre et confusion. »

Un des membres de la même commission, M. Ajam, évaluait à 700 millions le coût du gaspillage. L'expérience du rachat de l'Ouest par l'État fut beaucoup plus coûteuse encore.

Les exemples analogues sont d'ailleurs innombrables. On citera longtemps l'histoire de cette municipalité d'une grande ville qui, voyant s'enrichir l'entrepreneur fournisseur du gaz s'imagina qu'en faisant administrer l'usine par des fonctionnaires, elle encaisserait les mêmes bénéfices que l'industriel.

L'expérience fut catégorique. Loin de réaliser des bénéfices, la commune vit son budget progressivement grevé de sommes si énormes que le maire qui avait provoqué cet essai de socialisation se suicida de désespoir. Il mourut d'ailleurs sans comprendre les causes de son insuccès.

*
* *

Ce sont justement les causes de la décadence des entreprises dirigées par l'État qui échappent toujours aux partisans de l'étatisme. Pourquoi, disent-ils avec une apparence de raison, l'État qui choisit ses fonctionnaires parmi des hommes réputés très capables, puisqu'ils sont chargés de diplômes, ne réussirait-il pas aussi bien que des industriels généralement moins savants ?

L'État ne réussit pas pour deux raisons, l'une d'ordre administratif, l'autre de psychologie. La première serait à la rigueur réductible, mais la seconde ne l'est pas et ne pourra jamais l'être.

La cause d'ordre administratif tient à une organisation défectueuse de services sans coordination, séparés par des cloisons étanches. La moindre affaire est entourée d'innombrables formalités et passe par une longue série de bureaux qui obéissent à des impulsions différentes et mettent des mois à l'examiner.

Tout autre est l'organisation d'une entreprise industrielle. Ses chefs ont intérêt à terminer rapidement, en les exécutant le mieux possible pour satisfaire le client, les entreprises qui leur sont confiées. Sous peine de ruine, les pertes de temps et le gaspillage leur sont interdits.

La deuxième cause de l'infériorité du travail étatiste, celle d'ordre psychologique, est, comme je le disais, absolument irréductible. Elle tient, en effet, à cette loi mentale bien simple, expérimentalement vérifiée des milliers de fois, que l'homme travaillant pour un intérêt général a beaucoup moins de valeur que celui qui travaille pour son intérêt personnel.

D'autres influences aggravent cette infériorité. Dans le travail dirigé par des fonctionnaires, aucune initiative n'est possible. Moins possible encore le goût du risque qui conduit aussi bien à la ruine qu'à la fortune, mais sans lequel il n'est pas de progrès réalisable.

Pour amener, par exemple, l'automobilisme à son, perfectionnement actuel, beaucoup de chercheurs se sont ruinés, quelques-uns seulement ont fait fortune. Peut-on supposer un seul instant que, si l'Etat avait monopolisé la construction automobile à ses débuts, elle eût réalisé les progrès que nous admirons? Aucun employé n'aurait osé engager sa responsabilité dans de coûteuses recherches ne devant rien lui rapporter et dont l'insuccès possible eût certainement nui à son avancement.

*
* *

L'étatisme est généralement une conséquence de la structure mentale d'un peuple mais, quelle qu'en soit la cause, ses résultats se trouvent les mêmes partout, même en Amérique quand il s'y est momentanément établi. Les chemins de fer américains ont été, on le sait, étatisés pendant la guerre. La liberté leur fut rendue après la paix mais ils sont ruinés et près de la faillite. Malgré l'augmentation des tarifs, l'ensemble des frais d'exploitation s'éleva de 95 p. 100 sous la gestion d'Etat. Ce fut un vrai désastre, car l'ensemble de l'exploitation des chemins de fer aux Etats-Unis qui représente un capital évalué à 90 milliards forme une importante partie du portefeuille des grandes banques américaines.

L'étatisme crée donc une transformation mentale qui apparaît spontanément avec lui.

S'il en fallait encore d'autres preuves, on rappellerait que les industriels qui, durant les hostilités, se sont trouvés mobilisés au service de l'Etat, perdirent du même coup leurs anciennes qualités pour prendre les défauts des fonctionnaires : peur des responsabilités, goût de la paperasserie et des formalités compliquées, gaspillage et désordre.

*
* *

Il sera intéressant un jour de rechercher ce que l'abus de l'étatisme a coûté au pays pendant la guerre. C'est à lui que sont dus pour une grande part comme je l'ai montré plus haut le renchérissement général et la disette dont nous souffrons encore.

Cette conclusion est justement une de celles du long rapport fait par M. Bergeon, le 11 octobre 1918, à la Chambre des députés, au nom d'une commission d'une quarantaine de membres appartenant à tous les partis et chargés d'examiner un projet de loi sur la réquisition de la totalité de la marine marchande par l'Etat, pendant la paix.

Le rapporteur n'eut pas de peine à montrer que l'étatisme avait réduit notre marine marchande à un grand degré d'infériorité vis-à-vis des peuples alliés et entraîné de profonds déficits dans les importations nécessaires pour le ravitaillement.

L'incohérence, au sujet de l'utilisation des navires réquisitionnés, fut prodigieuse. Alors que nous manquions de blé, nos bateaux revenaient de Bizerte presque vides, tandis que sur les quais de ce port pourrissaient des montagnes de céréales.

Ailleurs, c'étaient des bateaux oubliés durant des mois, attendant des ordres qui ne venaient pas. A Brest, le bâtiment *Général-Faidherbe*, coûtant dix-huit cents francs par jour et réquisitionné le 6 septembre, est resté « huit mois sans rien faire », etc.

Les faits de cet ordre ne constituaient nullement des cas exceptionnels. Le rapporteur l'a prouvé avec huit pages de tableaux montrant, par l'histoire de chacun des bateaux réquisitionnés, les énormes pertes de temps qu'entraîna l'incohérence étatiste.

Des armateurs qui auraient géré leurs compagnies de semblable façon eussent été promptement ruinés, mais de tels armateurs n'ont jamais existé.

Après avoir constaté que « les navires dirigés par l'Etat ont un' rendement déplorable », le rapporteur conclut, comme je le rappelais plus haut, que l'élévation générale du prix des objets de première nécessité fut la conséquence de l'administration étatiste.

On peut ajouter, d'ailleurs, que les faits établis par cette commission l'avaient été dans bien des rapports antérieurs à la guerre, relatifs aux causes de la décadence de notre marine. Ne nous étonnons pas qu'aujourd'hui comme jadis ils n'aient convaincu personne. L'étatisme est une croyance et à tous les àges les arguments furent impuissants à ébranler des croyances.

*
* *

L'étatisme représente l'autocratie d'une caste anonyme et, comme tous les despotismes collectifs, il pèse lourdement sur la vie des citoyens obligés de le supporter. Son nouveau développement n'engendrerait pas seulement la faiblesse de nos industries, mais la disparition de toutes nos libertés.

On conçoit l'horreur des Américains pour ce régime qui fait de l'homme un esclave. Ils l'ont supporté pendant la guerre mais pas une minute au delà. Si nous n'arrivons pas à refréner sa marche nous serons, je ne saurais trop le redire, rapidement vaincus dans la lutte économique qui va s'engager. Il apparaîtra alors à tous les yeux que l'étatisme, si pacifique en apparence, peut être plus désastreux que les plus destructives invasions. Son triomphe définitif chez un peuple engendrerait pour lui une irrémédiable décadence.

CHAPITRE V

Les futures croisades.

———

Les historiens de l'avenir éprouveront sans doute un certain étonnement en constatant que, malgré sa prétention de n'avoir que la science positive pour guide, le xxᵉ siècle dut recommencer au nom de croyances nouvelles l'âge des Croisades.

C'est bien une croisade qu'entreprit l'Allemagne pour établir son hégémonie au nom de la divine mission qu'elle s'attribuait et une autre croisade qu'entreprirent les nations désireuses de conserver leur indépendance. Des coins les plus reculés du globe accoururent des peuples n'ayant aucune conquête à espérer et prêts cependant à tout sacrifier pour défendre leur foi. Ce n'était plus comme jadis devant Jérusalem la croix opposée au croissant, mais deux croyances nouvelles inconciliables : l'absolutisme et la liberté.

* *

La croisade germanique n'est pas la seule que le monde semble appelé à voir se former. Une autre s'annonce déjà contre un danger fort menaçant.

C'est celle qu'il faudra entreprendre contre les oppressions et destructions que les théoriciens socialistes et syndicalistes rêvent d'infliger à la France comme ils les ont infligées à la Russie.

La foi socialiste a pesé sur toute notre politique depuis vingt-cinq ans.

Les étrangers savaient très bien que cette politique socialiste « pétrie d'ignorance autant que de malfaisance » avait conduit la France au bord de l'abîme et que son triomphe, rendu possible par l'apathie des autres partis, amènerait notre pays à une irrémédiable ruine. Dans un discours prononcé le 5 juillet 1918 l'un des plus considérables personnages des Etats-Unis, M. Walter Berry, s'exprime ainsi :

> « L'erreur de la France a été de se leurrer du mirage des lois sociales, tout en négligeant les lois de l'association et de la production.
>
> Ce qui fait la grandeur économique des Etats-Unis, c'est l'association des individus, c'est la coopération des classes, la collaboration du travailliste et du capitaliste, c'est la solidarité au lieu du socialisme destructif...
>
> S'il n'y a pas un milieu entre le militarisme et le bolchevisme, c'est-à-dire le socialisme destructif, mieux vaut que le monde croule tout de suite ! »

Les socialistes allemands qui inventèrent jadis la théorie de la lutte des classes l'ont pratiquement abandonnée depuis longtemps et ne la considéraient plus que comme un article·d'exportation, précieux pour désorganiser les peuples étrangers. C'est pourquoi ils l'établirent en Russie au moyen d'agents à leur solde. Les millions ainsi dépensés furent beaucoup plus utiles à l'Allemagne que ses canons.

La désastreuse expérience russe n'a pas entamé l'indestructible foi de nos socialistes. La guerre ne leur a rien appris. Incapables d'évoluer, ils remâchent sans trêve les mêmes formules, douées pour eux d'une magique vertu.

Et si l'on veut comprendre comment des hommes

éclairés peuvent devenir victimes d'illusions dont quelques-unes ne sauraient résister au plus superficiel examen, il faut toujours se souvenir que le socialisme étant une religion beaucoup plus qu'une doctrine tous les arguments tirés de la raison ou de l'expérience sont nécessairement sans action sur lui. Le socialiste convaincu croit à la bible de Karl Marx comme le Musulman croit au Coran. Les assertions de ces livres sacrés ne se discutent pas.

Sans doute, le nombre des purs croyants du socialisme dans les assemblées politiques reste minime, mais leur puissance est grande parce qu'une conviction forte s'impose toujours à des convictions faibles et surtout à l'absence de convictions. Or, les socialistes sont presque les seuls, en France du moins, possédant des convictions fortes.

Les éléments mystiques qui forment la trame du socialisme se trouvent puissamment étayés par deux sentiments extrêmement actifs : la haine et l'envie. Ils constituent ses grands agents de propagation.

On peut pressentir le rôle futur du socialisme par l'influence qu'il exerce déjà.

Nous sommes presque les seuls à ne pas pressentir de quel menaçant avenir la croisade socialiste est chargée. Quand les peuples n'auront plus qu'à opter entre le socialisme dont la Russie voit les effets et le militarisme, c'est-à-dire entre la tyrannie inorganique et la tyrannie organisée, ils choisiront forcément la seconde. Ce sera alors le règne absolu de la force et l'arrêt définitif de tous les progrès.

C'est ce qu'a très bien montré un des chefs les plus écoutés des travaillistes anglais, M. Henderson :

« Les ouvriers doivent comprendre, a-t-il dit, que les démocrates du monde entier sont à un carrefour, et que toute erreur dans le choix à faire peut conduire à l'anarchie, au désordre, au chaos, avec l'établissement du militarisme à perpétuité. Nous nous détournons du chemin qui conduit au désordre : nous ne pouvons pas être pour la substitution de la raison à la force dans les affaires internationales, et pour la révolution par la force au lieu de la construction pacifique dans la vie économique et sociale. »

Internationalistes, socialistes unifiés, bolchevistes et autres théoriciens, partisans de la paix entre les peuples, mais de la guerre civile à l'intérieur des nations, ne sauraient comprendre ce dilemme. Ils ont entrepris contre les sociétés une croisade aussi funeste que celle des Germains contre l'indépendance des peuples.

Aux prix des plus cruels sacrifices nous sommes arrivés à triompher de la croisade germanique. Il sera peut-être aussi difficile de vaincre la croisade socialiste.

Deux régimes redoutables : militarisme et socialisme menacent donc les civilisations modernes d'un retour prolongé vers la barbarie. Le militarisme est une forme de l'absolutisme féodal, le socialisme représente l'ultime expression du despotisme populaire. Les nations vraiment civilisées ne voudront bientôt plus de dictature. ni celle du prolétariat, ni celle du sabre.

LIVRE VII

LA DÉSORGANISATION POLITIQUE DE L'EUROPE

CHAPITRE I

Premières difficultés du problème de la paix.

S'il est exact que la véritable durée de la vie ne se mesure pas au nombre des jours, mais à la variété et à l'intensité des sensations accumulées pendant ces jours, on peut affirmer que les hommes d'aujourd'hui auront connu une vie singulièrement longue.

Ils ont contemplé, en effet, des choses que l'humanité n'avait pas encore vues et ne reverra probablement jamais.

Certes, le monde a plus d'une fois subi des bouleversements profonds. De grands empires ont sombré dans l'oubli, les peuples ont transformé leurs institutions et changé leurs dieux. Des civilisations brillantes ont péri tour à tour. Mais tous ces changements s'effectuaient lentement. L'empire romain mit des siècles à se désagréger et en réalité, il ne disparut jamais tout entier.

Aujourd'hui nous avons assisté à une série de catastrophes instantanées si loin des phénomènes prévisibles qu'elles eussent été considérées comme miraculeuses aux âges de foi.

Un esprit très perspicace aurait pu prédire avant la guerre la désagrégation de l'Autriche, peut-être aussi celle de la Russie et de la Turquie, mais comment eût-il soupçonné le brusque désastre de la formidable Allemagne ? Elle était arrivée au faîte de la puissance et le monde semblait menacé de subir ses lois. Puis en quelques semaines, vaincue partout, elle s'écroulait dans la honte et la désolation.

Cette succession de bouleversements engendrera sans doute de redoutables lendemains. Quels seront ces lendemains? Que va devenir, par exemple, en Autriche, cette poussière de petites nations rivales issues de la grande puissance qui les avait agglomérées après de séculaires efforts?

Si les leçons du passé devaient servir de guide on pourrait dire que l'Europe est menacée d'une série de guerres rappelant celles, livrées depuis le moyen âge, pour constituer avec de petits Etats les grands empires dissociés aujourd'hui.

Mais le monde a tellement évolué que les lois du passé ne semblent plus capables de régir l'avenir. Des principes nouveaux sont nés et, au nom de ces principes, les institutions et les croyances vont subir sans doute des transformations imprévues.

Les difficultés créées par la paix apparaissent considérables. Enumérons-en quelques-unes.

Une des premières, surtout en ce qui concerne l'Autriche, sera d'établir des relations pacifiques entre les Etats issus de sa désagrégation. Cet empire si ancien et si vaste s'est dissocié en petites provinces d'importance inégale, habitées par des populations : Slaves, Hongrois Allemands, etc., qui se détestent profondément.

La situation de tous ces États restera longtemps précaire. Les Alliés eussent certainement beaucoup gagné à garder une Autriche affaiblie, sans doute, mais conservant l'organisation et les traditions qui donnent à un peuple sa stabilité.

Songer à une fédération de tous ces fragments de nations, est bien difficile. Ils sont séparés par des intérêts trop opposés et des haines séculaires trop violentes.

Avec les idées nouvelles sur les nationalités, impliquant pour chaque pays le droit de réclamer son indépendance, il est probable, comme je le disais plus haut, que toutes ces minuscules nations retourneront aux lointaines périodes de l'histoire où l'Europe entière était divisée en petits États toujours en lutte. Mille ans de guerres avaient été nécessaires pour les agglomérer.

L'Autriche et aussi la Russie semblent donc menacées de revenir à la phase d'évolution où se trouvait la France lorsqu'elle était composée de provinces indépendantes et rivales : Normandie, Bourgogne, Bretagne, etc. L'avenir seul dira si cette régression, dont les discours des hommes politiques affirment la nécessité, constituera un progrès. J'en doute fortement.

Vis-à-vis de la Russie, les difficultés politiques ne seront pas moindres qu'en Autriche. Aucun pouvoir organisé n'a voulu traiter avec les dictateurs héritiers de la puissance des tzars. Il sera aussi malaisé de traiter avec les ébauches de petites républiques instables qui naissent chaque jour sur son sol et paraissent vouées à une existence éphémère. Comment, d'autre part, empêcher l'Allemagne de transformer la Russie en une colonie allemande ainsi qu'elle le tentait avec un succès croissant avant la guerre?

*
* *

Les difficultés à l'égard de l'Allemagne se révèlent d'un autre ordre, mais également considérables.

Le principal problème pour les alliés sera de l'empêcher de redevenir assez forte pour être dangereuse.

Tâche ardue. Vainqueur à Iéna, Napoléon croyait bien avoir paralysé la Prusse. Et cependant, peu d'années après sa défaite, notre éternelle ennemie avait reconquis son ancienne puissance.

Ce n'est pas assurément de suite que l'Allemagne reprendra la poursuite obstinée de son rêve d'hégémonie. Elle en est encore à cette phase d'incertitudes où le doute vient ébranler les plus solides croyances. Ses historiens, ses philosophes, ses chefs militaires lui avaient enseigné qu'étant supérieure à tous les peuples, elle avait le droit de les asservir. D'éclatantes victoires semblèrent au début justifier les prétentions de son orgueil.

Le réveil fut terrible. En quelques mois un échafaudage d'illusions s'est effondré sous la plus humiliante capitulation. Jamais, dans la suite des âges, un peuple n'était tombé si bas après s'être élevé si haut.

Les armes matérielles sont arrachées des mains de l'Allemagne pour longtemps, mais elle possède encore avec sa capacité industrielle cet arsenal d'armes psychologiques que nous avons étudiées dans un précédent chapitre et dont j'ai montré qu'elles sont plus efficaces parfois que les canons.

Que les dirigeants futurs de l'Allemagne soient impérialistes, démocrates ou socialistes, ils songeront toujours à la revanche et tâcheront de réduire la force de leurs adversaires en propageant chez eux des doctrines politiques capables de les désagréger.

L'illustre ministre français qui a tant fait pour obliger la victoire à changer de camp avait une lumineuse vision du danger qui nous menace lorsque le jour même de l'armistice il prêchait l'union des partis.

Nous avons miraculeusement triomphé du plus formidable danger qui ait menacé la France depuis les origines de son histoire. La Prusse rêvait l'anéantissement de notre pays comme puissance politique et la destruction par le feu de sa capitale. Bien que durement vaincue, elle ne renoncera pas, on ne le répétera jamais trop, à poursuivre le même but.

C'est en ayant bien présente à l'esprit cette menace que nous arriverons peut-être à maintenir l'union nécessaire non seulement entre les divers partis de notre pays mais aussi entre tous les alliés.

*
* *

La paix, pour être, sinon éternelle, du moins durable, devait différer complètement de celle rêvée par les socialistes. Réalisée suivant leurs doctrines elle n'eût constitué qu'une trêve préparatrice de guerres prochaines.

C'est pourtant une telle paix qu'ils persistent à défendre encore. Le jour même de l'armistice, les militants de la congrégation socialiste adoptaient un ordre du jour où ils demandaient « une paix honorable, une paix de justice, une paix républicaine pour la république allemande ». Ils montraient clairement leurs intentions en se plaçant sous la présidence d'honneur du socialiste allemand Liebknecht.

Un tel aveuglement s'explique difficilement quand on se souvient des conditions de paix que prétendait, en cas de victoire, nous imposer l'Allemagne et qui furent approuvées par leurs social-démocrates.

Bien difficile sera l'union entre les partis qui nous divisent encore. Celle entre les Alliés ne le sera pas moins, en raison de la divergence de leurs intérêts. L'Italie, par exemple, réclame les rivages de l'Adriatique que les Yougo-Slaves réclament également, déclarant ne pouvoir subsister sans eux. La Serbie, la Roumanie, la Grèce ne cessent de réclamer des annexions. Que de contestations en germe !

C'est pour la France, peut-être, que le problème de la paix se trouvera le plus chargé de difficultés. En raison de son voisinage avec l'Allemagne elle reste fatalement la gardienne de l'Europe contre les futures agressions germaniques. Nous avons vu déjà combien cette tâche est lourde.

*
* *

A toutes ces difficultés politiques, s'ajoutent encore des difficultés économiques que peu de personnes, malheureusement, aperçoivent.

La France est le pays qui a réalisé le plus grand effort pendant la guerre. Elle est aussi celui qui a le plus souffert, non seulement par le nombre des victimes mais aussi parce que ses départements les plus riches, au point de vue industriel, ont été méthodiquement dévastés. Sans les réparations imposées aux vaincus nous serions menacés d'une ruine économique complète.

Ces réparations seront impuissantes, d'ailleurs, à rétablir de suite notre prospérité. Il faudra bien des années pour rebâtir nos usines et remettre en état nos mines. Pendant toute cette période, l'Angleterre, l'Amérique et l'Allemagne qui n'ont pas été envahies et gardent intact leur ancien matériel pourront reprendre immédiatement leur vie économique, fabriquer des marchandises, les exporter et s'emparer de la clientèle qui ne trouvera plus en France les produits dont elle aura besoin. Que de luttes nouvelles à soutenir et que de difficultés avec les réglementations rigides qui nous oppriment de plus en plus.

*
* *

Ce n'est pas dans un âge de liberté ni de fraternité que l'humanité est entrée.

Rejetée par tous les socialistes et les partisans de l'étatisme, la liberté ne représente plus qu'un incertain symbole. Repoussée par tous les défenseurs des luttes de classe la fraternité reste une illusion sans prestige.

De la triade révolutionnaire, toujours gravée sur nos murs, l'égalité seule a vu son pouvoir grandir. Devenue la divinité des temps nouveaux, elle continuera sans doute à chasser les rois de leurs trônes et les dieux de leurs sanctuaires jusqu'au jour où, ne réalisant plus les espérances des peuples, elle périra à son tour.

CHAPITRE II

Les erreurs psychologiques du traité de paix.

Pour juger avec équité la valeur du traité de paix, devenu la nouvelle Charte de l'Europe, il faut se reporter au printemps de 1918, à l'heure de la formidable ruée allemande. Devant l'avalanche, les villes tombaient, les populations fuyaient, la Marne était franchie, Paris menacé.

A cette époque, si proche encore, les plus fermes optimistes renonçaient presque à l'espérance. Ils eussent alors accueilli avec joie une paix assurant seulement l'évacuation des pays envahis.

Le triomphe a naturellement changé les âmes. Nos sentiments actuels sont étayés sur les désespoirs passés et les dévastations accumulées par un agresseur sans pitié.

La conscience des droits acquis par la victoire, le souvenir des conditions impitoyables que l'Allemagne prétendait au temps de ses succès imposer à la France, firent forcément trouver insuffisant un traité de paix qui eût semblé, au début de l'année 1918, un miracle inespéré.

Ainsi s'explique, psychologiquement, le faible contentement qu'il causa.

*
* *

On pourrait dire sans exagération que, dans tout

l'univers, deux personnages seulement sont satisfaits : le président des Etats-Unis et le premier ministre d'Angleterre. Tous deux représentent d'ailleurs des pays dont les intérêts diffèrent beaucoup des nôtres.

Dès les premiers pourparlers, cette incompatibilité d'intérêts se manifesta. L'Angleterre ayant vite obtenu tout ce qu'elle pouvait souhaiter : navires et annexions, s'opposa à toutes les revendications de la France.

En dehors des divergences que fit surgir l'opposition des intérêts, beaucoup de difficultés naquirent de l'immensité de la tâche entreprise par le Congrès : remanier les frontières de plusieurs pays, fonder une dizaine d'Etats, refaire les lois internationales du travail, rebâtir la Pologne, fixer le sort de Constantinople, satisfaire les réclamations des Roumains, des Grecs, des Slovaques, des Chinois, des Japonais, etc.

Pour résoudre un tel amoncellement de problèmes, deux conditions psychologiques fondamentales eussent été nécessaires : l'unité de vues et l'esprit de décision. L'une et l'autre manquèrent tout à fait.

L'unité de vues était presque impossible par suite de la divergence des intérêts, mais l'indécision aurait pu être moins complète.

Les hommes d'Etat dirigeant le Congrès ont rendu visibles à tous les yeux leurs irrésolutions en oscillant sans cesse entre des mesures contradictoires. Un jour, ils proposent solennellement d'aller conférer avec les bolcheviks, à l'île des Princes, et le lendemain y renoncent. Ils veulent défendre Odessa, centre d'approvisionnement de la Russie, puis ordonnent son évacuation. Après avoir décidé d'envoyer dans la Hongrie bolcheviste un général connu pour son énergie, ils le remplacent par un agent pacifique, rappelé d'ailleurs presque aussitôt.

La politique des maîtres du Congrès ne fut ni

conciliante ni belliqueuse, mais simplement indécise. Ils firent quelquefois preuve de volonté; mais, ne sachant pas bien ce qu'ils voulaient, cette volonté changeait d'objet suivant les impulsions du moment.

De telles incertitudes ne pouvaient créer que des décisions fragmentaires, destinées à concilier des intérêts divers et qui, naturellement, n'en concilièrent complètement aucun.

C'est ainsi, par exemple, que l'exploitation du bassin de la Sarre fut donnée à la France et l'administration du pays confiée à la Société des Nations qui, dans quinze ans, devra provoquer un plébiscite décidant si cette province reste à la France ou revient à l'Allemagne. Quelle source de futurs conflits !

Mêmes demi-mesures en Italie, en Pologne, et un peu partout. Dantzig, cité allemande, indispensable à la Pologne comme débouché sur la mer et nécessaire à l'Allemagne comme voie de communication avec la Prusse orientale, devient une sorte de ville libre sous le patronage de la future Société des Nations. L'Allemagne ne pourra donc communiquer avec ses provinces qu'à travers le territoire polonais. Nouveau germe de conflits.

Le traité en contient bien d'autres. C'est ainsi qu'il n'hésite pas à interdire aux nations vaincues certaines alliances. L'Autriche, notamment, ne doit pas s'unir à l'Allemagne. Que pourra une telle interdiction devant la volonté des peuples? Ne se rappelleront-ils pas le principe des nationalités, sur lequel la Société des Nations prétend se baser, principe proclamant le droit des peuples à disposer d'eux-mêmes ? L'union de l'Autriche allemande avec l'Allemagne, encouragée déjà, d'ailleurs, par les Italiens, ne saurait être évitée dans un délai peu éloigné. Quel gouvernement, en effet, accepterait de s'opposer par les armes à une fusion que réclameraient les intéressés?

***

En constatant les premiers résultats de leurs décisions, les chefs d'Etat réunis dans l'espoir de créer une paix éternelle, durent sauf l'Angleterre dont l'hégémonie se trouvait assurée, éprouver des déceptions profondes.

Ils virent, tout d'abord, plusieurs pays : Italie, Belgique, Japon et Chine, menacer de se retirer de la Conférence ; puis, la plupart des populations de l'Europe orientale se précipiter les unes contre les autres sans tenir le moindre compte des observations d'un conseil suprême dépourvu de prestige.

La bataille devint bientôt générale et elle dure encore. Les Tchèques luttèrent contre les Polonais en Silésie, les Polonais contre les Ukraniens en Galicie, les Roumains se battirent avec les Ukraniens en Bukovine et les Yougo-Slaves dans le Banat, etc.

Si donc on jugeait de l'œuvre accomplie par ses premières conséquences, on pourrait dire que le Congrès qui voulait faire régner une paix universelle dans le monde, n'a réussi qu'à y établir une série de guerres dont on ne saurait présager la fin.

***

Soūs les suggestions de son principal inspirateur, la Conférence de la Paix se proposa trois tâches différentes.

La première était la conclusion d'une paix rapide avec l'Allemagne.

A cette tâche essentielle, la conférence en superposa une seconde : l'établissement d'une Société des Nations.

De cette seconde entreprise est sortie une troisième, consistant à déplacer, au nom du principe des Nationalités, les limites des anciens Etats lentement tracées par des siècles d'histoire.

C'est à la future Société des Nations qu'appartiendra la protection des pays que pourrait menacer l'Allemagne. Cette protection ayant paru aux représentants de la France bien insuffisante, ils réclamèrent, avec énergie, des garanties plus efficaces. Grâce à leur insistance prolongée, le président des Etats-Unis promit de proposer au Sénat américain et le premier ministre de la Grande-Bretagne au Parlement « un engagement aux termes duquel les Etats-Unis et l'Angleterre viendront apporter immédiatement leur assistance à la France dans le cas d'une agression non provoquée dirigée contre elle par l'Allemagne ».

Le Sénat américain refusa nettement d'accepter un pareil engagement et l'Angleterre s'y refusa également.

*
* *

L'exposé qui précède suffit à expliquer pourquoi le traité de paix a généralement obtenu si peu de succès.

Sa partie financière, écrit M. Milliès-Lacroix, rapporteur de la commission sénatoriale des finances, a causé une déception profonde. « Il a fallu, sans doute, pour que le président du Conseil consentît aux conditions y relatives, qu'il se heurtât à une opposition invincible des Alliés. »

Le même auteur fait remarquer combien sont précaires les garanties que l'on nous offre, et montre que « le droit de percevoir certains impôts, de recueillir les produits de l'exploitation des chemins de fer ou des usines allemandes eût été le véritable moyen à employer ».

C'est justement la thèse que j'avais soutenue dans un article. Ce moyen se trouvait depuis longtemps très avantageusement employé à l'égard de la Turquie.

Un ancien ministre des affaires étrangères, M. Hanotaux, ne s'est pas montré plus indulgent pour le traité. Il écrit :

« La paix, telle qu'on nous l'insinue, recèle la guerre dans ses flancs. Tous les problèmes sont remués : aucun n'est résolu. Pour le bassin de la Sarre, c'est la crise à date fixe, dans quinze ans; pour la rive gauche du Rhin, c'est la crise en permanence; pour la Transylvanie, la Pologne et les provinces détachées de l'Empire russe, c'est la catastrophe immédiate et béante; pour Constantinople et le monde musulman, c'est le gâchis se propageant jusqu'en Egypte, jusqu'aux Indes. Pour la Russie, c'est l'abîme; pour l'Asie, le chaos. Quant aux peuples slaves et balkaniques, dont le sort a été la cause de la guerre, les voici en état de rupture déclarée avec l'une des quatre grandes puissances alliées et un tel événement ne peut pas ne pas tenir la paix elle-même en suspens. »

Un des pays victimes du traité de paix, la Chine, en a tiré, par la voix de son représentant, la moralité suivante :

« Peut-être cet insuccès diplomatique sera-t-il pour la Chine *a blessing in disguise*, comme disent les Anglais. La Chine comprendra qu'elle ne doit pas compter sur la justice internationale ou sur l'appui des étrangers aussi longtemps qu'elle sera faible. « Aide-toi, le ciel t'aidera. » Elle comprendra qu'avant de revendiquer ses droits, elle doit se procurer les armes qui seules sont respectées en politique internationale. Il est triste d'être désillusionné, mais plus triste encore de vivre dans une fausse sécurité. »

Ces réflexions sont pleines de sagesse. Avec l'évolution actuelle du monde les peuples trop faibles pour se défendre semblent condamnés à bientôt disparaître.

*
* *

Vaincre et utiliser sa victoire sont deux opérations différentes. Annibal connaissait la première, mais ses contemporains lui reprochèrent justement de n'avoir pas su pratiquer la seconde. C'est pourquoi

Carthage périt, bien que son grand général eût campé sous les murs de Rome.

Quoiqu'un peu ancienne, cette histoire contient des enseignements d'une justesse éternelle. Un célèbre diplomate germain l'a récemment fait remarquer à ses compatriotes en leur assurant que l'Allemagne réussirait dans peu d'années à nous faire subir le sort de Carthage.

Cette destinée deviendrait possible si nous accumulions un trop grand nombre d'erreurs psychologiques.

Les historiens de l'avenir diront de cette guerre qu'issue d'erreurs de psychologie, elle resta pendant toute sa durée un conflit d'éléments psychologiques.

A en juger d'après les Conférences de la Paix, le cycle de ces erreurs n'est pas clos.

Absorbés sans doute par l'engrenage journalier des affaires et illusionnés par leurs vues personnelles, les hommes d'Etat ignorent généralement les indications que la psychologie pourrait leur fournir. Ils se fient à des inspirations si leur personnalité est forte et aux simples suggestions de l'opinion s'ils ont une âme incertaine.

Ce dernier cas ne fut pas assurément celui du Président Wilson. Il possédait une volonté très forte, mais aussi des illusions psychologiques très grandes.

Dans un discours prononcé devant le roi d'Angleterre, cet homme d'Etat affirmait l'identité de la notion du droit chez tous les peuples.

Cette assertion d'un esprit bienveillant, jugeant les hommes à travers les naïvetés de sa pensée, pourrait conduire à des conséquences pratiques dangereuses. Il est facile de le montrer.

En proclamant l'identité de la notion de droit chez les divers peuples, identité déjà niée par Pascal dans une page célèbre, l'honorable président oubliait combien différent des nôtres les conceptions du droit enseignées par les philosophes et les historiens allemands. Il oubliait aussi que les nations se différencient beaucoup par le niveau de leur moralité. Certains pays, les Turcs et les Russes, par exemple, furent toujours de moralité si faible qu'on n'y rencontra jamais de fonctionnaires assez intègres pour administrer les finances sans dilapidations.

Les peuples se conduisent, je l'ai souvent répété, d'après leur caractère et non d'après leur intelligence. Pour traiter avec eux, c'est donc leur caractère d'où leur morale dérive qu'il importe de connaître.

Cet élément dominant de la mentalité des races est justement celui qui se perpétue sans changements à travers les âges. La mauvaise foi et la férocité des Germains ont été signalées par tous les historiens, depuis leurs premières invasions.

Loin de contester ces défauts les Allemands en tirent vanité. Leurs écrivains soutiennent ouvertement qu'un traité n'a de valeur que si on trouve intérêt à le respecter. Leurs chefs militaires professaient qu'on doit se montrer sans pitié pour le vaincu, etc.

La fourberie fut d'ailleurs toujours considérée par l'Allemagne comme une vertu chez ses héros nationaux. Il y a peu d'années encore elle élevait une statue au Germain Arminius qui, profitant de la confiance d'Auguste en ses promesses, attira traîtreusement dans le piège où elles devaient périr les légions de Varus. Le roi de Prusse Frédéric II était très fier d'avoir trompé l'Europe par les plus solennels engagements alors qu'il préparait l'invasion de la Silésie.

L'Allemand ne s'est du reste jamais vanté d'être chevaleresque et d'observer la foi jurée. Ce n'est pas chez lui qu'on eût trouvé un souverain comme le roi de France Jean II, qui, fait prisonnier à la bataille de Poitiers et rendu libre sur parole, alla se constituer captif en Angleterre parce que le duc d'Anjou, accepté comme otage à sa place, s'était évadé. Ce souverain ne faisait d'ailleurs que suivre les traditions d'honneur respectées par la plupart des peuples, depuis l'époque lointaine où le consul Régulus, mis momentanément en liberté sur parole, retourna à Carthage, où il savait, cependant, qu'un affreux supplice l'attendait.

*
* *

Les décisions de la Conférence de la Paix restèrent vagues et contradictoires comme la plupart des décisions collectives.

Un écrivain bien renseigné, M. Raymond Poincaré, a publié sur cette conférence des pages que retiendra l'histoire et dont nous allons reproduire quelques fragments.

« De la conférence qui s'est d'abord réunie pour préparer la paix est né un beau jour, comme par un phénomène de génération spontanée, un Conseil qui a pris le titre imposant de Conseil Suprême des alliés et qui s'est chargé de régler le sort du monde. »

On peut juger de l'incohérence de ses délibérations par les lignes suivantes du même auteur.

« L'histoire des variations des Alliés sur les affaires d'Orient, sur le problème de l'Adriatique, sur l'attitude à observer vis-à-vis des Soviets, vaudra, sans doute, la peine d'être écrite tôt ou tard. Elle divertira peut-être ceux qu'amusent les coq-à-l'âne ; elle attristera plus sûrement ceux qui auraient souhaité que chacun des gouvernements alliés essayât de se mettre d'accord avec lui-même, avant d'engager la conversation avec ses partenaires, et ne changeât pas ensuite de point de vue au hasard des entretiens.

« Voici, par exemple, la question de Constantinople. Le chemin qu'elle a suivi n'est que tours, détours et retours. Entre Londres et le quai d'Orsay, il s'est produit les plus incroyables chassés-croisés.

... S'il nous était possible de nous arrêter aujourd'hui quelques instants à l'examen des autres questions orientales, nous retrouverions en Arménie, en Cilicie, en Syrie, des fluctuations semblables et nous verrions, à certaines heures, le général Gouraud découragé par les décisions qu'on lui signifie et sur lesquelles il n'a même pas toujours été consulté. »

La conférence de la paix avait rêvé de transformer l'équilibre du monde, oubliant que de tels équilibres sont l'œuvre des siècles. Sa tentative n'a fait que créer des germes de division entre des peuples qui étaient arrivés à se supporter. Elle pourra être citée comme une preuve de l'impuissance des hommes à transformer par des conventions le cours de l'histoire[1].

---

1. Il faut bien reconnaître que si au point de vue français les résultats de la paix furent fort médiocres c'est qu'avant de faire la paix avec les Allemands il fallut d'abord la réaliser avec nos alliés. Les remarquables publications d'un des rédacteurs du traité de paix, M. Tardieu, montrent avec quelle ténacité les Anglais s'opposèrent à nos plus modestes revendications. Le président Wilson était de leur côté presque toujours.

CHAPITRE III

Le problème de la Société des Nations.

Au premier rang des grands facteurs conditionnant le cours de l'histoire, il faut placer les formules religieuses, politiques et sociales. A chaque époque, les aspirations et les besoins des foules finissent, après une période d'incertitudes, par se concrétiser en brèves sentences. Universellement admises, elles stabilisent l'âme d'un peuple, orientent ses sentiments et créent chez lui, avec l'unité de conscience, l'unité d'action.

Ces magiques paroles n'ont pas besoin de traduire des vérités et moins encore d'être très précises. Il suffit qu'elles impressionnent. Le vague de leurs contours permet à chacun d'y incarner ses rêves et d'y chercher une solution aux problèmes du moment.

Les formules influentes naissent toujours aux grandes périodes de l'histoire. C'est au nom de la formule : « Dieu le veut ! » que, pendant l'ère des Croisades, l'Europe se précipita sur l'Orient. C'est au nom d'une formule symbolisant la grandeur d'Allah que d'obscurs nomades de l'Arabie fondèrent un immense empire. C'est en invoquant la triade révolutionnaire encore gravée sur nos murs que les soldats de la République vainquirent l'Europe. C'est pour réaliser leur devise: « L'Allemagne au-dessus de tout ! » que les pangermanistes rêvèrent de conquérir le monde.

Si le contenu rationnel des formules populaires se montre souvent très faible, leur contenu mystique est au contraire très grand. Étrangères aux lois de la logique rationnelle, elles sont inexplicables par la raison. A l'époque où Mahomet prêchait la doctrine qui devait révolutionner une partie du vieux monde, il eût été facile à un philosophe de prouver que le Prophète était un halluciné. Et pourtant les serviteurs de la formule qui orientait leurs volontés surent balancer la formidable puissance de Rome, fonder un empire qui vécut six cents ans et une religion qui dure encore.

Vouloir juger aux seules lumières de la raison les événements issus des sources mystiques où les formules puisent leur force, empêchera toujours de comprendre le déroulement de l'histoire.

*
* *

Ces considérations générales sur lesquelles j'ai souvent insisté en raison de leur rôle capital dans l'histoire étaient nécessaires pour comprendre le prestige d'une formule nouvelle : *la Société des Nations*, dont les promesses imprécises hypnotisent l'esprit simpliste des multitudes. Les philosophes allemands la méprisent, les diplomates s'en méfient, les rêveurs socialistes l'envisagent au contraire comme la régénératrice du genre humain.

Quelle est sa valeur réelle, de quels éléments tire-t-elle sa force ?

Les peuples traversent visiblement un de ces âges critiques où leurs conceptions se transforment sous l'influence de nécessités imprévues.

Dans l'obscurité qui les enveloppe, ils se tournent anxieusement vers les demi-clartés issues de formules nouvelles prétendant remplacer celles dont le prestige a sombré.

Des clartés, bien incertaines encore, émanent de cette mystérieuse formule « La Société des Nations », qui promet d'arracher le monde à l'enfer où il est encore plongé.

Son prestige est moderne, mais l'idée qu'elle traduit avait depuis longtemps exercé la sagacité des chercheurs. Leibnitz, Kant, Rousseau, Bentham, discutèrent les principes d'une société des peuples pour empêcher la guerre. Les divers congrès de La Haye n'avaient fait qu'appliquer leurs doctrines.

Les opinions anciennes formulées sur la Société des Nations ne présentent aujourd'hui qu'un intérêt historique, le monde étant complètement transformé. C'est seulement l'avis des intéressés actuels qu'il importe de connaître.

En ce qui concerne l'établissement possible d'une Société des Nations destinée à garantir la durée de la paix, l'accord est à peu près unanime maintenant pour la considérer simplement comme une coalition de peuples solidement armés.

C'est à cette conclusion qu'est arrivé le président de l'*Académie des Sciences morales et politiques* dans une séance annuelle de cette académie. Il y déclare que les Alliés

« doivent rester armés pour la paix du monde... Toutes les nations qui ne sont pas des nations de proie doivent s'unir pour imposer aux autres de ne pas troubler la paix. »

La même association de peuples en armes était demandée par le Président des États-Unis dans son message du 22 janvier 1917.

« Je considère, disait-il, que de simples accords de paix entre les belligérants ne satisferont pas les belligérants eux-mêmes. Des conventions opérant seules ne peuvent pas rendre la paix sûre. Il sera absolument nécessaire qu'il soit créé une force tellement supérieure à celle de l'une quelconque des nations en guerre, ou à toute alliance formée ou projetée jusqu'à présent, qu'aucune nation et qu'aucune combinaison probable de nations ne pourrait l'affronter ou lui résister. Si la paix de demain doit durer, ce doit être une paix mise hors de risque par la force majeure, dérivant d'une organisation de l'humanité. »

Nous voyons donc que les opinions les plus autorisées exprimées pendant la guerre envisageaient la Société des Nations comme une simple alliance militaire et non plus comme un tribunal d'arbitrage qui n'eût été en réalité que la continuation de l'impuissant tribunal de La Haye.

L'Allemagne, de son côté, ne concevait une ligue des nations que sous forme d'hégémonie germanique. L'idée de figurer comme égale à côté d'autres peuples était absolument contraire aux enseignements de ses philosophes et de ses historiens. Elle a toujours repoussé, aussi bien dans ses livres que dans sa conduite, tout ce qui pouvait la lier. Alors qu'avant la guerre la Grande-Bretagne et les Etats-Unis multipliaient les traités d'arbitrage, l'Allemagne refusait de s'y associer et professait par la plume de ses plus éminents universitaires le mépris des traités engageant les forts à l'égard des faibles.

*
* *

La réalisation d'une véritable Société générale des Nations semble très chimérique aujourd'hui. Y substituer des blocs de peuples, analogues à ceux que formaient les belligérants pendant le conflit, paraît la seule solution possible mais elle sera pleine de difficultés. Les alliances les plus sûres en apparence sont à la merci de bien des hasards. La défection de la Russie en a fourni un terrible exemple.

On sait à quel point les Américains sont hostiles au projet de Société des Nations dont, avec leur sens pratique, ils perçoivent nettement le peu d'utilité actuelle. Leur opinion est fort bien traduite par le passage suivant du sénateur Knox, un des candidats probables à la présidence de la République :

« La seule raison d'être que puisse avoir une Société des Nations, et en tout cas le seul but qu'on ait ostensiblement donné à la Société insérée dans le traité de Versailles, c'est qu'elle est faite pour assurer la paix du monde. Or la paix du monde n'est pas assurée, mais menacée, quand trente peuples sur trente et un, par exemple, mutilent leur liberté et leur souveraineté de telle manière qu'un Conseil politique puisse leur commander de faire ce que, en leur qualité d'hommes libres, ils ne veulent pas faire, le jour où il faut choisir entre la fidélité à la Société des Nations et la fidélité à la patrie.

La paix armée, à laquelle les événements nous conduisent, n'est pas assurément le but que se proposaient les fondateurs du projet de Société des Nations à la conférence de La Haye.

Les juristes éminents qui le préparaient avaient trop oublié les facteurs psychologiques régissant les hommes. Ils croyaient à la souveraineté de la raison alors qu'une expérience bien des fois séculaire montre que les peuples obéissent à des mobiles souvent fort éloignés de cette raison. Subjugués par leur rêve, ils légiféraient pour une société idéale imaginaire, sans passions, dont un tribunal international jugerait les différends.

Leurs combinaisons étaient pleines d'équité mais illusoires, simplement parce qu'elles manquaient de sanctions. Or depuis l'origine des âges, le monde n'a jamais eu de codes civils ou religieux dépourvus de sanctions.

Ces pacifiques rêveurs oubliaient aussi qu'une confédération des peuples réunirait naturellement de grands et de petits Etats. Les sentiments humains ne changeant guère, il était certain que, dans une telle société, les Etats de faible importance seraient un peu considérés comme les petits capitalistes dans une société de gros actionnaires et ne pourraient faire entendre qu'une timide voix.

De telles observations ne frappèrent pas les législateurs de La Haye. Leur œuvre terminée, ils éprouvèrent pour elle une religieuse admiration et ne doutèrent pas de la solidité de ses fondements.

La grandeur de leurs illusions est bien marquée dans ce passage du discours de l'un des plus éminents présidents de ces législateurs.

« Quel spectacle nous donne cette image du Droit se levant tout à coup au milieu des armées et, soyez-en sûrs, s'imposant à la force militaire la plus puissante. »

Le premier coup de canon tiré au début de la guerre dissipa pour longtemps ces dangereux rêves.

*
* *

Avant de vouloir fédérer des peuples de mentalités et de besoins divers, il faudra d'abord identifier un peu, sinon leurs sentiments, du moins leurs intérêts. Cette tâche n'est pas chimérique, puisque l'interdépendance industrielle, financière et commerciale des peuples tendait déjà avant la guerre à se réaliser.

Si donc une véritable Société des Nations n'est guère possible aujourd'hui, elle le sera sans doute un jour. Il suffit, pour s'en convaincre, d'oublier les heures sombres que nous avons traversées et d'envisager non seulement l'interdépendance croissante des nations, mais aussi la mystique puissance des formules signalée au début de ce chapitre.

Nous pouvons donc parfaitement espérer une future Société des Nations à forme non belliqueuse. Universellement acceptée, elle deviendrait capable de créer une conscience commune dans le monde.

La guerre aura hâté l'établissement d'une Société

des Nations en prouvant d'une éclatante façon le besoin que les peuples ont les uns des autres par les privations dont ils furent accablés dès que devint impossible l'échange des produits obtenus par chacun, suivant son sol et ses capacités. Sans devenir frères, les hommes se haïront moins qu'aujourd'hui quand ils auront reconnu que leur intérêt est de s'aider et non de se détruire.

Plus la nécessité des échanges grandira, plus augmenteront les associations entre peuples. J'ai déjà rappelé qu'il en existait déjà plusieurs avant la guerre, indépendantes de toute alliance politique. Telles les conventions internationales relatives aux postes, aux télégraphes, aux moyens de transport, au commerce, etc. Elles se développeront avec l'orientation nouvelle du monde, et amèneront le jour où, sans traités et sans alliances militaires, simplement sous l'action des transformations mentales que les nécessités auront engendrées, la Société des Nations s'édifiera d'elle-même.

Alors disparaîtront les organisations à type militaire, simplement parce que les peuples n'en ayant plus besoin n'en voudront plus. Ce sera pour eux la délivrance définitive de l'effroyable cauchemar qui les hante encore.

*
* *

Cette phase d'évolution est lointaine peut-être, mais nous devons tous, dès aujourd'hui, tâcher de la préparer, sans oublier toutefois qu'à l'heure présente, il n'est permis de travailler pour l'avenir qu'à l'ombre des canons.

Du désarmement général actuel, rêvé par quelques pacifistes, le passage suivant du discours d'un ministre anglais montre ce qu'il faut penser.

« Il y a des gens qui nous traitent de militaristes, mais *la Grande-Bretagne doit posséder une armée plus forte qu'avant la guerre*, car, bien que la menace armée ait disparu, de nouvelles et sérieuses obligations nous incombent du fait de la guerre en Orient, où nos intérêts sont, de beaucoup, plus considérables que ceux de n'importe quelle autre nation. »

L'univers, malgré tous les discours prononcés pendant la guerre, reste donc plus militarisé qu'il ne le fut jamais.

Le résultat le plus net du congrès de la paix est d'avoir contrairement à toutes ses espérances, fait définitivement triompher dans le monde le militarisme que pendant cinq ans de guerre les gouvernements alliés n'avaient cessé de maudire dans de solennelles déclarations. Une fois de plus encore la nécessité s'est montrée supérieure aux volontés des hommes d'État et a montré la vanité de leurs discours.

CHAPITRE IV

Le projet d'une Ligue des Nations
et ses premiers résultats.

La Ligue des Nations, que le Congrès de la Paix aurait fini par constituer sans l'opposition de l'Amérique, n'était en réalité qu'une alliance entre quelques nations et nullement, je viens de le montrer, une Société des Nations analogue à celle dont les diplomates avaient si souvent parlé.

Un mémoire publié en Angleterre par le vicomte Grey rapporte les réflexions d'un roi nègre qui, soumis à la puissance anglaise, s'indignait de ne plus pouvoir faire d'incursions chez ses voisins pour les tuer, les piller, puis chargé de butin, effectuer une rentrée triomphale dans sa tribu.

Le narrateur de cette histoire remarque très justement que les théories du roi nègre sur les relations entre peuples voisins étaient exactement celles pratiquées encore par les nations les plus civilisées.

Elles sont conformes surtout à l'enseignement des philosophes, des historiens et des généraux germaniques. Depuis de longues années, ils prêchaient dans leurs livres l'utilité d'une guerre destinée à enrichir et agrandir l'Allemagne aux dépens des autres pays.

C'est pour combattre des conceptions devenues contraires à l'évolution du monde moderne que la Ligue des Nations, destinée à se transformer plus tard en Société des Nations, chercha les moyens capables de contenir les besoins, les passions et les croyances qui, à certains moments, soulèvent l'âme des peuples et les précipitent les uns contre les autres.

*
* *

La nature ne s'est pas évidemment efforcée d'établir entre les hommes une fraternité probablement contraire à ses buts mystérieux. Mais, plus fortes que la nature, les sociétés avaient réussi à édifier dans leur sein des barrières inhibitives étayées de codes rigoureux. Elles triomphaient ainsi des haines individuelles et obligeaient les membres de chaque société à se respecter.

Les prescriptions des codes mirent longtemps à s'imposer, mais grâce à la stabilisation mentale que l'hérédité finit par créer, elles avaient acquis une puissance très grande. Les forces biologiques, affectives et mystiques génératrices de la conduite, arrivèrent alors à s'équilibrer au sein de chaque nation et un ordre durable put s'établir.

Comment établir un tel code entre les nations? Comment arriver à le faire respecter.

La tâche serait facile si les peuples étaient guidés par les seules lumières de la raison; mais ils ont pour moteurs, il faut le répéter toujours, des besoins, des sentiments, des croyances possédant chacun des formes de logique spéciale qui ne s'influencent pas. La raison réussit quelquefois à les dominer, mais le plus souvent elle se met à leur service. La guerre mondiale l'a, une fois de plus, montré.

*
* *

Examinons sommairement le projet de Ligue des Nations, les critiques qu'il a soulevées, les illusions et les réalités qu'il contient.

Le projet de Ligue des Nations formulé par la conférence de la paix étant, comme le remarquait justement l'ancien président des Etats-Unis, M. Taft, rédigé « en patois diplomatique », sa lecture n'est pas facile. Un sénateur américain a même prédit que les signataires de ce document se querelleraient bientôt pour en interpréter le sens.

Dégagé de son obscure gangue, le projet peut se résumer dans les points suivants :

La Ligue des Nations se composerait d'abord de tous les Etats alliés. Plus tard, d'autres Etats pourront y être admis, mais à la condition que les deux tiers des associés y consentent.

La guerre entre les membres associés serait empêchée par un tribunal arbitral.

Toutes les ressources militaires, financières et économiques des associés seraient réunies contre l'agresseur.

Les objections n'ont pas manqué à ce projet, surtout en Amérique.

Le sénateur Knox croit que la Ligue, telle qu'elle a été conçue, « loin d'empêcher les guerres, les rendrait inévitables ».

« Le résultat forcé de l'exclusion des puissances centrales sera, dit-il, de les unir plus étroitement pour leur protection mutuelle, ce qui conduira inévitablement à la formation d'une seconde Ligue des Nations. Nous verrons donc, dans un avenir prochain, deux grandes Ligues des Nations, deux camps opposés se préparer à une nouvelle et encore plus terrible guerre. »

Un journal français faisait une critique analogue quand il disait qu'en face de l'édifice idéaliste et délicat dont nous essayons de jeter les fondements, l'Allemagne, avec l'Autriche et divers pays, « va construire un édifice de domination, trapu et d'un seul tenant ».

M. Hugues, premier ministre d'Australie, n'a pas été plus indulgent pour le projet du congrès :

« Qui oserait dire qu'une Ligue fondée sur des mots est plus forte que celle basée sur des faits? que la Ligue des Nations sortant d'un document écrit et dont la force doit être éprouvée est à comparer avec cette grande Ligue de facto des Nations qui, cimentée dans le sang, nous a conduits, à travers une longue suite d'épreuves, à la victoire finale? »

L'hostilité du Sénat américain contre le projet de Ligue formulé par la Conférence paraît tenir à ce qu'il ne veut pas que l'Amérique s'engage à intervenir encore dans les affaires de l'Europe. Elle tient aussi au désir de voir, dans l'intérêt des relations commerciales, la puissance industrielle de l'Allemagne renaître rapidement.

Voici le texte de la réserve de M. Lodge qui fut votée au Sénat par 46 voix contre 33 :

« Les Etats-Unis n'assument aucune obligation de préserver l'intégrité territoriale ou l'indépendance politique de n'importe quel autre pays ou d'intervenir dans des controverses entre nations, membres de la Ligue ou non, d'après les dispositions de l'article 10, ou de se servir des forces militaires ou navales des Etats-Unis, d'après n'importe quel article du traité pour n'importe quel but, à moins que pour chaque cas particulier, le Congrès, qui, aux termes de la Constitution, a seul pouvoir de déclarer la guerre ou d'autoriser l'emploi des forces militaires ou navales des Etats-Unis, n'en décide ainsi par acte ou résolution. »

Nous sommes loin des chimériques promesses de M. Wilson.

*
* *

Il n'est pas sans intérêt de savoir ce que les Allemands pensent d'une Ligue des Nations, destinée à assurer la paix. Leurs conceptions se trouvent bien résumées dans l'extrait suivant d'un article du docteur Selig, publié par les *Hamburger Nachrichten* (28-9 1918) :

« Non, il n'y a point de paix perpétuelle, il n'y a que des paix temporaires, et le chemin qui y conduit, c'est la voie sanglante de la guerre et non point l'anémique théorie des idéologues. Les problèmes qui bouleversent la terre et ses habitants, c'est l'épée qui les tranche, et non point le vote. »

** **

La Ligue des Nations, qui n'est actuellement qu'un projet d'alliance entre quelques nations, n'assurera peut-être pas une paix bien longue. Elle aura, cependant, si elle arrive à se constituer ce que nous ignorons encore, des conséquences utiles.

La première sera de préparer les idées directrices de l'avenir en faisant naître ce que le président des Etats-Unis appelait une psychologie internationale.

Cette psychologie nouvelle résulterait de la foi mystique des peuples dans la puissance de la Ligue des Nations, beaucoup plus que des nouveaux principes de droit promulgués.

En attendant cette transformation mentale dont l'éclosion est probablement lointaine, le droit restera une entité conçue par chaque nation suivant sa mentalité et les événements de son histoire.

Il est visible, par exemple, comme je l'ai déjà rappelé plusieurs fois, que les conceptions du droit chez les Germains diffèrent beaucoup de celles des autres peuples.

Cette formule du célèbre juriste Jhering : « La puissance du vainqueur détermine le droit », leur semble traduire une vérité évidente. Pour Nietzsche, « un peuple n'a de devoir qu'envers ses égaux. A l'égard des êtres inférieurs et des étrangers, on peut agir à sa guise ».

La plupart des philosophes et des historiens de l'Allemagne ont toujours enseigné les mêmes principes.

Il faut bien reconnaître avec eux que depuis les débuts de l'Histoire, le seul droit reconnu dans les relations entre peuples a été le droit du plus fort.

Nous avons raison de chercher à modifier cette conception; mais proclamer un droit ne suffit pas à le faire respecter. La mouvante volonté des peuples ne se laisse pas enfermer dans le moule idéal des législateurs. Les cadres rigides des juristes peuvent codifier des coutumes, mais ils ne les créent pas.

*
* *

Si, sous la poussée des grands événements récents, les idées des peuples venaient à changer, alors, mais alors seulement, leurs conceptions du droit pourraient se transformer. Le droit accepté par une nation est toujours une création de sa mentalité.

Il est donc permis, sans partager tous les enthousiasmes de M. Wilson, de dire avec lui :

« Les pensées des peuples ayant été réunies, il s'est déjà créé une force qui est non seulement très grande, mais qui est formidable, une force qui peut rapidement être mobilisée, une force qui est très efficace lorsqu'elle est mobilisée, une force qui se nomme la force morale du monde. Nous nous trouvons à l'aube d'un nouvel âge dans lequel une nouvelle science de gouvernement rehaussera l'humanité jusqu'à un faîte non atteint de progrès et de réussite. »

On s'aperçoit de la difficulté de légiférer trop vite sur une pareille matière en constatant que, malgré toutes ses bonnes intentions, le Congrès de la Paix, loin d'établir une paix durable, n'a réussi qu'à engendrer de nouveaux germes de conflits ajoutés à tous ceux existant déjà.

Ses décisions ont eu en effet pour résultat immédiat de réveiller les appétits, assoupis par le temps, d'une foule de petites nationalités qui prétendent toutes, maintenant, s'agrandir violemment aux dépens de leurs voisines.

Le Congrès n'a donc fait qu'épaissir encore l'atmosphère de haines dont le monde était enveloppé.

Les conséquences de ces haines se manifestent déjà dans toute l'Europe. Sans parler des peuples que sépare l'horreur créée par des montagnes de cadavres et des dévastations sans pitié, nous voyons se déchirer les nouveaux Etats à peine formés. Ils n'ont même pas attendu d'être entièrement constitués pour se livrer de féroces combats.

La seule œuvre véritablement utile du Congrès eût été non d'établir une Société des Nations actuellement impossible mais bien de préparer une ligue entre quelques nations, c'est-à-dire une sorte de Société d'assurance contre le peuple qui menacerait la paix du monde.

Si l'Allemagne était convaincue que plusieurs grandes puissances se tourneraient contre elle en cas d'attaque, elle renoncerait sûrement à déclencher cette attaque.

*
* *

Dans le but de prouver l'efficacité qu'aurait pu avoir une Société des Nations pour empêcher la guerre, M. Wilson, oubliant que cette Société existait déjà et possédait un tribunal à La Haye, assure que « l'Allemagne n'aurait jamais pu déclarer la guerre si elle avait laissé le monde ouvrir la discussion à propos de l'agression de la Serbie, fût-ce seulement durant l'intervalle d'une semaine ». Et il ajoute encore que, si l'Allemagne avait été sûre de l'appui que l'Angleterre apporterait à la France, elle eût renoncé à déchaîner le conflit.

On peut défendre ces opinions; mais leur auteur est-il bien certain que le conflit retardé n'eût pas éclaté plus tard et, peut-être, dans des circonstances où la France n'aurait pas trouvé d'alliés? L'affaire du Maroc, l'accroissement constant des forces militaires, et les publications pangermanistes montrent à quel point l'Allemagne préparait la lutte.

J'ai toujours soutenu que l'empereur Guillaume était probablement l'homme qui la souhaitait le moins, mais qu'il ne put résister à la pression de l'opinion. Toute l'Allemagne réclamait la guerre, par la voix de ses historiens, de ses philosophes, de ses généraux et même de ses industriels. Jamais conflit ne fut aussi populaire.

Quand un peuple souhaite la guerre, et les peuples deviennent parfois plus belliqueux encore que leurs gouvernants, aucun tribunal international ne saurait l'empêcher. Un Congrès sera toujours bien faible contre la formidable puissance des croyances et des passions qui, à certains moments de la vie des nations, les précipitent les unes contre les autres.

On le voit déjà par les luttes dont je parlais plus haut entre les Etats nouveaux, que les illusions humanitaires des hommes politiques ont laissé naître. Tous ces petits peuples ont un besoin absolu des Alliés, ils vivent dans une misère profonde, et, cependant, ils ne peuvent s'empêcher de se déchirer avec fureur. Les haines collectives déchaînées par les rivalités d'intérêts, de passions et de croyances restent toujours sourdes à la voix de la raison.

*
* *

L'unanimité des diplomates et des peuples pour réclamer une ligue des nations, à défaut d'une Société des Nations à laquelle on ne croit plus guère, traduit le désir général d'empêcher le renouvellement des horreurs qui ont ravagé le monde.

J'avais depuis longtemps montré que toutes les théories proposées jusqu'ici comme bases d'une Société des Nations étaient illusoires. Les gouvernants s'en aperçoivent maintenant et sont obligés d'admettre que cette société si elle se constituait différerait bien peu de l'alliance actuelle contre l'Allemagne.

Une telle alliance préparera peut-être la future Société des Nations mais cette dernière ne sera possible comme je l'ai montré qu'avec l'établissement d'un véritable gouvernement international dont la guerre esquissa quelques ébauches.

Mais alors, par voie de conséquence, la notion d'indépendance des Etats se transformerait. Elle serait de plus en plus remplacée par celle d'interdépendance des gouvernements. Sa caractéristique serait l'abandon d'une fraction de pouvoir de chaque Etat à des délégués chargés de gérer les intérêts internationaux. C'est un stade nouveau de la vie des nations, ignoré des hommes d'Etat de tous les âges, que nous verrons sûrement se développer un jour.

*
* *

Après avoir vainement tenté de créer une paix durable entre les nations, le Congrès songea aussi à l'établir au sein de chaque nation. Dans ce but a été constituée une commission internationale du travail destinée à élaborer la concorde entre les diverses classes de chaque peuple.

Tâche formidable! Les luttes intérieures sont plus menaçantes maintenant que les luttes extérieures. De grands peuples européens, la Russie, l'Allemagne, l'Autriche, la Pologne et d'autres bientôt, sans doute, sont en proie aux déchirements de la guerre civile. Ayant perdu la foi dans les principes qui leur servaient de guides, ils ressemblent au voyageur égaré cherchant à s'orienter au sein d'une nuit profonde.

Devant les explosions de haine qui continuent à ravager l'Europe, un homme d'Etat japonais éminent, le marquis Okuma, se demande « si la civilisation européenne n'est pas sur le bord d'une ruine définitive et dans une situation analogue à celle où se trouvèrent Rome, l'Egypte et Babylone la veille de leur définitive décadence. »

Malgré l'optimisme de sa volonté, le président Wilson s'est montré parfois aussi inquiet. « Si, dit-il, les hommes ne peuvent pas aujourd'hui, après l'agonie de cette sueur de sang, arriver à être maîtres d'eux-mêmes et à veiller au cours régulier des affaires du monde, nous sombrerons dans une ère de luttes sans espoir ni merci. »

Les conséquences de telles luttes seraient fatales. Les civilisations créées par de longs siècles d'efforts subiraient le sort de grands empires asiatiques qui disparurent définitivement de l'Histoire, après avoir rempli l'univers du bruit de leur renommée.

Il ne faut pas désespérer, pourtant. Il faut espérer, au contraire. L'espoir est une force morale génératrice d'autres forces permettant de triompher des plus durs obstacles. C'est lui qui, malgré toutes les prévisions des sages, nous rendit capables de vaincre la plus formidable puissance militaire que le monde eût jamais connue.

CHAPITRE V

Éléments actuels de la sécurité des peuples à l'extérieur et à l'intérieur.

De tous les pays pour lesquels l'Allemagne représente une constante menace, la France, en raison de son voisinage, restera longtemps le plus exposé, par suite des attaques brusquées qui semblent devenir la règle des guerres modernes. Si loin que nous reculions nos frontières, nous serons toujours près de l'Allemagne, alors que les autres peuples s'en trouvent séparés par des détroits ou des océans.

Pendant plusieurs générations, l'Allemagne guettera, naturellement, nos moindres défaillances et toute sa politique consistera à semer des dissensions entre les divers partis de notre pays et aussi entre nos alliés et nous dans l'espoir de rendre possible une revanche.

A défaut de la problématique Société des Nations sur quelles puissances morales ou matérielles pourrons-nous appuyer notre sécurité nationale?

Faut-il se reposer sur des armements ruineux qui ne procureraient d'ailleurs qu'une sécurité incertaine?

Compter sur des alliances constituerait un moyen de défense moins sûr encore. Les leçons de l'histoire prouvent que la permanence d'une alliance à travers le temps constituerait un véritable miracle. Or ce n'est pas sur des miracles que les peuples peuvent édifier leur destinée.

*
* *

De quels éléments de protection devons-nous donc attendre la réalisation d'une paix un peu durable?

On peut en énumérer quatre : 1° la répulsion des peuples pour des luttes guerrières dont ils ont senti tout le poids ; 2° les progrès des idées humanitaires ; 3° les nécessités résultant de l'interdépendance croissante des nations; 4° de nouveaux progrès scientifiques créant des engins si rapidement et si complètement destructeurs qu'aucun agresseur ne consentirait à en affronter l'action.

Le premier de ces éléments ne saurait avoir une efficacité bien longue, pour ce simple motif que si la nature nous a donné une mémoire intellectuelle très longue, elle nous a dotés d'une mémoire sentimentale très courte. Ce qui est acquis par l'instruction demeure longtemps fixé dans notre souvenir ; mais des joies et des douleurs qui nous ont le plus profondément émus, que reste-t-il au bout de quelques années?

La mémoire affective des peuples est au moins aussi courte que celle des individus. Dix ans après la guerre de 1870, le plus grand nombre des conscrits n'en conservaient, suivant les enquêtes faites dans plusieurs régiments, que d'infimes souvenirs, ou même n'en avaient jamais entendu parler.

Certes, la lutte dont nous sortons a créé de bien autres souffrances que celles de 1870 et, par conséquent, laissera de plus profonds souvenirs. Mais pour la génération qui pousse vers la tombe les hommes d'aujourd'hui, cette guerre ne sera connue que par les livres et les livres n'ont jamais beaucoup impressionné l'âme des peuples.

Le second des facteurs de paix énumérés plus haut, c'est-à-dire les progrès des idées humanitaires mérite à peine d'être mentionné. Ces idées ne servirent jusqu'ici qu'à tellement affaiblir les nations qui les acceptaient que ces nations ont vu fondre sur elles des agressions dont furent généralement préservés les peuples que le pacifisme n'avait pas atteints.

Les doctrines humanitaristes n'ont guère, d'ailleurs, pour apôtres que des théoriciens socialistes cherchant à répandre leurs croyances par des luttes civiles.

La croissante interdépendance industrielle et commerciale des nations est un facteur de paix beaucoup plus sérieux que les deux précédents. Cette interdépendance comme je le rappelais plus haut a été bien mise en évidence par le dernier conflit. Les peuples ont vu qu'ils ont maintenant besoin les uns des autres pour vivre et même pour se combattre. Sans les matières premières fournies par les neutres, les belligérants auraient été obligés d'arrêter immédiatement la lutte.

L'interdépendance des nations est actuellement tellement rigoureuse qu'on pourrait la considérer comme un préservatif certain contre les guerres, si la raison, et non les sentiments, gouvernait le monde. Malheureusement, elle ne le gouverne pas. Dès que les impulsions passionnelles deviendront assez fortes, la réflexion n'exercera aucun empire sur la conduite et les peuples entreront de nouveau en conflit.

*
* *

L'efficacité des divers facteurs de paix qui viennent d'être énumérés paraît donc assez incertaine.

Il ne nous reste plus à examiner qu'un perfectionnement scientifique des armements permettant une destruction si rapide des villes et de leurs habitants qu'aucun pays ne voudrait s'exposer à en subir les effets.

Depuis longtemps cette idée m'avait hanté. Le lecteur trouvera dans mon livre sur *L'Evolution des forces*, les expériences desquelles je déduisais qu'on pourrait parvenir à détruire instantanément des flottes et des armées.

Ces expériences étant trop coûteuses, je ne pus les achever, et ne les rappelle qu'à titre de curiosité. Elles étaient basées sur la transformation d'ondes hertziennes concentriques en radiations parallèles. Tout objet touché par ce rayonnement devient un foyer d'étincelles électriques susceptible de faire détoner obus et cartouches.

J'avais d'ailleurs indiqué le moyen de se protéger d'un tel rayonnement, après des expériences faites en collaboration avec Branly, l'éminent inventeur du principe de la télégraphie sans fil. Ces expériences, publiées dans les *Comptes Rendus de l'Académie des Sciences*, montraient que, si le rayonnement électrique peut traverser des murs épais, il est arrêté net par une lame métallique, moins épaisse qu'une feuille de papier, à la simple condition que cette lame ne présente pas la moindre fente, fût-ce celle produite par la rayure d'un rasoir.

Mais, je le répète, je n'insiste pas sur ces expériences, car il existera bientôt des moyens beaucoup plus sûrs de rendre les guerres assez meurtrières pour qu'elles deviennent presque impossibles.

Dans un article publié au début de la guerre, j'indiquais comme probable que les luttes futures seraient des batailles d'avions suffisamment puissants pour incendier rapidement des villes entières avec leurs habitants.

Au moment même de l'armistice, l'aviation venait de se perfectionner tellement que cette perspective devenait réalisable. Un des plus célèbres aviateurs actuels assurait qu'avec les nouveaux progrès acquis, des villes entières pourraient être incendiées en un temps très court.

Naturellement, les Allemands ont poursuivi les mêmes recherches et une Revue de Copenhague annonçait qu'ils faisaient « des préparatifs secrets énormes en vue d'obtenir la maîtrise des airs ».

Avec les avions d'une vitesse de 225 kilomètres à l'heure que l'on possède actuellement, un pays ayant déclaré la guerre le matin pourrait, quelques heures après sa déclaration, détruire la capitale ennemie avec tous ses habitants. Mais à quoi lui servirait cet éphémère succès, puisque les représailles seraient immédiates et qu'il verrait lui aussi ses grandes villes anéanties le même jour, par des procédés identiques ?

Il semble probable qu'aucun agresseur ne s'exposerait à courir les risques d'une aventure entraînant pour lui de pareilles destructions.

Les nouveaux perfectionnements de l'aviation que je viens de rappeler amèneront également cette conséquence imprévue de rendre inutiles les coûteuses armées permanentes d'aujourd'hui.

De plus, les petits peuples pouvant ainsi posséder des moyens de guerre sinon aussi nombreux, du moins aussi destructifs que les grandes nations, le faible se trouvera presque l'égal du fort et infiniment mieux protégé que par les plus solennels traités.

*
* *

Conclurons-nous de ce qui précède que le cycle des guerres est clos pour longtemps ?

On pourrait l'affirmer si l'histoire ne montrait avec quelle facilité les peuples, comme leurs gouvernants, sont entraînés par des passions et des croyances.

L'aventure où vient de sombrer l'Allemagne sera éternellement citée comme une frappante preuve. « Si l'Allemagne avait attendu seulement le temps d'une génération, elle aurait possédé l'empire commercial du monde », disait M. Wilson au Capitole de Rome.

La guerre où ses illusions mystiques l'ont lancée ne pouvait, même en cas de victoire, que lui procurer des avantages bien inférieurs à ceux obtenus par son expansion pacifique. Et cependant elle l'a tentée !

Les Allemands, vaincus, ne restent pas encore persuadés que la force matérielle n'est pas la seule reine du monde et qu'il existe des forces morales capables de la maîtriser.

« La paix, écrit leur grand industriel Rathenau, ne sera qu'une courte trêve, la série des guerres futures sera indéfinie, les meilleures nations rentreront dans le néant, le monde périra de misère ».

*
* *

Ce sont là, sans doute, des paroles de vaincus. Il ne faut pas trop les dédaigner pourtant et croire que la paix conclue permettra aux civilisations de reprendre simplement leur ancienne marche.

J'ignore si la guerre qui a ravagé le monde rendra l'humanité meilleure. Il faut être très optimiste pour l'admettre et arriver aux conclusions suivantes, formulées par le président Wilson dans un de ses discours :

« Je crois que, lorsque nous jetterons plus tard nos regards en arrière sur les souffrances et les sacrifices terribles de cette guerre, nous comprendrons qu'ils valaient la peine d'être faits, non seulement pour assurer la sécurité du monde contre une agression injuste, mais encore en raison de l'entente qu'ils ont établie entre les grandes nations, qui doivent agir de concert pour le maintien permanent de la justice et du droit. »

Dans ce passage, il n'est tenu compte que des relations entre les peuples. En admettant que cette guerre ait eu pour conséquence de les améliorer, peut-on supposer qu'elle améliorera aussi les relations entre les individus d'une même nation ?

*
* *

Des signes divers observés dans plusieurs pays montrent, que les peuples sont beaucoup plus menacés maintenant de guerres civiles que de guerres étrangères. La Russie, l'Autriche, l'Allemagne, la Turquie, l'Asie-Mineure etc., se trouvent déjà en proie aux luttes intérieures et aux fureurs destructives qu'elles entraînent.

Cet aboutissement du conflit mondial était presque inévitable. Seule l'armature sociale d'un peuple lui constitue une protection efficace. Dès que, par suite d'événements violents, cette armature est ébranlée, les hommes perdent les principes directeurs nécessaires à l'orientation de leurs pensées et de leurs actes. Dépourvus de guide et aussi d'espérances, ils cherchent des idéals directeurs nouveaux, capables de remplacer ceux qui ont perdu leur force.

C'est par les paradis qu'il propose que le socialisme séduit aujourd'hui les multitudes. Il enrôle non seulement les appétits déchaînés, mais aussi tous les mécontents de leur sort et les victimes des iniquités dont la nature est pleine.

La guerre aura accru le nombre des mécontents car, après avoir ébranlé tous les éléments stabilisateurs des sociétés, elle a déplacé beaucoup de situations sociales. Les nouveaux riches créés par elle sont entourés d'une légion de nouveaux pauvres, en partie constituée par les classes moyennes qui faisaient jadis la force des nations.

*
* *

Les résultats de la lutte titanesque soutenue par la France ont montré, une fois encore, que l'avenir des peuples est en eux-mêmes, et forgé par eux-mêmes. Ce ne sont plus les Parques, sombres filles de la Nuit, mais la volonté des hommes qui tisse leur destinée. Les livres racontant la grande épopée que termina notre victoire l'enseignent à chaque page. Un peu de volonté en moins et nous disparaissions de la scène du monde. Un peu de volonté en plus et nous avons triomphé.

La force militaire d'un peuple est constituée par la valeur de tous ses citoyens. Sa prospérité économique et industrielle dépend surtout de la qualité de ses élites. Dès que les élites d'un pays fléchissent, ce pays faiblit.

L'intelligence ne manque pas à nos élites mais le caractère n'est pas toujours chez elles à la hauteur de l'intelligence. La solidarité, l'initiative, l'exactitude, la continuité dans l'effort leur font un peu défaut.

Il ne suffit pas de prêcher la nécessité de telles aptitudes, il faut apprendre à les acquérir.

L'Université ne s'est occupée jusqu'ici que du développement de l'intelligence. Sous peine de disparaître elle devra aussi, à l'exemple des Universités anglaises et américaines, éduquer le caractère.

Notre future place dans le monde dépendra des qualités de la jeunesse qui grandit. L'avenir n'appartiendra pas aux peuples où l'intelligence sera la plus haute mais à ceux dont le caractère sera le plus fort.

FIN

TABLE DES MATIÈRES

LIVRE III

ROLE DES FACTEURS PSYCHOLOGIQUES DANS LES BATAILLES

LIVRE IV

LA PROPAGATION DES CROYANCES ET L'ORIENTATION DES OPINIONS

LIVRE V

LE NOUVEL OURAGAN RÉVOLUTIONNAIRE

LIVRE VI

ILLUSIONS POLITIQUES DE L'HEURE PRÉSENTE

LIVRE VII

LA DÉSORGANISATION POLITIQUE DE L'EUROPE

7544-7-20. — PARIS. — IMP. HEMMERLÉ, PETIT & Cie
Rué de Damiette, 2, 4 et 4 bis.

2° PSYCHOLOGIE ET PHILOSOPHIE

APERT (Dr). L'Hérédité morbide (5e mille).

AVENEL (Vicomte Georges d'). Le Nivellement des Jouissances (5e mille).

BALDENSPERGER (F.), chargé de cours à la Sorbonne. La Littérature (5e mille).

BELLET (Daniel), professeur à l'École libre des Sciences politiques Le Mépris des lois et ses conséquences sociales.

BERGSON, POINCARÉ, Ch. GIDE, Etc., Le Matérialisme actuel (10e mille).

BINET (A.), directeur de Laboratoire à la Sorbonne. L'Âme et le Corps (12e mille).

BINET (A.). Les Idées modernes sur les enfants (18e mille).

BOHN (Dr G.). La Naissance de l'Intelligence (40 figures) (8e mille).

BONAPARTE (Marie). Guerres militaires et Guerres sociales (4e mille).

BOUTROUX (E.), de l'Institut. Science et Religion (21e mille).

CRUET (J.), avocat à la c' d'appel. La Vie du Droit et l'Impuissance des Lois (5e m.).

DAUZAT (Albert), docteur ès lettres. La Philosophie du Langage (4e mille).

DROMARD (Dr G.). Le Rêve et l'Action (4e m.).

DUGAS (L.), agrégé de Philosophie. La Mémoire et l'Oubli (5e mille).

DWELSHAUVERS (Georges), professeur à l'Université de Bruxelles L'Inconscient (5e m).

GAULTIER (Paul). Leçons morales de la guerre (5e mille).

GUIGNEBERT (C.), chargé de cours à la Sorbonne. L'Évolution des Dogmes (7e m.).

HACHET-SOUPLET (P.), directeur de l'Institut de Psychologie. La Genèse des Instincts (4e mille).

HUBERT (René). Les Interprétations de la Guerre (4e mille.)

JAMES (William), de l'Institut. Philosophie de l'Expérience (9e mille).

JAMES (William) Le Praematisme (10e m.).

JAMES (William). La Volonté de Croire (6e m.)

JANET (Dr Pierre), de l'Institut professeur au Collège de France. Les Névroses (10e m.)

JULLIOT (Ch.-L.). L'Éducation de la Mémoire (5e mille).

LE BON (Dr Gustave). Psychologie de l'Éducation (17e mille).

LE BON (Dr Gustave). La Psychologie politique (16e mille).

LE BON (Dr Gustave). Les Opinions et les Croyances (14e mille).

LE BON (Dr Gustave). La Vie des Vérités (10e mille).

LE BON (Dr Gustave). Enseignements Psychologiques de la Guerre (36e mille).

LE BON (Dr Gustave). Premières Conséquences de la Guerre (29e mille).

LE BON (Dr Gustave). Hier et Demain. Pensées brèves (10e mille).

LE BON (Dr Gustave). Psychologie des temps nouveaux.

LE DANTEC. Savoir! (12e mille).

LE DANTEC. L'Athéisme (19e mille).

LE DANTEC. Science et Conscience (10e m.)

LE DANTEC. L'Égoisme (14e mille).

LE DANTEC. La Science de la Vie (8e m.).

LEGRAND (Dr M.-A.). La Longévité (4e m.).

LOMBROSO. Hypnotisme et Spiritisme (10e mille).

MACH. La Connaissance et l'Erreur (6e m.)

MAXWELL. Le Crime et la Société (6e m.)

PAULHAN (Fr.). Les Transformations sociales des sentiments (4e mille).

PICARD (Edmond). Le Droit pur (7e mille).

PIERON (H.), M. de Conf. à l'École des H...-Études. L'Évolution de la Mémoire (6e mil.)

RAGEOT (Gaston), professeur de philosophie. La Natalité, ses lois économiques et psychologiques.

REY (Abel), professeur agrégé de Philosophie. La Philosophie moderne (12e mille).

VASCHIDE (Dr). Le Sommeil et les Rêves (7e mille).

VILLEY (Pierre), professeur agrégé de l'Université. Le Monde des Aveugles (4e m.).

Bibliothèque de Philosophie scientifique

1° SCIENCES PHYSIQUES ET NATURELLES

AVENEL (Vte G. d'). L'Evolution des Moyens de Transport.

BACHELIER. Le Jeu, la Chance et le Hasard (6° m.).

BELLET. L'Evolution de l'Industrie (5° m.).

BERGET (A.), prof. à l'Inst. océanogr. Les Problèmes de l'Océan (13 fig.) (4° m.).

BERGET (A.). La Vie et la Mort du Globe (9° m.).

BERGET (A.). Problèmes de l'Atmosphère (27 fig.) (4° m.).

BERTIN L.-E., de l'Inst. La Marine moderne (66 fig.) (7° m.).

BIGOURDAN, de l'Institut. L'Astronomie (50 fig.) (8° m.).

BLARINGHEM (L.). Les Transformations brusques des êtres vivants (19 fig.) (7° m.).

BLARINGHEM (L.). L'Hérédité expérimentale (1° m.).

BOINET (Dr). Les Doctrines médicales (9° m.).

BONNIER (G.), de l'Inst. Le Monde végétal (230 fig.) (11° m.).

BOUTY (E.), de l'Institut. La Vérité scientifique, sa poursuite (7° m.).

BOUVIER (E.-L.), de l'Inst. Vie Psychique des Insectes (5° m.).

BRUNHES (B.) La Dégradation de l'Energie (8° m.).

BURNET (Dr Etienne). Microbes et Toxines (1 fig.) (7° m.).

CAULLERY (Maurice), professeur à la Sorbonne. Les Problèmes de la Sexualité (8° m.).

COLSON (A.), prof. à l'Ec. Polyt. L'Essor de la Chimie (8° m.).

COMBARIEU (J.). La Musique (14° m.).

DASTRE (Dr A.), de l'Inst. La Vie et la Mort (10° m.).

DELAGE (Y.), de l'Institut, et GOLDSMITH (M.) Les Théories de l'Evolution (10° m.).

DELAGE (Y.) et GOLDSMITH (M.) La Parthénogénèse (4° m.).

DELBET (Dr P.). La Science et la Réalité (6° m.).

DEPERET, de l'Inst. Transformations du Monde animal (8° m.).

ENRIQUES. Concepts fondamentaux de la Science (1° m.)

GASCOUIN (Général). L'Evolution de l'Artillerie (1° m.).

GRASSET (Dr) La Biologie humaine (10° m.).

GUIART (Dr). Les Parasites Inoculateurs de Maladies (107 fig.) (5° m.).

GUILLEMINOT (H.). La Matière et la Vie (1° m.).

HÉRICOURT (Dr J.). Les Frontières de la Maladie (10° m.).

HÉRICOURT (Dr J.). L'Hygiène moderne (13° m.).

HÉRICOURT (Dr J.). Les Maladies des Sociétés (5° m.).

HOUSSAY (F.), doyen de la Fac. des Sc. de Paris. Nature et Sciences naturelles (7° m.).

HOUSSAY (F.). Force et Cause (1° m.).

IOTEYKO (Dr Josefa). La Fatigue (13 fig.) (1° m.).

JOUBIN (Dr L.), professeur au Muséum. La Vie dans les Océans (45 fig.) (7° m.).

LAUNAY (L. de), de l'Inst. Histoire de la Terre (13° m.).

LAUNAY (L. de), de l'Inst. La Conquête minérale (5° m.).

LE BON (Dr Gustave). L'Evolution de la Matière (63 fig.) (37° mille).

LE BON (Dr G.). L'Evolution des Forces (42 fig.) (24° m.).

LECLERC DU SABLON (M.). Les Incertitudes de la Biologie (24 fig.) (4° m.).

LECORNU, de l'Institut. La Mécanique (12 figures) (5° m.).

LE DANTEC (F.). Les Influences Ancestrales (16° m.).

LE DANTEC (F.). La Lutte universelle (12° m.).

LE DANTEC (F.). De l'Homme à la Science (9° m.).

LOCARD (Dr Ed.). L'Enquête criminelle (1° m.).

MARTEL. L'Evolution souterraine (80 fig.) (7° m.).

MEUNIER (S.), professeur au Muséum. Les Convulsions de la Terre (35 fig.) (5° m.).

MEUNIER (S.). Histoire géologique de la Mer (5° m.).

MEUNIER (S.). Les Glaciers et les Montagnes (4° m.).

OSTWALD. L'Evolution d'une Science, la Chimie (9° m.).

PERRIER, Edm., de l'Inst. A Travers le Monde vivant (6° m.).

PERRIER (Edm.). La Vie en action (4° m.).

PICARD (Emile), de l'Inst. La Science moderne (12° m.).

POINCARÉ (H.). La Science et l'Hypothèse (36° m.).

POINCARÉ (H.), de l'Inst. La Valeur de la Science (28° m.).

POINCARÉ (H.). Science et méthode (18° m.).

POINCARÉ (H.). Dernières Pensées (5° m.).

POINCARÉ (Lucien). La Physique moderne (20° m.).

POINCARÉ (Lucien). L'Electricité (16° m.).

RENARD (C^t). L'Aéronautique (68 fig.).

RENARD (C^t). Le Vol mécanique. Aéroplanes (12 fig.).

TISSIE (Dr). L'Education physique et la Race (1 fig.) (5° m.).

ZOLLA (Daniel). L'Agriculture moderne (8° m.).

PSYCHOLOGIE, PHILOSOPHIE ET HISTOIRE

Voir la liste des ouvrages parus pages 2 et 3 de la couverture